航行体水下垂直发射跨介质动力学

权晓波　魏海鹏　程少华　编著

科学出版社

北京

内 容 简 介

本书以水下垂直发射航行体为对象,按照其水下运动过程分阶段介绍了出筒、出水、入(落)水跨介质航行流动特性及受力载荷特征,主要内容包括航行体出筒过程动力学模型及流体动力特性、出水过程溃灭理论仿真方法及动载荷特性、自由液面波浪对航行体出水过程的影响、入水过程仿真计算流体动力特征及影响因素分析,并对跨介质动力学研究的热点内容进行展望。本书系统地介绍了作者及其研究团队近十年来在水下垂直发射航行体动力学领域的研究成果,具有工程研制与理论研究有机结合的特点,可为水下垂直发射航行体工程设计人员提供参考。

本书适合从事水中兵器、水下航行体等总体设计的相关科技人员阅读,也可作为高等院校相关专业的研究生及中高级工程技术人员的参考读物。

图书在版编目(CIP)数据

航行体水下垂直发射跨介质动力学 / 权晓波,魏海鹏,程少华编著. -- 北京:科学出版社,2025.2.
ISBN 978-7-03-081243-8

Ⅰ.U674.941

中国国家版本馆 CIP 数据核字第 2025S9W454 号

责任编辑:徐杨峰 / 责任校对:谭宏宇
责任印制:黄晓鸣 / 封面设计:殷 靓

科学出版社 出版
北京东黄城根北街 16 号
邮政编码:100717
http://www.sciencep.com

南京展望文化发展有限公司排版
苏州市越洋印刷有限公司印刷
科学出版社发行 各地新华书店经销

*

2025 年 2 月第 一 版 开本:B5(720×1000)
2025 年 2 月第一次印刷 印张:12 1/4
字数:226 000
定价:120.00 元
(如有印装质量问题,我社负责调换)

前　言

水下垂直发射航行体是跨介质飞行器领域研究的重要对象。与传统水中兵器（如鱼雷、水雷等）相比，水下垂直发射航行体通常在短时间内经历由气入水、由水入气等运动阶段，跨介质航行是其重要特点。水下航行体跨介质航行涉及非定常空泡多相流动、空泡与自由液面非线性耦合影响等复杂的物理过程，会经历较为严酷的瞬态外力作用，从而对航行体降载增稳设计提出更高的要求。跨介质动力学特性是水下垂直发射航行体总体设计的重要研究内容，也是制约航行体总体性能的瓶颈性难题。传统上采用准稳态、准定常计算获取航行体出入水流体动力特性的方法具有一定局限性，需要开展跨介质动力学基础理论的研究，为水下垂直发射航行体受力及运动特性设计提供支撑。

本书以典型水下垂直发射航行体为背景，针对跨介质航行分出筒、出水、入水不同阶段研究其流体动力特性及载荷特征，涉及相关理论建模及机理分析、数值模拟仿真和试验方法等手段。在出筒由气入水阶段，建立了航行体出筒过程内弹道数学模型和出筒过程多体动力学模型，采用数值仿真手段获得了由气入水过程中航行体所受流体动力特征，揭示了出筒后筒口后效产生机制，分析了出筒过程航行体姿态和载荷的变化规律；在出水由水入气阶段，建立了基于气泡动力学的空泡溃灭理论模型，结合数值仿真手段获取了空泡溃灭机制，研究了出水瞬态载荷计算方法并结合试验验证了方法的有效性；在入水由气入水阶段，建立了低速入水空泡动力学模型，采用数值仿真、试验等手段研究了球形、圆柱体、锥形体入水过程的流体动力及弹道特征，分析了入水速度、入水姿态等因素的影响。本书是作者及其研究团队对水下垂直发射航行体流体动力研究成果的总结，具有工程研制与理论研究有机结合的特点，可为水下垂直发射航行体工程设计人员提供参考。

本书系国家自然科学基金资助项目研究成果，在编写过程中得到了中国运载火箭技术研究院的大力支持，北京理工大学王国玉教授、哈尔滨工业大学陈浮教授对本书进行了审阅，提出了非常宝贵的意见，在此一并向对作者完成本书提供帮助的专家表示衷心的感谢。

由于作者知识水平所限，书中错误和不当之处在所难免，诚望读者批评指正。

作者

2024 年 6 月

目 录

第1章 绪论 ··· 001
  1.1 航行体水下垂直发射跨介质过程和主要研究内容 ··· 001
  1.2 水下发射出筒过程流体动力/载荷特点 ··· 003
  1.3 水下发射出水流体动力/载荷特点 ··· 008
  1.4 海洋环境对航行体水下发射的影响 ··· 010
  1.5 航行体入水过程流体动力及载荷环境 ··· 014
  参考文献 ··· 016

第2章 航行体出筒过程动力学 ··· 018
  2.1 出筒过程动力学特性概述 ··· 018
  2.2 出筒段轴向运动特性研究 ··· 019
  2.3 出筒过程水动力特性分析 ··· 026
  2.4 出筒后效特性研究 ··· 035
  2.5 出筒过程载荷研究 ··· 052
  参考文献 ··· 057

第3章 航行体跨介质出水过程研究 ··· 058
  3.1 航行体出水过程概述 ··· 058
  3.2 出水过程全湿流流体动力分析 ··· 059
  3.3 出水过程空泡溃灭理论分析 ··· 066
  3.4 空泡溃灭流场计算分析及回弹现象 ··· 078
  3.5 出水过程载荷计算和试验验证 ··· 088
  参考文献 ··· 108

第4章 自由液面形态对航行体跨介质运动影响 110
4.1 波浪对航行体跨介质过程的影响概述 110
4.2 波浪的定义和描述 110
4.3 规则波对航行体出水过程影响研究 122
4.4 不规则波下航行体出水过程影响研究 131
参考文献 142

第5章 航行体跨介质入水过程研究 143
5.1 入水过程概述及特点 143
5.2 垂直入水计算及特征分析 144
5.3 球体垂直入水理论计算及特征分析 146
5.4 球体垂直入水数值仿真计算及特征分析 154
5.5 平头圆柱体垂直入水数值仿真计算及特征分析 161
参考文献 171

第6章 航行体水下发射跨介质动力学研究展望 172
6.1 航行体空泡多相流动研究 173
6.2 水下有控弹道稳定性技术研究 177
6.3 跨介质运动与自由面相互作用机制研究 178
6.4 高速出入水流固耦合瞬态载荷研究 180
参考文献 186

第 1 章

绪 论

1.1 航行体水下垂直发射跨介质过程和主要研究内容

航行体水下垂直发射一般是指利用水下运动平台上的垂直发射装置将航行体弹射出筒,而后航行体在水中以近似垂直方式向水面运动,并以一定的速度穿越水面的过程。与水平发射、倾斜发射方式相比,垂直发射具有水下运动时间短、易于在装载平台上布局、出水后姿态近垂直等特征,是水下发射领域的重要发展方向。

航行体水下垂直发射按照其运动过程可分为出筒段、水中段、出水段、空中飞行段,某些特定用途的航行体还存在落水段(或入水段,图 1-1)。在整个运动阶段,航行体在短时间内经历由气入水、水中飞行、由水入气这样复杂的跨水空介质物理过程,由于所处的环境介质不断变化,航行体受力呈现非定常、非线

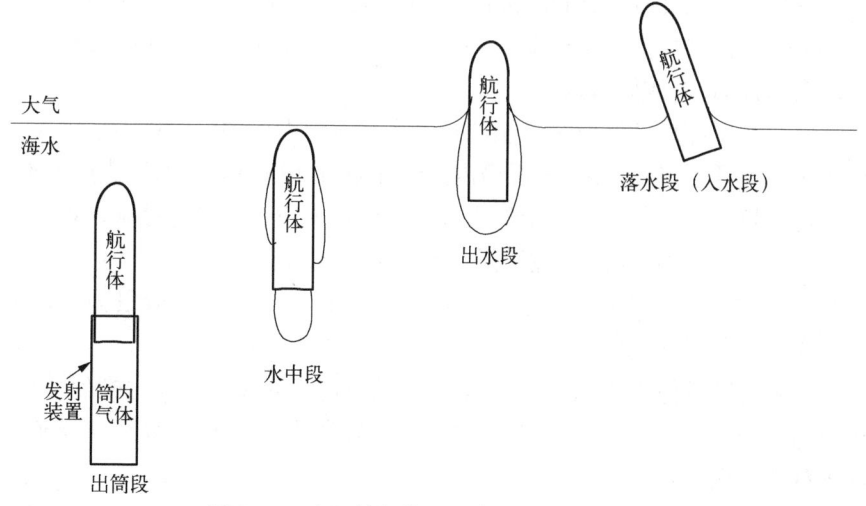

图 1-1 水下航行体垂直发射典型运动过程

性等特点。跨介质航行是航行体水下垂直发射最显著的特征，也是航行体水下垂直发射技术研究所关注的重点和难点[1]。

水下航行体跨介质动力学是研究航行体在穿越气水介质时，所受的流体动力变化规律以及流体与航行体间相互作用的一门学科。根据跨介质的速度和方式的不同，航行体跨介质的类型可分为渐变跨越型与瞬时跨越型两类[2]。采用渐变跨越型（如水上飞机的水上滑行起飞与着水滑行降落再下潜入水等）方式的航行体速度较低，所受的冲击过载较小，对航行体外形有严格的要求，以确保跨介质过程中稳定的滑行，一般会采用变构型的气水动外形设计思路；瞬时跨越型方式航行体（如空投鱼雷入水、跨介质飞行器等）速度相对较高，航行体所受的冲击过载很大，恶劣的受力环境也对航行体的结构、材料提出了较高的要求。不同类型的跨介质方式具有不同的物理现象和流体动力特征，本书主要以水下垂直发射航行体为对象开展研究和讨论，重点关注与垂直发射过程紧密相关的出筒段、出水段和入水段流体动力、弹道、载荷变化规律等内容。

从弹射开始至航行体尾部离开发射装置的阶段称为出筒段，在此阶段为由气入水的过程，此阶段典型的流动及受力特征主要如下（以本书重点研究的"干"发射为例）：

（1）在弹射之前，航行体处于发射装置内气体介质环境中，弹射时航行体在发射装置底部高温高压燃气作用下向上运动，其中处于发射装置内的部分航行体受到装置内气体力作用，处于发射装置外的部分航行体受到水动力作用；

（2）航行体出筒过程中受到发射筒的约束以垂直向上为主要运动形式，同时受到装载平台水平运动的影响，横向的水动力会使得航行体与发射筒之间存在接触的支反力，进而使得航行体受到较大的弯矩载荷作用；

（3）航行体尾部离开发射筒时，筒内气体在冲出筒口的过程中会对水流场产生巨大的扰动，形成筒口效应。

从航行体尾部离开发射装置至航行体头部达到水面的阶段称为水中段。在航行体尾部离开发射筒口后，发射筒内的气体附着在航行体底部形成尾空泡，当航行体速度较高时航行体头部会形成肩空泡。水中段的运动过程流动物理特征主要为空泡非定常多相流动过程（可参考相关专业书籍）。

从航行体头部出水至尾部完全出水的阶段称为出水段，此阶段为由水入气阶段。在此阶段，影响航行体受力及主要流动现象为：

（1）随着航行体出水，航行体表面附着的空泡两相流环境发生剧烈变化，在自由液面作用下空泡发生溃灭，产生幅值相对较高的溃灭压力，航行体受到较大的溃灭载荷作用[3]；

（2）复杂的海洋环境会对航行体出水过程造成显著影响，在航行体出水过程中,波浪会改变航行体周围水流速度,从而改变航行体攻角,特别是带空泡出水航行体,在波浪作用下空泡不对称性加剧,极端情况下会造成空泡不稳定脱落等现象。

特定用途的航行体从空中下落、接触水面至完全浸没至水中的阶段称为落水段。与出筒段相比,虽然落水段也是由气入水过程,但两者存在较为明显的差异。

(1) 从航行体运动速度来看,落水段航行体速度由高变低,航行体与水面接触时所受撞击力较大,使得航行体受到较大的入水冲击载荷;而出筒段航行体速度由低变高,航行体与水面接触时所受流体冲击力相对较小,主要受到装载平台水平运动而产生的横向水动力作用。

(2) 从航行体所处的气体介质环境来看,落水段落水前航行体处于大气环境中,随着航行体落水受到高速运动的影响,在航行体周围形成低压区,周围大气环境会卷入航行体中形成空泡;而出筒段航行体处于压力较高的筒内气体环境中,在特定条件下筒内气体附着在航行体表面形成空泡。

航行体水下垂直发射跨介质运动过程所涉及的流动领域较为广泛,既包含传统全湿流态,也涵盖空泡多相流动形成、发展、溃灭等过程,其对航行体受力与运动的影响一直以来都是流体力学领域的重点研究内容。本书重点针对航行体跨介质过程中典型的出入水流动过程,分析其流动基本特征、受力特点及载荷响应,为航行体总体设计奠定基础。

1.2 水下发射出筒过程流体动力/载荷特点

1.2.1 出筒过程流体动力特性及预示方法

航行体从开始运动至尾部离开发射筒口的过程为出筒过程(图1-2)。以本书重点研究的"干"发射为例,初始时刻,航行体装载于发射平台的发射装置内,处于发射装置气相环境中;而后,航行体在高温高压燃气作用下加速向上运动,各截面依次从发射装置内气相环境进入到海水介质环境中,同时发射装置内气体也被带出至发射筒口形成筒口气团;随着航行体向上运动,一方面部分筒口气团附着在航行体表面,并沿航行体向下滑落;另一方面随着发射装置内部向水中排出气体量的增加,筒口气团形态不断增大,至尾出筒时刻航行体尾部仍有部分截面处于筒口气团内。

航行体出筒过程的流体动力特性主要受航行体运动状态、气水多相流环境、航行体水动外形等几个方面影响。

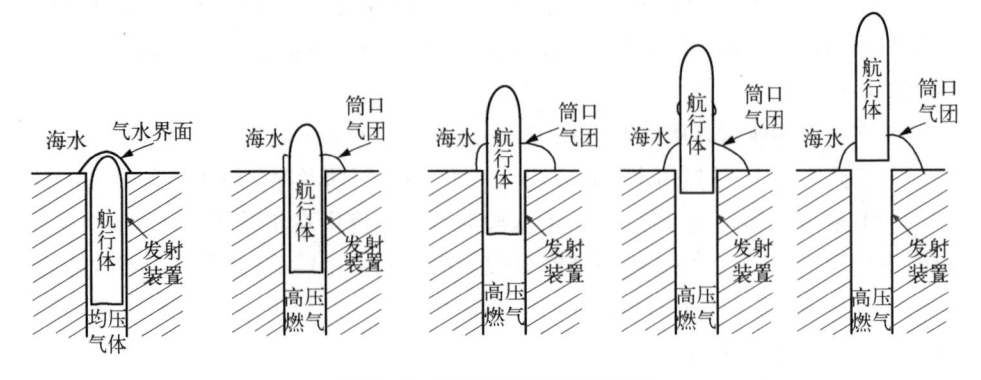

图 1-2 航行体出筒运动过程

（1）航行体在出筒过程中轴向上处于不断加速运动状态，所受流体阻力也随之增大[4]。受到发射平台运动的影响，还会形成附加攻角进而产生法向受力。航行体仅头部截面出筒时，轴向速度较小，出筒过程主要以小动压下的横向绕流特性为主，在头部背流面会形成分离流动。

（2）航行体出筒过程为由气入水过程，初始阶段处于筒口气团与海水形成的多相流环境中。航行体上方的气体形成最初的筒口气团，其主要成分为发射筒内预置的气体；在航行体轴向运动和发射平台水平运动的影响下，筒口气团的体积由于不断受到出筒航行体的推动及筒内气体的补充而不断膨胀，且向航行体背流面堆积，受到初始时刻航行体背流面流动分离特性影响，筒口气团会附着于航行体头部形成附体气泡，随着航行体向水面运动，头部气泡逐步向航行体尾部滑落。

（3）航行体水动外形一般可分为锥型+柱体或者流线型+柱体两大类。锥型+柱体外形下，在锥柱过渡处易形成较大范围的流动分离区，航行体出筒过程中筒口气团滑落至锥柱结合处时会形成起始位置较为固定的肩空泡，从而使得航行体出筒过程呈现出较为明显的空泡多相流动特征，随着航行体向水面运动，锥柱过渡处可能会伴随着空化等现象。流线型+柱体外形下，航行体表面压力系数变化较为平稳，出筒过程中筒口气团附着后会沿着航行体表面向下滑落，使得航行体主体上呈现全湿流态特征，各截面压力呈现出出筒后随环境压力降低而降低的趋势。

锥型+柱体外形航行体出筒过程的流体动力特性呈现空泡多相流变化特性，其流体动力特性相对复杂，对其进行预示一般采用缩比模型实验+数值仿真的方式综合开展[5]。缩比模型实验一般是指基于缩比相似准则将缩比模型从筒内弹射至出水，并测量弹射过程中缩比模型的运动参数和表面压力分布的实验。

实验中一般通过在缩比模型表面布置压力传感器获取流体动力特性,布置惯性传感器获取弹道特征,并通过高速摄像系统拍摄多相流动物理景象。基于缩比模型实验结果对全尺寸下空泡多相流特征进行预示。缩比实验具有测量结果相对准确、成本低、效率高等优点,但也面临尺度效应等难题,为此可结合数值仿真方式对流体动力特性进行仿真预示,通过对湍流模型、空化模型和多相流模型进行准确描述,基于纳维-斯托克斯(Navier-Stokes,N-S)方程进行求解计算可获取航行体出筒过程中的流体动力特性。

流线型+柱体外形航行体出筒过程的流体动力特性主体上呈现全湿流态特征,其流体动力特性可基于准定常特性进行预示,采用小攻角线性化理论+定常数值仿真的方式开展。基于定常数值计算流体力学(computational fluid dynamics,CFD)仿真获得不同攻角下航行体表面分布力特征,而后基于攻角、动压和航行体入水系数可获得航行体出筒过程中的流体动力。

1.2.2 出筒过程载荷特性及预示方法

载荷可泛指航行体在使用寿命中受到的各种气动、水动、热等外界激励,也可指航行体结构内载荷(弯矩、剪力和轴力),本书中载荷主要指航行体在受到各种外载荷激励作用下产生的结构内载荷。

出筒工况是水下垂直发射航行体载荷设计的重要工况。航行体出筒过程中上半部分与海水接触,受到流体阻力和法向力作用,下半部分处于发射装置内,通过多道适配器与发射装置接触。在出筒过程中,随着航行体处于发射装置内的部分不断减少,航行体与发射装置之间接触方式不断发生变化。航行体出筒过程为变约束下多体动力学问题。

从受力特性的角度来看,出筒段航行体在尾部燃气作用下不断加速,阻力不断增大,从而在航行体内产生较大的轴向压载。对于锥型+柱体外形航行体,出筒过程中在头锥过渡处形成肩空泡,随着航行体出筒肩空泡不断发展,在末端形成高压回射流,产生空泡回射压力脉冲,并向尾部移动。受到发射平台水平运动的影响,肩空泡不对称,在横向来流和空泡回射力、发射筒适配器支反力作用下,产生出筒横向载荷。对于流线型+柱体外形航行体,流体动力特征主体上呈现全湿流态,由于发射平台水平运动在航行体迎背流面会产生压差,随着航行体运动与发射装置的接触不断变化,在水动力和适配器支反力作用下,产生出筒横向载荷。

相比空中飞行载荷,出筒载荷主要具有如下特征:

(1) 载荷量值大: 由于水的密度远大于空气密度(是地面空气密度的800多倍),航行体水下受到的横向、轴向外激励大于空中飞行段;

(2) 动载荷：水下垂直运动航行体在水下运动时间较短，受到的主要水动力激励（如空泡回射压力、筒口后效压力）均表现出脉动压力特征，出筒过程伴随适配器脱落、穿越减震垫等影响系统频率的过程，也会激起航行体动态响应，从而产生动载荷；

(3) 影响因素多：水下垂直运动过程出筒载荷影响因素包括水深、平台运动速度、航行体速度、海浪海流等多个要素，都会对航行体出筒过程中水动力带来影响，进而影响出筒载荷。

出筒段轴载主要受静压、动压、惯性力影响，其中静压主要与发射深度有关，动压主要与发射速度和头部阻力系数有关，惯性力包括结构惯性力和附加惯性力两部分，结构惯性力与结构质量、发射过载相关，而附加惯性力与轴向附加质量、发射过载有关。轴载的理论计算公式为

$$T = \left(P_0 + \rho g h + \frac{1}{2}\rho V^2 C_d\right) \cdot S_m + (m_s + m_a)n_x g - P_{in}S_{in} \quad (1-1)$$

式中，P_0 为当地大气压；ρ 为海水密度；h 为发射深度；V 为航行体运动速度；C_d 为航行体阻力系数；S_m 为特征面积；m_s 为结构质量；m_a 为轴向附加质量；n_x 为运动过载；P_{in} 为航行体内部压力；S_{in} 为航行体内部压力所处截面面积。

由于平台运动速度的影响，会产生迎背水面压差，形成出筒弯矩载荷。在弯矩载荷计算中，将发射筒视为刚性边界，航行体与发射筒之间采用多道弹簧单元模拟弹性支承，随着航行体不断运动出筒，各道弹性支承方式不断发生变化，可根据航行体运动行程与支承位置的相对关系解除弹性支承约束，从而模拟在弹筒弹性支承方式下航行体的出筒过程。利用给定的航行体横向外力分布，建立水下垂直发射航行体发射系统动力学模型，基于结构运动方程的求解，计算出航行体各部段的载荷和弹性支撑支反力造成的压力，进而结合弹簧刚度曲线计算得到弹性支撑压缩量。水动力输入采用仿真得到的定常分布水动力系数进行插值计算，航行体离散化后第 i 个分站的横向水动力计算公式为

$$F_{yi} = \frac{1}{2}\rho V_i^2 \cdot S_m \cdot C_{n\alpha}^{pm} \cdot \Delta L_i \cdot \alpha_i \quad (1-2)$$

式中，ρ 为海水密度；V_i 为分站速度；$C_{n\alpha}^{pm}$ 为计算截面法向力系数分布对攻角的导数；ΔL_i 为局部单元高度；α_i 为局部攻角。

1.2.3 燃气后效特性

在航行体尾部离开发射筒口时，由于发射筒内高压燃气压力高于发射筒口

海水环境压力,进而使得发射筒内高压燃气快速注入至筒口区域,从而对航行体表面压力、弹道及载荷特性产生干扰的现象称为"燃气后效"。

"燃气后效"产生的压力波是尾出筒时刻需要重点关注的流体动力现象,并对航行体水中段流动现象造成影响。航行体尾出筒时,其尾部与发射筒壁之间存在宽度很窄的环形缝隙,由于此环缝面积远小于航行体横截面积,在内外压差作用下发射筒内高压燃气外泄,环缝局部区域形成较为剧烈的流动,当内外压比(发射筒内高压燃气与发射筒口环境压力之比)大于一定量值时,在环形缝隙处气流流动速度达到声速,局部区域甚至可能出现激波,使得局部流场结构变化较为复杂。与此同时由于环缝气流速度较高,会导致环缝处压力很低。随着航行体向水面运动,环缝面积不断增大,高压燃气流出速度也大幅度降低,当燃气流速降到声速以下时,由于筒内外气体压差的存在,使得环缝处的压力存在局部的压力跳跃。这个压力跳跃会以比筒内燃气流出流速度快得多的声速先于气流窜出筒口,并以单个压力脉冲波的形式传播到筒外的整个流场。虽然压力脉冲波通过筒口气团界面时受到边界反射、折射而衰减,但它到达气团外的海水时仍保持了较大的幅度,使得航行体表面各截面依次感受到强度逐步衰减的流体干扰力作用。图1-3为航行体出筒过程筒口局部流场示意图。

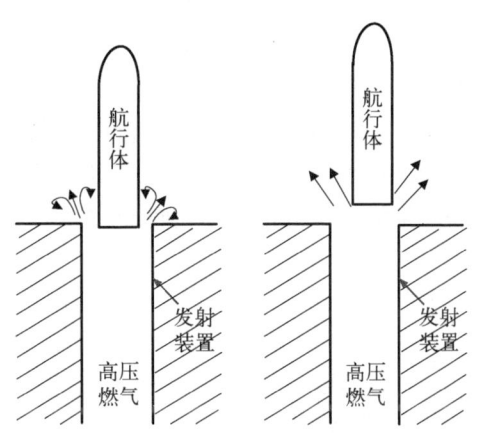

图1-3 航行体出筒过程筒口局部流场示意图

虽然燃气后效压力波持续的时间不长,但它量值大、变化脉宽低(10~50 ms),极容易对航行体结构造成恶劣的响应,从而形成新的设计工况,特别是随着航行体出筒发射筒对航行体的约束逐渐减小,受到发射平台水平运动的影响,至尾出筒时航行体俯仰、偏航运动失去约束,其姿态的变化会使得环缝不完全对称,进而使得航行体尾部迎背流面燃气后效也存在不对称性,加剧航行体弯矩载荷。

燃气后效压力波对航行体肩空泡发展演化会造成较大的干扰。燃气后效压力波以衰减脉冲的形式向外传播,其传播速度接近水中声速,传播幅值以指数形式衰减。压力波传播至尾空泡后缘时还会对航行体水中空泡多相流的发展造成影响。

1.3 水下发射出水流体动力/载荷特点

1.3.1 穿越自由液面出水流体动力特性

对于流线头型+柱段水动外形航行体，其表面主体呈现全湿流态特征，航行体表面无空泡附着，出水过程中压力变化相对平缓，可采用出入水系数的方式获取其分布受力特性，从而研究出水过程的流体动力特征。穿越自由液面过程中需要重点关注由于自由液面拱起形成的水冢现象，并在穿越水冢的过程中引起自由液面的变化。随着航行体不断向上运动，水冢高度不断增大，并在达到最大水冢以后，自由液面会沿着航行体表面回落。

对于锥柱水动外形航行体，水下航行体时肩空泡附着于航行体表面，带空泡穿越自由液面过程较为复杂。图1-4(a)显示了航行体接近水面但头部尚未出水时的流动图像，高速运动航行体的肩部有附着局部空泡存在，液面迅速涌起。图1-4(b)时带肩空泡的航行体头部已经出水，原有的肩空泡失去了维持其存在的能量来源，外界大气压力与泡内低压形成压力差，驱动航行体周围的附着水挤压空泡并拍击航行体表面，形成空泡溃灭现象。

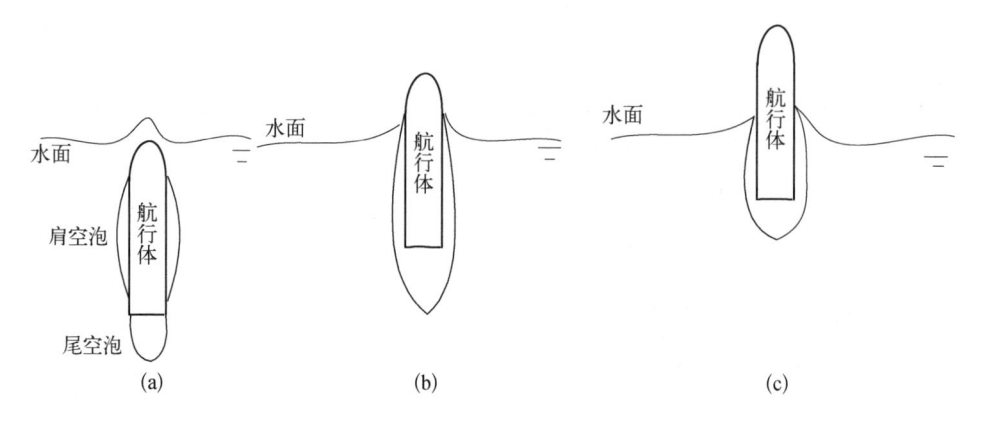

图1-4 航行体出水物理过程示意图

从物理过程上来看，带空泡航行体出水时，自由液面与肩空泡壁面相互作用，首先在肩空泡顶部形成很高的压力梯度（自由液面静水压力与肩空泡压力之差），随着航行体肩部出水，接近自由液面的空泡内部气体由于压力增大而凝结，使得空泡界面向内凹陷而溃灭，与此同时，空泡表面附着水在内外压差作用下高速撞击航行体表面，形成空泡溃灭载荷。溃灭冲击效应随着带空泡航行体各截面依次出水出现推进特征,现有研究结果表明空泡溃灭压力脉冲以一定的速度沿航行体表面向后传播(图 1-5)[6,7]。

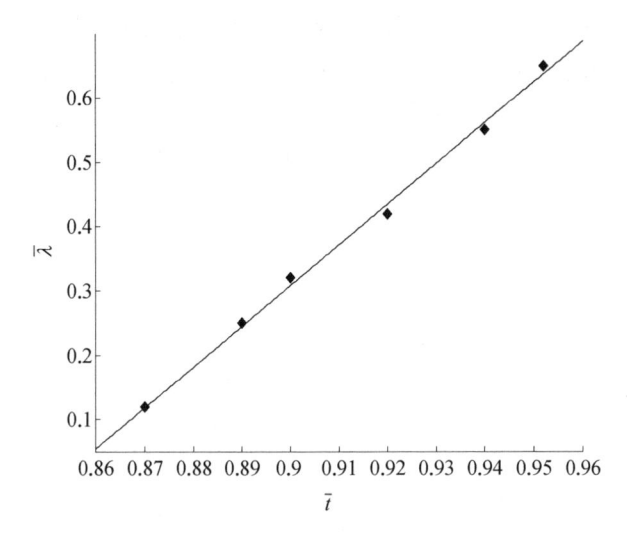

图 1-5 带空泡航行体出水溃灭推进特征

1.3.2 出水过程载荷特点

航行体出水过程中,水动外力作用下会引起结构的瞬态响应,而结构响应又会改变周围流场,使得流体动力发生改变,从而又影响到结构响应,这种相互作用的物理性质表现为流体对结构在惯性、阻尼和弹性诸方面的耦合现象。航行体出水过程频率、阻尼会不断变化,影响航行体出水瞬态载荷的计算和分析,出水过程中随机波浪与空泡溃灭等引起的水动力载荷变化再与航行体振动相位随机遭遇,使得航行体出水载荷具有随机性、强非线性和瞬态冲击特性。

与出筒段受到发射筒约束不同,航行体在出水段为自由-自由状态,在航行体穿过自由面过程中,伴随波浪影响等物理过程,迎背水面压差会激起航行体动力学响应,造成出水载荷的产生。对于流线头型+柱段水动外形航行体,出水过程流体动力变化相对较小,出水载荷量值相比锥柱水动外形航行体偏低。对于带空泡出水的锥柱水动外形航行体而言,由于出水过程时间很短,出水过程中空泡溃灭对航行体形成移动冲击载荷[8]。

出水载荷可采用如下表达式进行计算:

$$[M + M_f]\ddot{q} + C\dot{q} + Kq = A_s \quad (1-3)$$

式中,A_s 为除流体惯性力以外的所有广义外力;M 为广义质量矩阵;M_f 为附加质量矩阵；C 为广义阻尼矩阵；K 为广义刚度矩阵；q 为广义坐标矢量。

基于某带空泡航行体出水过程实测压力数据和动力学模型开展计算，分别针对考虑/不考虑附加质量矩阵 M_f 进行了对比分析，如图 1-6 所示，可见由于出水过程中受到空泡溃灭压力作用，使得航行体感受到了明显的弯矩响应，表明出水载荷是带空泡航行体的主要设计工况之一。同时不考虑附加质量项计算结果与考虑附加质量项存在一定的偏差，表明流场与结构的耦合效应不可忽视。

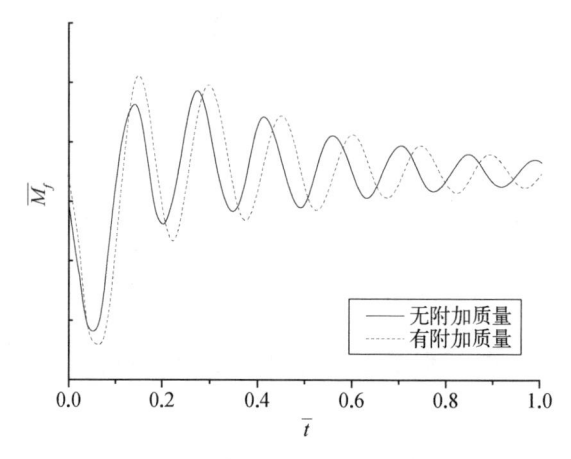

图 1-6 某特征截面计算出水弯矩载荷

1.4 海洋环境对航行体水下发射的影响

1.4.1 海浪分类

海浪是指海面高度的最大值(波峰)和最小值(波谷)随着时间而在空间交替出现的自然现象，组成海浪的水质点速度或动压做周期性的往复振荡变化，且随距水面距离增加而衰减，并导致流场中出现复杂的剪切运动。一般海浪都是由海面的风引起的，其周期为 0.5~25 秒，波长为几十厘米到几百米，波高为几厘米到 20 米，在极端情况下波高可达 30 米以上。海浪可分为风浪、涌浪和近岸浪。

海浪可视作由无限多个振幅不同、频率不同、方向不同、相位杂乱的组成波组成。这些组成波便构成海浪谱。此谱描述海浪能量相对于各个组成波的分布，故又名"能量谱"。它用于描述海浪内部能量相对于频率和方向的分布。为研究海浪的重要概念，通常假定海浪由许多随机的正弧波叠加而成。不同频率的组成波具有不同的振幅，从而具有不同的能量。设有圆频率 ω 的函数 $S(\omega)$，

在 $\omega\sim(\omega+\omega)$ 的间隔内，海浪各组成波的能量与 $S(\omega)\omega$ 成比例，则 $S(\omega)$ 表示这些组成波的能量大小，它代表能量对频率的分布，故称为海浪的频谱或能谱。同样，设有一个包含组成波的圆频率 ω 和波向 θ 的函数 $S(\omega,\theta)$，且在 $\omega\sim(\omega+\omega)$ 和 $\theta\sim(\theta+\omega)$ 的间隔内，各组成波的能量和 $S(\omega,\theta)\omega\theta$ 成比例，则 $S(\omega,\theta)$ 代表能量对 ω 和 θ 的分布，称为海浪的方向谱。将组成波的圆频率换为波数，可得到波数谱。以上各种谱统称为海浪谱。

海况作为气象学与船舶工程领域分析海洋环境的重要指标，是指海面受到风力的直接或间接作用而引起的波动的外貌特征，能够反映波浪形态、破碎情况及浪花、飞沫数量等特征，对海上航行、水下发射等过程具有重要意义。

根据国标海浪分级标准，不同海况等级的规定如表1-1所示。

表1-1 海浪等级表

等级	波高/m 有效波高($H_{1/3}$)	波高/m 1/10大波波高($H_{1/10}$)	名称	海 面 特 征
0	0	0	无浪	海面光滑如镜
1	$H_{1/3} < 0.1$	$H_{1/10} < 0.1$	微浪	波纹涟漪，或涌和波纹同时存在
2	$0.1 \leq H_{1/3} < 0.5$	$0.1 \leq H_{1/10} < 0.5$	小浪	波浪很小，波顶开始破裂，浪花不显白色，而呈玻璃色
3	$0.5 \leq H_{1/3} < 1.25$	$0.5 \leq H_{1/10} < 1.5$	轻浪	波浪不大，波顶开始翻倒，有些地方形成"白浪"
4	$1.25 \leq H_{1/3} < 2.5$	$1.5 \leq H_{1/10} < 3.0$	中浪	波形长而明显，波顶急剧翻倒，到处形成"白浪"
5	$2.5 \leq H_{1/3} < 4.0$	$3.0 \leq H_{1/10} < 5.0$	大浪	出现高大波浪，波顶浪花层面积很大，并开始被风削去
6	$4.0 \leq H_{1/3} < 6.0$	$5.0 \leq H_{1/10} < 7.5$	巨浪	波峰呈现风暴波，被风削去的浪花开始一条条地沿波浪斜面伸长
7	$6.0 \leq H_{1/3} < 9.0$	$7.5 \leq H_{1/10} < 11.5$	狂浪	被风削去的浪花布满波浪斜面，有些地方融合到波谷，波峰布满浪花层
8	$9.0 \leq H_{1/3} < 14.0$	$11.5 \leq H_{1/10} < 18.0$	狂涛	波浪斜面布满稠密的浪花，海面变白，仅波谷内有些地方无浪花
9	$H_{1/3} \geq 14.0$	$H_{1/10} \geq 18.0$	怒涛	整个海面布满稠密的浪花层，空气中充满水滴和飞沫，能见度显著下降

1.4.2 海浪对航行体水下发射过程影响分析

海浪是海水运动的重要形式之一,组成海浪的水质点做周期性的往复振荡运动,并形成在时间和空间上交替出现的波动现象。对于水下航行体而言,波浪载荷是其所受外力的重要组成部分,并对航行体结构及运动轨迹造成影响。特别是当航行体涉及出入水运动时,海浪水质点速度较大,波浪载荷对航行体浸没区受力的影响起到主要作用,从而直接决定其水下受力特性与运动轨迹。波浪载荷作用下航行体出入水特性是开展水下航行体设计的重要研究内容。

海浪对航行体水下运动过程的影响与航行体水动力特性密切相关。对于流线头型+柱体外形航行体而言,海浪可采用规则波形式来描述,典型海浪的速度势函数可表述为

$$\phi = \frac{gH_i}{2\omega_i} e^{k_i z} \sin(k_i x - \omega_i t) \quad (1-4)$$

式中,ϕ 为海浪速度势;H_i 为浪高;ω_i 为海浪频率;k_i 为波数;t 代表波浪相位;z 代表垂直波面坐标;x 代表波面上沿航行体运动方向坐标。

基于式(1-4)可计算获得在任意坐标位置出的波浪水质点速度,将其与航行体各截面来流速度叠加,进而计算得到局部攻角,基于式(1-2)可计算航行体表面流体力分布特性,进而可计算水下弹道和载荷特性。

对于锥柱外形航行体,由于空泡的存在较难通过理论方法计算海浪对空泡流的影响。随着数值计算方法的不断发展,通过 N-S 方程的数值造浪手段模拟海面波浪的流场,并结合动网格技术实现航行体在带波浪水面下运动的模拟,为解决波浪环境下航行体水下受力与运动问题提供了更为可靠的计算手段。数值造波是采用数值仿真手段研究海浪环境对水下航行体运动特性影响的基础。通过数值造波,可在求解域内实现实验所需要的各种形式的波浪场,例如线性波、二阶 Stokes 波及非规则波等。常用的数值造波方法包括摇板造波法、源项造波法、边界造波法等。图 1-7 为某航行体在波浪中运动示意图,航行体在一定运动速度发射平台上运动,其中设置有工作区(造波区)和消波区。

通过缩比实验研究波浪影响也是一种有效的手段,其可通过造波机在水面形成规则波浪,从而开展波浪对航行体水下发射过程影响研究。研究结果表明,波浪会加剧迎背流面空泡的不对称性,同时使得背流面空泡不稳定性加强。

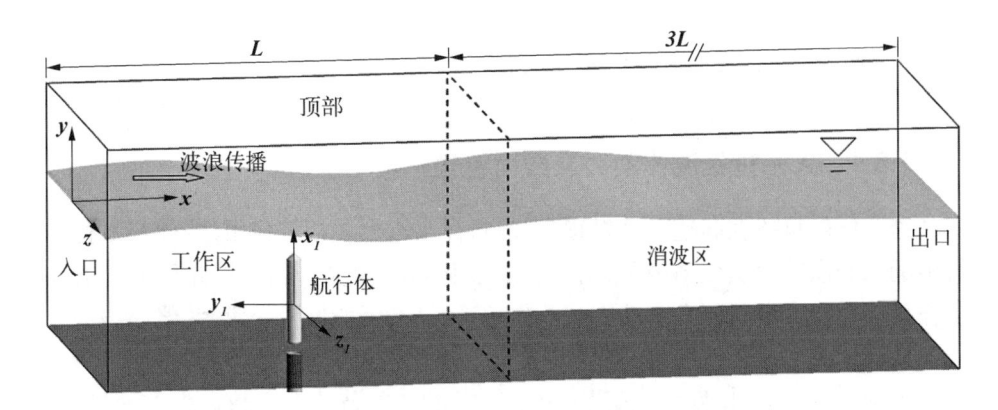

图1-7 波浪环境下航行体水下发射分区设置示意图

1.4.3 海流作用下航行体流体动力特性

海流是流向和流速相对稳定的大股海水在水平方向上的运动,它是海水的运动形式之一,海流流向、路径和速度均随时间和空间呈现出一定的变化。航行体水中和出水过程空泡形态受到海流作用,会造成空泡的不对称性发生变化,从而影响航行体水中运动轨迹和出水姿态,是水下航行体流体动力研究所重点关注的问题之一。

根据流动形式的不同,海流可分为近海岸潮流与远海岸环流。近海岸潮流指与潮汐运动关联的海水运动,有往复流和旋转流;流速的大小和方向随时间存在周期性变化,变化周期一般小于12小时;受到近海岸地形影响,不同深度的流速存在切变。远海岸环流指在海洋中相对稳定的流动,流速和流切变一般较小,流动变化周期较长。海流参数一般包括:流动速度、流动方向、随时间的周期性及随空间的切变。

海流对航行体水下发射过程的影响一般可采用理论计算或数值仿真方法。在理论计算中,通过施加随深度线性变化的水流速度,叠加至航行体速度上形成附加攻角。但当航行体存在空泡时,需要借助数值仿真等手段研究其影响。研究结果表明,在航行体带空泡出水过程中,其肩部的局部攻角由当地海流、姿态角、质心速度、转动角速度所共同决定,海流改变空泡回射流的对称性。对于垂直运动的航行体而言,均匀海流的存在使得空泡回射流动向背流面倾斜,背流面回射流相对迎流面更为明显。当海流沿水深方向不均匀时,海流的不同会影响航行体运动状态和姿态,将导致肩部的局部攻角变化,从而影响空泡的发展过程。

1.5 航行体入水过程流体动力及载荷环境

1.5.1 入水过程流体动力及载荷特性

跨介质航行体在高速入水过程中,航行体与水介质相互作用,诱导与航行体接触的水介质空化演化与脱落,航行体在流体阻力及复杂的水空介质演化的共同作用下航行。航行体在水动力载荷作用下,结构可能发生变形,并伴随振动效应。航行体入水过程速度高,空泡的非定常演化及溃灭会在结构表面产生复杂的压力脉动,使得结构发生显著的动响应。同时,航行体在穿越自由液面过程、浸水特性的变化会显著影响结构自身的动态特性,空化流固耦合问题也逐渐成为重要问题。

航行体跨越空气-水界面的初始瞬间会产生巨大的冲击载荷,容易引起航行体发生弹-塑性变形、屈曲、断裂,器件失灵,弹道失控等问题,此类问题同时涉及结构体、气流体和液流体三种不同对象之间的相互作用,既是一个具有自由液面和特殊空泡的非定常流体力学问题,又是一个有可能引起结构破坏的高速撞击问题,还是一个涉及弹性体运动的动力学问题,具有气液两相流的特点,伴随着气垫效应、气液耦合作用、射流现象、液面隆起以及入水空泡生长、发展和溃灭等过程。

1.5.2 入水过程流体动力、载荷分析方法及试验技术

由于入水过程中的流体动力具有高度的非线性和非定常性,采用理论模型对入水过程进行精确描述较为困难,因此入水问题的早期研究多以实验手段开展。早在1883年,为增加炮弹的射程,法国海军曾研究过弹丸在水面上的跳弹过程。最早系统地对航行体入水开展实验研究的是英国学者Worthington等,其通过高速闪光相机对球体落入液体中所产生的喷溅进行了拍摄,得到大量的球体入水图像。对入水问题的实验研究主要关注不同外形航行体入水过程中的入水冲击、入水空泡的动态演化及入水弹道特性。在大量实验数据的基础上,通过对入水流动采取合理的假设,学者们得到了入水冲击力等物理量的理论计算公式和空泡形态发展演化的理论模型,揭示了航行体入水过程中的流动机制[9]。

受限于实验条件和实验成本的限制,某些条件的航行体入水过程无法通过实验手段开展研究。随着计算机技术的发展和流体力学数值计算方法的成熟,数值仿真方法成为研究航行体入水的重要手段并得到了广泛的运用。相比实验和理论,数值仿真方法能够考虑更多物理参数对结果的影响,同时能够获取更为

全面精细的流场特征信息,且数值仿真研究的成本较低。早期对入水问题的数值仿真研究,以采用边界元方法求解入水势流理论模型为主。目前,学者们多以求解 N-S 方程、Euler 方程等对航行体入水过程进行数值模拟。传统的 N-S 方程、Euler 方程求解方法包括有限差分法、有限元法、有限体积法和流体体积法。随着技术的进步,无网格方法(如 SPH 方法)、流固耦合方法(如 ALE 算法)等逐渐应用于入水问题求解之中。

在航行体入水空泡研究方面,现有的研究结果表明:若航行体的冲击动能远大于扰动水面所需的表面张力能,则水面下方的航行体周围往往会形成一个空穴,这个空穴为入水空泡。图 1-8 为典型的球体入水空泡图像。空泡形成之后,一般要经历发展、闭合以及溃灭等演化阶段。空泡在动态演化过程中主要受到水的表面张力、重力引起的压差力和航行体运动引起的撞击力的作用。其中,空气域的压力会影响空泡受到的压差力,进而影响空泡的演化过程;航行体的头型、尺寸、入水速度和入水角度等则会影响航行体运动时对水体的作用力,因而对航行体入水空泡的演化也会产生较大的影响。表面张力在球体尺寸较小,入水速度较低的情况下会对航行体入水空泡的演化过程产生一定的影响。

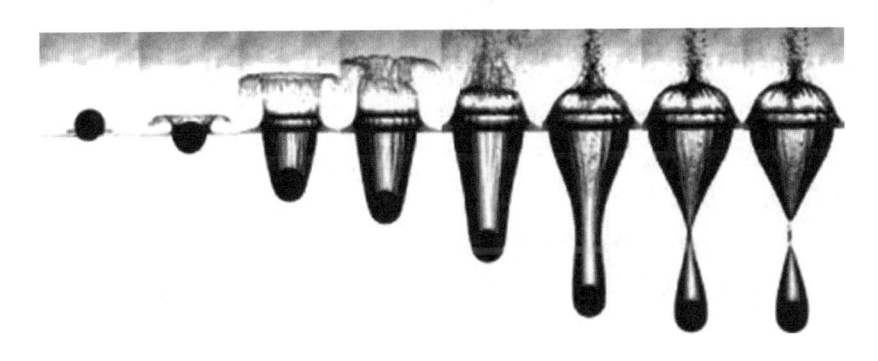

图 1-8 球形入水空泡演化图像

随着实验技术的进步,学者们得以开展更多工况下的航行体入水实验,捕捉到更丰富、更精细的流场信息。Abelson 将压力传感器应用于航行体入水问题的研究,测量了锥头圆柱体入水过程中空泡内的压力。此前,学者们认为入水空泡内的压降约为泡内气体流动的动压 $0.5\rho_a V^2$,但 Abelson 的测量结果表明,泡内的实际压降要比 $0.5\rho_a V^2$ 高出一个量级。Truscott 等开展了旋转小球与半疏水/半亲水性小球的入水实验,发现两种情形下入水空泡的形态较为一致。高速摄影技术的发展使得航行体高速入水问题得到关注。其中,Lundstrom 等开展了不同口径穿甲航行体的高速入水实验,航行体的入水速度达到了 1 070 m/s。Truscott 等开展了水下航行体小角度高速入水实验,发现航行体高速入水形成的空泡与低速情形下不同,高速入水空泡内往往含有大量的水蒸气。

国内对入水空泡的研究起步较晚,但也取得了大量的研究成果。综合来看,针对航行体入水过程的研究主要可分为如下几个方面:

(1) 通过多种外形物体以不同速度和姿态的入水过程实验,借助高速摄影技术、PIV 技术、阴影和纹影技术、惯性传感器和压力传感器等,获取了物体入水空泡流场形态、冲击载荷、泡内压力等试验数据,研究了空泡演化机理、物体入水冲击特性等,分析了物体表面材料特性、水的可压缩性、气垫以及水中含气量等因素对物体入水过程的影响;

(2) 结合实验数据,基于动量守恒定律、能量守恒定律、热力学第一定律和势流理论等,建立了物体入水过程中冲击载荷的计算公式、阻力系数的经验公式、入水空泡形成准则、空泡形态计算模型、泡内压力演化模型等;

(3) 通过数值求解入水多相流动的 N-S 方程、Euler 方程等,开展了多种工况的入水仿真计算,拓宽了物体入水问题的研究边界,获得了丰富细致的流场信息,系统全面地研究了不同因素对航行体入水过程的影响机理及规律。

随着实验技术、数值仿真技术的进步,后续对航行体入水问题研究的重点方向包括:

(1) 开展大尺寸航行体高速入水过程的研究,分析超声速条件下航行体入水过程中流场的演化特性、载荷特性和弹道稳定性;

(2) 开展刚柔组合体缓冲入水冲击过程的流固耦合计算,为航行体高速入水的降载增稳提供参考;

(3) 开展复杂外形及可变构型航行体入水弹道特性研究,分析复杂航行体结构和构型改变对航行体入水弹道稳定性和入水空泡形态演化过程的影响规律。

参考文献

[1] 唐一华,权晓波,谷立祥,等.水下垂直发射航行体空泡流[M].北京:中国宇航出版社,2007.

[2] 冯金富,胡俊华,齐铎.水空跨介质航行器发展需求及其关键技术[J].空军工程大学学报(自然科学版),1999,14(3):279-287.

[3] 张博,张宇文,张纪华,等.通气空泡生成和溃灭特性实验研究[J].应用力学学报,2011,1(28):55-58.

[4] 易淑群,惠昌年,周建伟,等.通气量对轴向加速过程超空泡发展规律影响的实验研究

[J].船舶力学,2009,13(4):522-526.
[5] 傅慧萍,鲁传敬,吴磊.回转体空泡流特性研究[J].水动力学研究与进展 A 辑,2005,20(1):87-92.
[6] 权晓波,李岩,魏海鹏,等.大攻角下轴对称航行体空化流动特性实验研究[J].水动力学研究与进展,2008,11A-23(6):662-666.
[7] 权晓波,李岩,魏海鹏,等.航行体出水过程空泡溃灭特性研究[J].船舶力学,2008,12(4):545-549.
[8] 吕海波,权晓波,尹云玉,等.考虑水弹性影响的水下航行体结构动特性研究[J].力学学报,2010,42(3):350-356.
[9] 王浩宇,李木易,程少华,等.航行体高速入水问题研究综述[J].宇航总体技术,2021,5:65-70.

第 2 章
航行体出筒过程动力学

2.1 出筒过程动力学特性概述

航行体水下垂直发射出筒过程是指航行体在推力(可由外部发射装置产生的高温燃气提供,也可由航行体携带动力装置产生,两者都是燃料化学能转化为航行体动能的过程,原理大同小异,因此本章重点针对外部发射装置产生高温燃气的方式进行阐述)的作用下,离开发射筒进入水中的过程。按照发射前发射筒内是否灌装水,可分为"干"式、"湿"式发射两种。本书重点针对应用更为广泛的干式发射开展分析研究,在"干"式发射出筒过程中,航行体由发射筒内纯气体介质环境连续加速进入海水介质环境,航行体流体动力、运动和载荷急剧变化,是水下航行体跨介质航行需要重点关注的运动阶段。

航行体垂直发射出筒过程(图 2-1)由于受到发射平台牵连运动影响,除了受到轴向阻力外,还要承受大量级法向流体动力作用。燃气推力克服轴向阻力,航行体会产生出筒的加速运动;随着航行体离开发射筒进入水中,航行体所接触的适配装置数目逐渐减少,航行体的边界条件也随之变化,随着约束减少,所受的法向支撑作用减弱,航行体受法向水动力的影响逐渐增大,在法向流体外力及适配装置的作用下,航行体会产生法向的弹性振动,所以航行体水下发

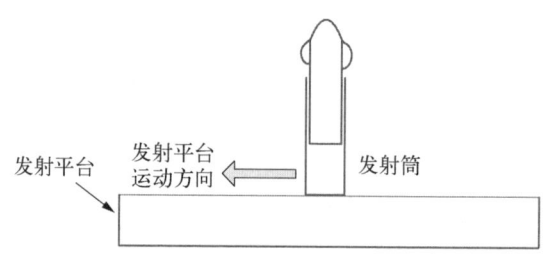

图 2-1 出筒过程示意图

射出筒是一个刚体运动与振动耦合的动力学过程。同时航行体出筒后,筒内气体外泄过程引起航行体尾部不对称压力分布,流动现象十分复杂,此现象称为"筒口后效"[1]。

本章首先基于航行体弹射出筒过程受力特征,建立了航行体出筒轴向运动动力学模型,分别针对轴向流体动力、弹射装置内弹道进行理论建模,建立了考虑弹射装置内弹道和航行体轴向力变化的出筒段轴向运动数学模型;然后针对航行体出筒过程流体动力演化特征和筒口后效问题,开展了数值仿真和机制研究,分析了出筒过程流体动力和筒口后效影响机制和规律;最后针对出筒过程航行体受到发射平台牵连运动影响,出筒过程变约束动力学问题,建立了出筒载荷计算模型,阐述了出筒过程航行体载荷变化规律。

2.2 出筒段轴向运动特性研究

本节分别针对轴向流体动力、弹射装置内弹道进行理论建模,并耦合航行体轴向运动变化历程,建立了考虑弹射装置内弹道和航行体轴向沾湿力变化的出筒段跨介质轴向运动数学模型,并结合试验结果分析了轴向运动特征及规律。

2.2.1 出筒过程轴向运动数学模型

2.2.1.1 弹射动力装置基本工作过程

燃气发生器是水下弹射动力装置的动力源(图2-2),是推动航行体运动的能源和工质源。点火药燃气点燃装药后,装药按增面燃烧规律燃烧,产生高温、高压气体,由燃气发生器喷管喷出进入发射筒,其在发射筒底建立起来压力,克服航行体重力及各种阻力做膨胀功,把航行体弹射出去,获得预定的出筒速度[2]。

燃气发生器是一种特殊用途的火箭发动机,其内弹道计算可以借鉴较为成熟的固体火箭发动机的内弹道计算方法,并在此基础上做适应性改进。燃气发生器通常采用短喷管、大增面和薄肉厚且尽量不含或少含金属粉末添加剂、无余药或是余药较少的装药。

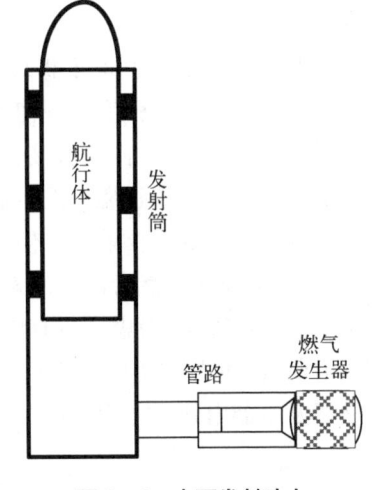

图2-2 水下发射动力系统示意图

发射筒的工作过程实质上为一个自由充气的过程。随着工质气体(燃气与水蒸气的混合气体)的不断加入,发射筒开始建压,随着压力不断增加,直至达到能克服所有阻力时,航行体开始产生位移,发射筒自由容积也随之变化,航行体运动速度逐渐增加,直至出筒工作过程结束。

2.2.1.2 航行体出筒过程轴向运动数学模型

1. 基本假设

燃烧产物在发射动力装置中的流动情况是十分复杂的,具有非定常、多维流动和多因素耦合、化学反应的特点。所以必须对各种复杂的现象进行简化,做如下假设:

(1) 燃气为冻结流,不考虑其成分发生的变化;

(2) 燃气、空气为理想气体,忽略燃气中凝相粒子的存在;

(3) 忽略燃烧与压强和燃速的耦合作用;

(4) 绝热、等熵流动,所产生的实际损失通过系数进行修正。

同时,针对航行体与发射筒之间的相互作用,做如下假设:

(1) 航行体上适配器/密封环和发射筒间的摩擦系数设定为常值;

(2) 忽略海流、波浪、平台运动等环境的影响,并认为发射筒在水下某一深度垂直不动;

(3) 不具体考虑气流各参数沿管路的变化情况,把气流沿管路的流动看作是工质能量从动力源向发射筒输送过程;

(4) 用航行体质量附加系数来修正由于航行体运动所带来的周围海水的附加质量和采用适配器方案时适配器随弹出筒逐次脱落带来的航行体质量变化。

2. 燃气发生器基本方程组

燃气发生器压强变化规律是内弹道计算的基础,这是由于它不仅影响装药的燃速和燃烧时间,而且直接关系到进入发射筒气体的秒流量,从而决定发射筒内的压力分布。通过燃气发生器内弹道计算,精确提供生成燃气的秒流量,是发射内弹道计算的重要前提。但是,在燃气发生器结构尺寸、主装药配方一定的情况下,压力曲线仍然会因燃气发生器生产和使用中不可避免的因素的变化而有所离散。计算中,考虑到所有因素是不现实的,应该抓住主要因素,求得合理的压力曲线,使之尽量贴近实际工况。因此,根据固体火箭发动机有关理论,建立燃气发生器内弹道方程组如下:

$$\frac{\mathrm{d}m_1}{\mathrm{d}t} = \rho_p S(e) a p_1^n - \frac{\varphi_{21}\Gamma}{\sqrt{RT_1}} A_{t1} p_1$$

第2章 航行体出筒过程动力学

$$\frac{dP_1}{dt} = \frac{S(e)ap_1^n}{V_1}(\rho_p x_1 kRT_p - p_1) - \frac{kRT_1}{V_1}\frac{\varphi_{21}\Gamma}{\sqrt{RT_1}}A_{t1}p_1$$

$$\frac{dT_1}{dt} = \frac{1}{c_v m_1}\{[\rho_p S(e)ap_1^n(x_1 c_p T_p - c_v T_1)] - \varphi_{21}\Gamma RT_1 A_{t1} p_1\}$$

$$\frac{dV_1}{dt} = S(e)ap_1^n$$

$$\frac{de}{dt} = \begin{cases} ap_1^n, & e_0 \leqslant e \leqslant e_m \\ 0, & \text{其他} \end{cases}$$

$$\frac{dm_{g1}}{dt} = \frac{\varphi_{21}\Gamma}{\sqrt{RT_1}}A_{t1}p_1 \tag{2-1}$$

式中，m_1 为燃烧室内燃烧产物的质量；ρ_p 为装药密度；$S(e)$ 为装药燃面面积；φ_{21} 为喷管流量修正系数，不考虑气流的扩张损失；Γ 为只与比热 k 有关的单值函数；R 为装药气体常数；T_1 为燃烧室内气体平均温度；A_{t1} 为喷管喉径；p_1 为燃烧室自由容积内平均压强；V_1 为燃烧室自由容积；x_1 为燃烧室热损失系数；T_p 为火药定压燃烧温度；c_v 为燃气定容比热容；c_p 为燃气定压比热容；e 为装药已燃烧肉厚；m_{g1} 为喷管排出燃气的质量。

方程组(2-1)共有六个变量，即 m_1、m_{g1}、p_1、T_1、V_1、$ep_1 m_{g1}$，同时也有六个独立的方程，因此方程式封闭的，可以联立求解。

初始条件为：$t=0$ 时，燃烧室压强和温度分别为点火压强和点火温度。装药燃烧面瞬间全部点燃，喷管排出的燃气量为装药生成的燃气量和滞留在燃烧室内的燃气量之差。

为使结果更加贴合实际过程，计算中需要考虑滞留在燃烧室内的燃气量，不仅从而减小计算误差。

燃气发生器的工作过程可以分为启动、稳定工作和拖尾三个阶段，其中启动阶段和拖尾阶段的稳定性很差，温度变化较大，所以在该方程组中将燃烧温度 T_1 也作为一个变量定义，为此增加了能量守恒方程，这样以上方程组对这三个阶段均能适用。在拖尾段由于装药已经燃尽，不再有燃烧产物填充燃烧室自由容积，但燃烧产物继续从喷管喷出，所以燃烧室压强随时间迅速下降，直至与外界产物平衡为止，在计算拖尾段时，令方程组中的燃速 ap_1^n 等于零，由于使用的喷管方程都是超临界状态下的方程，当燃烧室压力低于临界压力时，计算结束，压力迅速下降为零。

3. 航行体在发射筒内运动基本方程组

在航行体发射的工作过程中,多种运动形式被包含其中,而且它们之间都不是孤立存在的,是相互影响、相互制约的关系。所以要想建立能够准确描述发射筒工作过程的数学模型方程组,就必须准确描述发射筒的物理过程,才能使计算出来的如加速度、压力、温度、位移等各个参数更加精确。

发射航行体时,燃气发生器点火后开始产生燃气,燃气经燃气发生器喷管喷出后进入发射筒内,与发射筒内的空气进行混合、传热,并且在很短的时间内达到接近平衡的状态。而且随着燃气不断进入发射筒,发射筒底开始建压,由于压强的不断上升,对航行体的推力也不断增大,当推力足以克服各种阻力时,航行体开始运动并不断加速,直至出筒。

根据各守恒定理及气体状态方程,推导出航行体内弹道方程组如下:

$$\frac{\mathrm{d}l}{\mathrm{d}t} = v$$

$$\frac{\mathrm{d}v}{\mathrm{d}t} = \begin{cases} \dfrac{[p - \rho_w g(H-l) - p_0]S_t}{(1+\xi)m_m} - \dfrac{0.5C_d \rho_w S_m v^2 + (1+z)m_m g}{(1+\xi)m_m}, & pS_t - F \geq 0 \\ 0, & pS_t - F < 0 \end{cases}$$

$$\frac{\mathrm{d}p}{\mathrm{d}t} = \frac{1}{v}\left[R_g T \frac{\mathrm{d}m_g}{\mathrm{d}t} - pS_t v + (m_g c_{vg} + m_a c_{va})\frac{\mathrm{d}T}{\mathrm{d}t}\right]$$

$$\frac{\mathrm{d}T}{\mathrm{d}t} = \left[(x_e c_{pg} T_1 - c_{vg} T)\frac{\mathrm{d}m_g}{\mathrm{d}t} - pS_t v\right] \times \frac{1}{m_g c_{vg} + m_a c_{va}} \quad (2-2)$$

式中,l 为航行体的运动行程;v 为航行体在发射筒内运动的速度;p 为发射筒内自由容积的平均压强;H 为发射深度(按筒口计);S_t 为发射筒直径;S_m 为航行体直径;m_m 为航行体质量;C_d 为海水流体阻力系数;z 为适配器/气密环摩擦力与航行体重量之比;ξ 为航行体的附加质量与航行体重量之比;m_a 为空气质量;m_g 为燃气质量;c_{pg} 为燃气定压比热容;c_{vg} 为燃气定容比热容;c_{va} 为空气定容比热容;x_e 为工质气体热损失及漏气损失系数;T 为发射筒内平均温度。

值得注意的是,空气的质量 m_a 与发射深度有关。因为航行体进入发射筒后,在发射前要对发射筒进行均压,即减小筒盖和外部海水的压差,保证筒盖在发射航行体时能顺利地打开,所以均压后发射筒的压强与筒口海水的压强达到平衡,由发射深度即可推算出发射筒内空气的实际质量。

4. 修正系数和燃气滞留量的几点说明

1) 燃气能量修正系数 x_e

由于在实际的建模过程中假设所有的热力过程都是可逆的,这为工程计算提供了很大方便,而实际的发射过程是一个不可逆过程,这样就忽略了不可逆过程所带来的有用能损失,所以必须对能量进行修正。因此提出了燃气能量修正系数的概念,它代表了能量在一系列不可逆过程中带来的损失,诸如气流的内部摩擦、激波、燃气和筒内空气之间的传热、混合等。

引入燃气能量修正系数的另一个原因是考虑到漏气损失,漏气损失也必然会带来能量的损失。因为漏气量很小,所以不考虑对工质气体的质量进行修正,只考虑能量的损失部分。

2) 航行体附加质量与航行体重量之比 ξ

航行体的附加质量可分为两个部分,分别为航行体纵向附加质量系数 ξ_1 和由于装配适配器以及出筒后适配器依次脱落带来的航行体附加质量系数 ξ_2,即 $\xi = \xi_1 + \xi_2$。

航行体出筒时,由于航行体在海水中做加速运动,航行体周围的海水的运动状态也会改变,会随之一起做加速运动,这样相当于增加了航行体的质量,故用航行体纵向附加质量系数 ξ_1 进行修正。

对于不同的弹筒匹配关系,由于装配适配器以及出筒后适配器依次脱落带来的航行体附加质量系数 ξ_2 也会不同。当采用减震垫方案时,其被固定在发射筒内,不随航行体一起出筒,所以不必考虑此重力项,故令 $\xi_2 = 0$。当采用适配器方案时,适配器随航行体一起出筒,出筒后逐次与航行体分离,故航行体在出筒过程中适配器重力项随出筒长度而发生变化。但是由于适配器的质量相对于航行体来说较小,为了简化计算,不考虑在出筒过程中适配器逐次与航行体分离的过程,用修正系数 ξ_2 来修正在航行体宏观运动时由于适配器的存在所带来的质量改变。

3) 燃气质量 m_g

在燃气发生器工作过程中,生成的燃气流不可能完全流入发射筒内,总有一小部分滞留在燃气发生器燃烧室内和管道内。在计算进入发射筒的燃气量时,这一部分是应该扣除的。尤其是在燃气发生器处于启动段时,燃烧室要逐渐被燃气充填建压,如果不考虑滞留燃气的影响,就会产生很大的误差。所以滞留的燃气量应该考虑在方程组内,使之更贴合实际情况,消除这一部分带来的误差。

2.2.2 出筒过程轴向运动模型计算结果及试验验证

方程组(2-1)和方程组(2-2)含有独立变量个数与方程个数相同,为标准的微分方程组,可以联立求解。分为三步进行求解:首先对燃气发生器进行计算,然后把这些结果输入发射轴向运动基本方程组,进行发射轴向运动参数计算。

通过燃气发生器地面原理试验和航行体缩比试验,可以对建立的燃烧室和出筒内弹道模型进行验证。

1. 燃烧室数学模型试验验证

开展了燃烧室压力特性验证性试验,试验中通过在燃烧室内布置压力传感器监测工作时燃烧室内压力变化情况。开展相同工况下的数学模型建模与求解,将试验测量结果与理论模型计算结果进行对比,两者吻合良好,表明燃烧室数学模型的可用性(图2-3)。

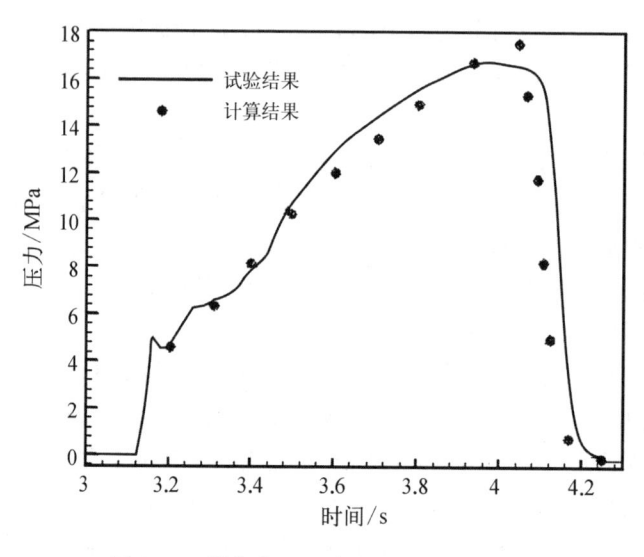

图2-3 燃烧室压强试验与计算对比曲线

2. 航行体出筒过程数学模型试验验证

采用航行体缩比试验装置开展试验,试验中在发射筒内安装压力传感器监测发射筒压力,在航行体表面安装惯性测量装置测量航行体运动速度和位移。开展相同状态下的航行体出筒轴向运动数学模型建模与求解计算,将理论计算结果与试验测量结果进行对比,理论计算获得航行体轴向运动位移、速度和发射筒内压力随时间变化历程与试验结果一致性较好,验证了航行体出筒轴向运动数学模型的准确性,可用于航行体弹射出筒轴向运动参数预示(图2-4~图2-6)。

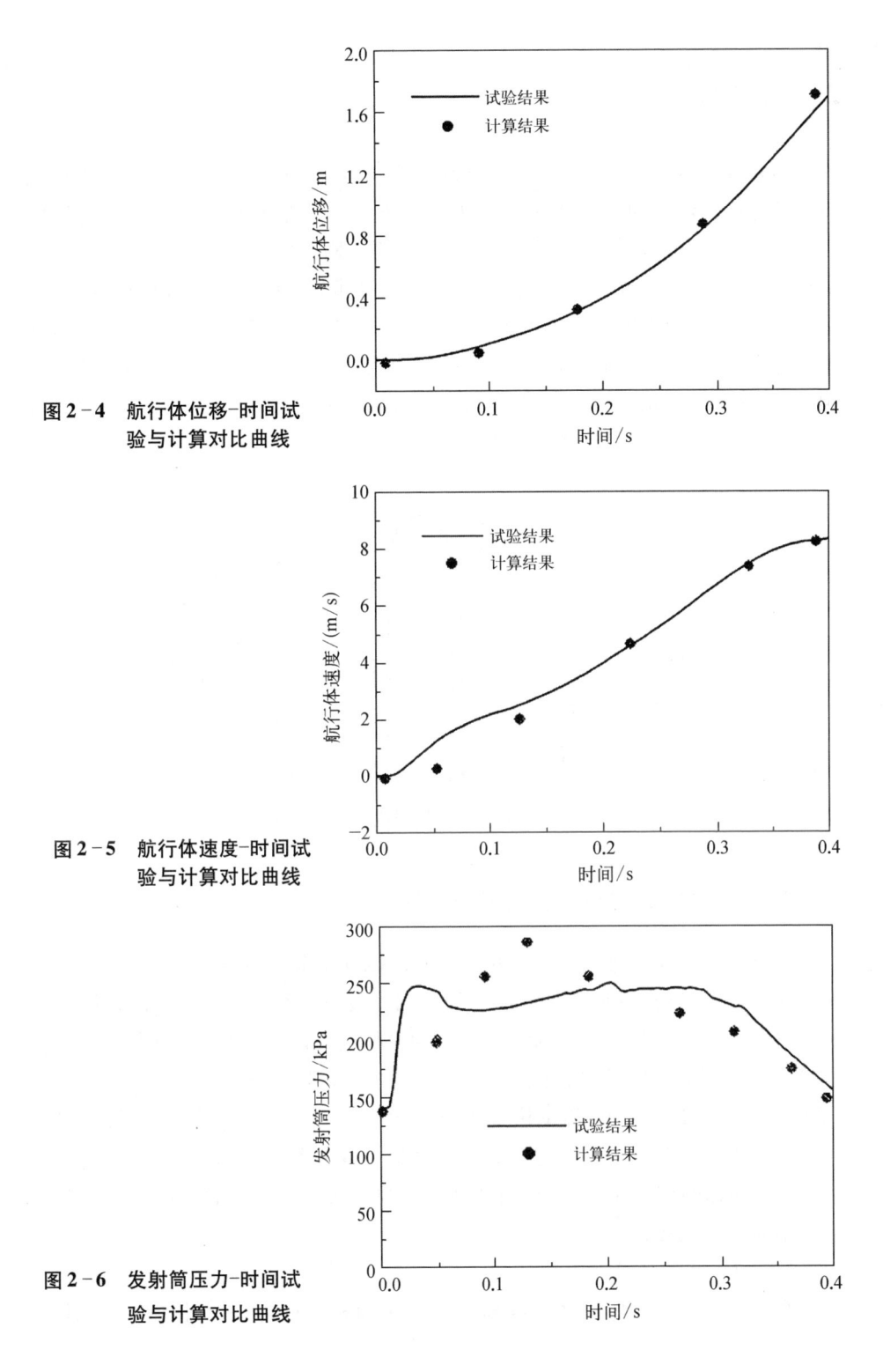

图 2-4 航行体位移-时间试验与计算对比曲线

图 2-5 航行体速度-时间试验与计算对比曲线

图 2-6 发射筒压力-时间试验与计算对比曲线

2.3　出筒过程水动力特性分析

航行体发射时,在发射筒口与航行体的空间存在均压气体。出筒过程中航行体的速度不断增加,至出筒时刻速度达到最大值。航行体的高速运动可能使其钝锥肩部的压力降低形成低压区域,发射筒口附近的均压气体在低压区形成空泡。由于筒口的均压气体被卷入到航行体肩部低压区,并留在航行体的肩空泡内,使得肩空泡内的压力远大于水的饱和蒸汽压。图 2-7 给出了发射筒内均压气体跟随航行体运动形成肩空泡过程。出筒过程由于发射平台牵连速度的影响,攻角的存在导致航行体附着肩空泡迎背流面不对称产生法向外力,同时航行体头锥部也会受到一定的法向外力作用。

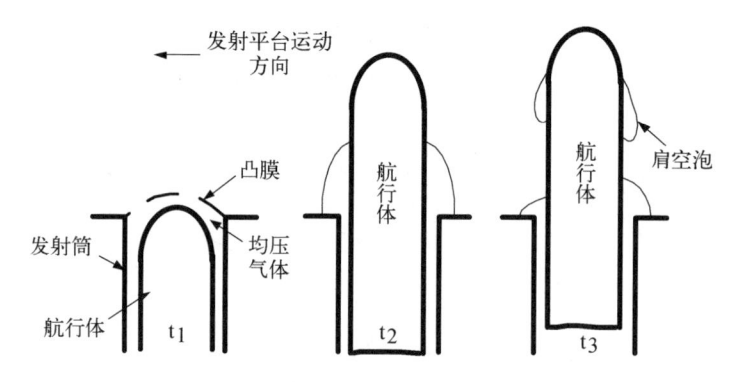

图 2-7　肩空泡出筒形成过程示意图

2.3.1　航行体出筒多相流研究方法

水下发射过程的研究方法主要有数值模拟和实验研究等[3-7]。数值模拟具有投入资源小、影响因素解耦性好等优势,日益受到重视。航行体出筒过程仿真必须符合质量守恒、动量守恒和能量守恒的规律。流体力学的数值求解是由这些基本的物理定律出发,确定控制流动的基本方程组,即连续性方程、动量方程和能量方程。对于不同的流动模型,控制方程具有不同的数学表达形式,这组方程要能够从本质上描述流动的发展变化过程。本书通过 Mixture 多相流模型来求解气液两相的相互作用,并利用动网格重构方法模拟有相对运动的多体运动系统中的流动现象。

2.3.1.1　多相流模型

在流体力学中把物理性质各异的成分称为相。相可以是水、气和固体颗粒,也可以是同一种物质中物理性质不同的成分。多相流模型用于两相流或者多相流流体计算,通过利用各相的质量守恒关系,并对各相建立各自的动量和能量方程,来描述流体过程。多相流根据流体中相的组成方式可以分为以下几种:

(1) 气液或者液液两相流;

(2) 气固两相流;

(3) 液固两相流;

(4) 三种相及以上的多相流。

航行体出筒多相流中包括空气、水和高温高压燃气三种相,其中空气和燃气可以简化作为单相处理,并赋予各自不同的压力和温度,因此出筒多相流属于气液两相流动。多相流体力学具有两种计算方法,分别是欧拉-拉格朗日方法和欧拉-欧拉方法。在欧拉-拉格朗日方法中,流体被分为连续相和离散相,计算中对两种相进行不同方式的求解,但两种相之间可以进行质量、动量和能量交换。而欧拉-欧拉方法将不同相作为连续的单相处理,通过引入相体积率来计算各相在混合相中所占的比率。本部分采用基于欧拉-欧拉方法的 Mixture 模型。该模型利用各成分运动速度的不同来描述离散相。

Mixture 模型的基本控制方程如下。

(1) 连续性方程。

$$\frac{\partial}{\partial t}(\rho_m) + \nabla \cdot (\rho_m v_m) = S_m \qquad (2-3)$$

式中,S_m 为源相,流场为无源流场,故 $S_m = 0$;v_m 为质量平均速度,满足:

$$v_m = \frac{\sum_{k=1}^{n} \alpha_k \rho_k v_k}{\rho_m} \qquad (2-4)$$

ρ_m 是混合物的密度:

$$\rho_m = \sum_{k=1}^{n} \alpha_k \rho_k \qquad (2-5)$$

α_k 为第 k 相的相体积率,各相体积率应满足相容性条件:

$$\alpha_1 + \alpha_2 + \alpha_3 + \cdots + \alpha_n = 1 \qquad (2-6)$$

(2) 动量方程。

Mixture 模型中混合相的动量等于各相动量之和:

$$\frac{\partial}{\partial t}(\rho_m v_m) + \nabla \cdot (\rho_m v_m v_m) = -\nabla p + \nabla \cdot [\mu_m(\nabla v_m + v_m^{\mathrm{T}})]$$

$$+ \rho_m g + F + \nabla \cdot \left(\sum_{k=1}^{n} \alpha_k \rho_k v_{\mathrm{dr},k} v_{\mathrm{dr},k}\right)$$

(2-7)

式中，n 为相数；F 为体积力；μ_m 为混合物黏性，$\mu_m = \sum_{k=1}^{n} \alpha_k \mu_k$；$v_{\mathrm{dr},k}$ 是次相 k 的漂移速度，表达式如下：

$$v_{\mathrm{dr},k} = v_k - v_m \tag{2-8}$$

(3) 能量方程。

$$\frac{\partial}{\partial t}\sum_{k=1}^{n} \alpha_k \rho_k E_k + \nabla \cdot \sum_{k=1}^{n}[\alpha_k v_k(\rho_k E_k + p)] = \nabla \cdot (k_{\mathrm{eff}} \nabla T) + S_E \quad (2-9)$$

式中，k_{eff} 为有效传热系数；$\nabla(k_{\mathrm{eff}} \nabla T)$ 代表了能量的传递项；S_E 是所有的体积热源。

2.3.1.2 湍流模型

湍流普遍存在于自然界和工程技术中的绝大多数流动，是由无数不规则、不同尺度且相互掺混的涡旋构成的流动。湍流运动一般是三维的、时变的具有高度非线性振荡的流场，流动中任意一点的物理量，如速度、压力等都在随时间作毫无规律的变化，这使得湍流运动在理论实验和数值模拟方面都很难得到解决。如果通过雷诺平均运动方程和脉动运动方程将瞬时值用平均值和脉动值表示出来，并将其代入黏性流动的基本方程中并将其平均化，可以得到描写湍流平均量的连续方程、动量方程和能量方程，这就是湍流模型。

由于湍流控制方程的非线性和流动的复杂性，目前仍然不能使用一种湍流模型来描述所有的湍流计算问题。湍流模型的使用对于流场数值计算具有至关重要的意义，不同的湍流模型计算的流场结构会有较大的区别，如果使用不合理，会造成很大的误差。湍流模型的选用主要依靠以下几个方面：物理现象的特殊性、流动尺度、流体的可压性、计算精度和计算时间要求等。深入了解不同湍流模型的数学描述及各个湍流模型的适用范围，有助于针对不同模型选择恰当的模型。

不同的湍流模型需要求解不同的方程数目。方程数目越多计算的精度越大，但是计算的难度和时间也随之加大。湍流模型包括 S-A 模型、k-ε 模型、k-ω 模型、雷诺应力模型和大涡模拟。S-A 模型属于单方程模型，是相对简单的模型,S-A模型没有考虑对剪应力层厚度的长度尺度的变化,在流动尺度变化比较大的问题中会有较大误差。$k-\varepsilon$ 模型可以分为三种模型：标准 $k-\varepsilon$ 模型、RNG $k-\varepsilon$ 模型和带旋流修正 $k-\varepsilon$ 模型。$k-\varepsilon$ 模型适合求解雷诺数较低的流动。$k-\omega$ 模型中包含标准 $k-\omega$ 和 SST $k-\omega$ 模型。$k-\omega$ 模型在求解黏性流动和分离漩涡运动方面具有优势。以上模型与雷诺应力模型和大涡模拟都需要求解两个以上的方程。考虑到标准 $k-\varepsilon$ 模型是目前最简单且完整的湍流模型,因此本书中算例采用标准 $k-\varepsilon$ 模型来对流场进行建模分析。

在标准 $k-\varepsilon$ 模型中引入了湍流脉动的动能方程 k 和湍流脉动动能的耗散率方程 ε,该模型忽略了分子黏性的影响,并且认为湍流经过了充分的发展。湍流脉动的动能方程 k 是通过精确的方程推导出来的。其表达式如下：

$$\frac{\partial}{\partial t}(\rho_m k) + \frac{\partial}{\partial x_i}(\rho_m k u_i) = \frac{\partial}{\partial x_j}\left(\alpha_k \mu_t \frac{\partial k}{\partial x_j}\right) + G_k + G_b - \rho_m \varepsilon - Y_M + S_k$$

(2-10)

而湍流脉动动能的耗散率方程 ε 是通过物理推理,数学上模拟相似原形方程得到的。其方程的形式如下：

$$\frac{\partial}{\partial t}(\rho_m \varepsilon) + \frac{\partial}{\partial x_i}(\rho_m \varepsilon u_i) = \frac{\partial}{\partial x_j}\left(\alpha_\varepsilon \mu_t \frac{\partial \varepsilon}{\partial x_j}\right) + C_{1\varepsilon}\frac{\varepsilon}{k}(G_k + C_{3\varepsilon} C_b) - C_{2\varepsilon}\rho_m \frac{\varepsilon^2}{k} + S_\varepsilon$$

(2-11)

式中,G_k 是由平均速度梯度引起的湍流动能：

$$G_k = \frac{\partial u_i}{\partial x_j}\left[\mu_t\left(\frac{\partial \mu_i}{\partial x_j} + \frac{\partial \mu_j}{\partial x_i}\right) - \frac{2}{3}\rho_m k \delta_{ij}\right]$$

(2-12)

G_b 表示由浮力影响引起的湍流动能；Y_M 表示可压缩性对湍流脉动扩张扩散项的影响；湍流黏性系数 μ_t 表达式为

$$\mu_t = \rho C_\mu \frac{\varepsilon^2}{k}$$

(2-13)

$C_{1\varepsilon}$、$C_{2\varepsilon}$、$C_{3\varepsilon}$ 为常数,湍流动能 k 与耗散率 ε 的湍流普朗特数分别为 $\sigma_k = 1.0$,$\sigma_\varepsilon = 1.3$。

2.3.1.3 动网格守恒方程

动网格条件下存在移动边界的任意控制体上,考虑到网格的变形和移动,采用任意拉格朗日欧拉方法,可将某一通用标量的守恒方程写作如下形式：

$$\frac{\mathrm{d}}{\mathrm{d}t}\int_{V}\rho\varphi\mathrm{d}V + \int_{\partial V}\rho\varphi(u - u_{g})\mathrm{d}A = \int_{\partial V}\Gamma\nabla\varphi\mathrm{d}A + \int_{V}S_{\varphi}\mathrm{d}V \qquad (2-14)$$

式中，ρ 为流体密度；φ 为通用标量；u 为流体速度矢量；u_g 为网格的移动速度；Γ 为扩散系数；S_φ 为标量 φ 的源项；$\mathrm{d}V$ 为控制体积 V 的边界。

通过编写用户自定义函数(user defined function，UDF)，可实现：

(1) 自动提取和存储航行体的运动和力学参数；

(2) 实现对计算域某个位置的流动参数的监测。

UDF 的加载和运行情况如图 2-8 和图 2-9 所示。

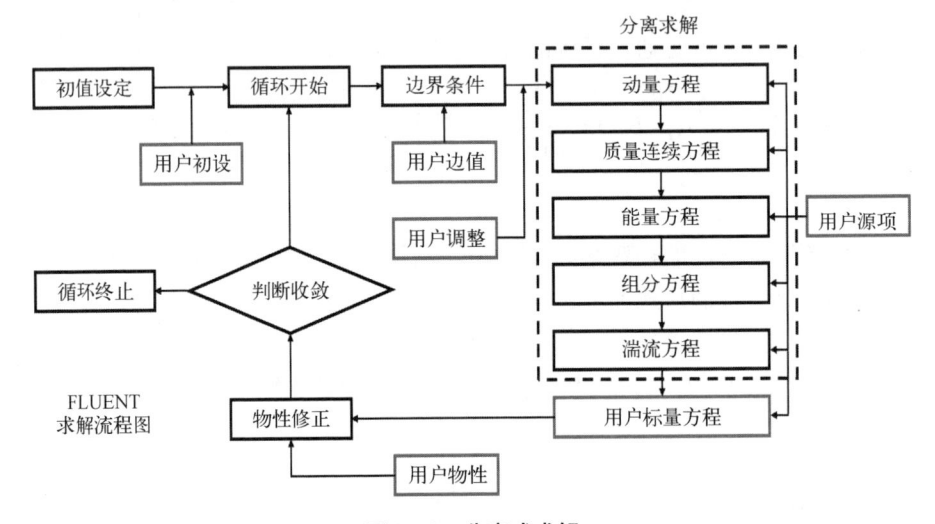

图 2-8 分离式求解

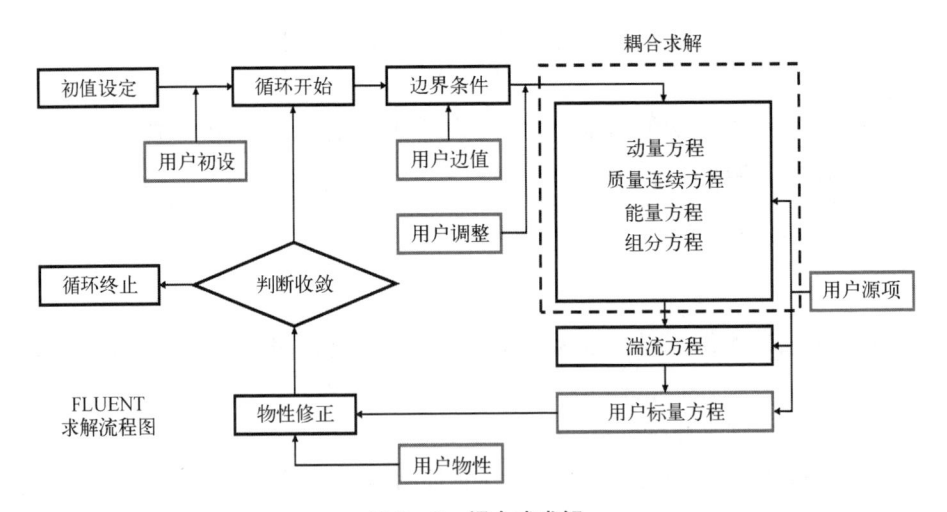

图 2-9 耦合式求解

2.3.1.4 计算域分区与网格划分策略

针对航行体水下发射出筒过程数值模拟,必须保证选取计算域的合理性,才能较好地保证计算的稳定性和计算结果的可靠性。首先计算域必须足够大,才能有效地消除边界的反射,使得计算过程较为稳定。而当计算域过大时,直接导致计算网格过多,计算时间过长甚至目前的计算资源无法进行计算,因此必须在保证计算可靠性的前提下尽可能地减小计算域,从而减小计算网格和节省计算资源和计算时间。

在计算网格划分方面,针对流场结构较为复杂区域以及对航行体运动特性影响最大的局部区域必须进行网格加密,而在远离航行体区域,可以采用较为稀疏的网格,从而最大程度的减小计算网格,并保证重要流动结构的捕捉。因此,航行体出筒过程数值模拟需要在航行体附近进行局部网格加密,而从航行体往外可采用较为均匀的网格过渡方法。

2.3.1.5 航行体运动与流场耦合模型

针对航行体水下发射过程动态 CFD 数值模拟,在考虑流体与航行体运动相互作用影响方面,主要有单向耦合和双向耦合两种方法。

单向耦合方法是根据试验测量得到的运动速度、角速度特性,通过给定航行体运动规律,进而研究航行体在该已知运动参数下的流场特性和表面载荷特性。以上方法可以较好地再现实验飞行过程,在 CFD 数值仿真中具有计算稳定性和收敛性好的优点。但是,由于实验条件的不确定性,例如水下运动过程中的外流场条件在数值模拟过程中无法完全再现,可能使得数值模拟过程中的流场初始条件与运动初始条件不匹配,从而导致出现航行体运动推动流体运动,而无法将流体作用的航行体表面的作用力反馈到航行体运动速度和姿态计算中。此外,受实验条件的限制,数值计算无法涵盖各种复杂的发射条件,即不能进行除实验以外的其他发射条件下的数值模拟。

双向耦合是在航行体运动动态 CFD 数值模拟中,基于一定的初始运动速度和运动姿态及初始流场条件,通过流场计算得到的航行体受力特性,并将其返回到运动参数(速度特性和位移特性)计算中,而后将运动参数的改变进一步返回到流场计算中,即流场计算和航行体运动特性计算是完全实时反馈过程。它可以完全采用与发射条件相同的初始条件,也可以设置任意发射条件,这样既可以完全再现已知发射条件下的流场特性和航行体运动特性真实耦合计算,又可以进行任何可能出现的发射条件下的全程数值模拟,弥补实验方案的数量的不足。但与单向耦合计算相比,该方法计算稳定性、收敛性及计算效率均有所下降。

在本书中采用双向耦合作用的计算分析，力求较为真实地模拟航行体出筒过程中的流场与航行体运动的耦合影响过程。

2.3.2 出筒水动力特性研究

航行体水下发射仿真分为筒内段和筒外段两个部分。对于出筒段，由于平台发射筒的限制，航行体俯仰运动较弱，该过程采用给定运动规律的单向耦合方法进行。而对于筒外段，侧向干扰下航行体将发生平移及俯仰运动，此时需要释放航行体俯仰运动的自由度，进行航行体多自由度双向耦合仿真。

筒内段和筒外段采用不同的计算域分区和网格划分策略[8]，通过插值实现计算参数的传递。在计算网格划分方面，针对流场结构较为复杂区域以及对航行体运动特性影响最大的局部区域必须进行网格加密，而在远离航行体区域，可以采用较为稀疏的网格，从而最大程度减小计算网格，并保证重要流动结构的捕捉。因此，航行体出筒过程数值模拟中均在航行体附近进行了局部网格加密，而从航行体往外则采用较为均匀的网格过渡方法。

图2-10给出了航行体出筒及出筒后初期的流场演化发展过程。在出筒过程中，筒内气体在航行体壁面摩擦和浮力作用下随航行体运动。随着航行体的运动，表面伴随气体由于受水流"刮削"作用其运动速度较小，并不断下移至航行体的尾部外侧。如果不考虑牵连速度的影响，下移的头部滞留气体在航行体的表面呈现对称分布。考虑运动平台赋予迁移速度时，可以看到图2-11中的气体在水平牵连速度的影响下向背水面聚集。随着航行体不断运动，背水面聚集的气体增加，并不断膨胀发展。

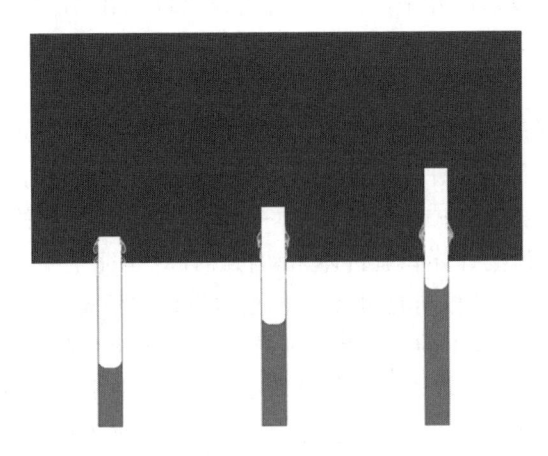

图2-10 航行体出筒过程流场演化

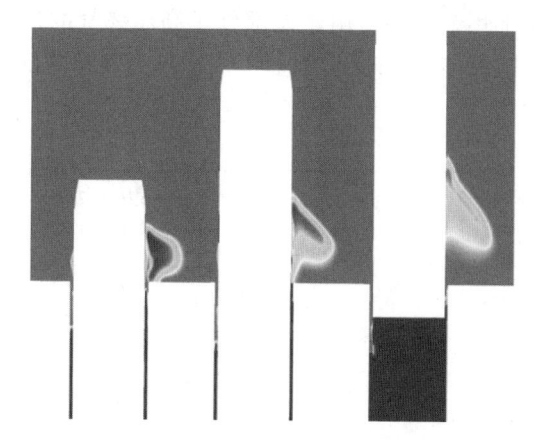

图 2-11 牵连速度影响下的头部气体非定常分布

从图 2-12 中出筒初期的后效气泡的发展来看,航行体出筒后,筒内气体快速溢出并冲击航行体尾部,航行体尾部附近压力增加。

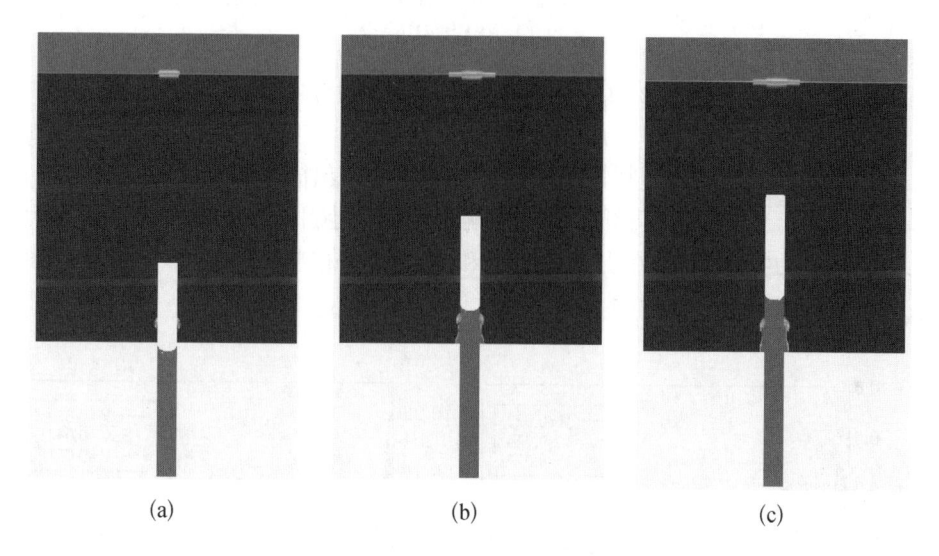

(a)　　　　　　　　　　(b)　　　　　　　　　　(c)

图 2-12 航行体出筒初期流场演化

图 2-13 为不同时刻航行体表面压力沿轴向的分布,横坐标代表航行体的特征长度,以头部顶点为坐标原点,坐标正方向从航行体尾部到头部,纵坐标代表无量纲压力。从图中可以看出,随着出筒时间的增加,航行体的表面压力是逐渐降低的。总体上航行体周围的压力分布均是头部顶点位置附近是高压,这是顶点处流体的滞止作用形成的,肩部由于流体绕流引起低压区,航行体表面压力

随水深从肩部到尾部逐渐升高。由于尾部处于高压燃气的包裹中,因此压力高于其他部位。随着航行体出筒时间的增加,气泡压力逐渐降低,尾部附近压力也会随之降低。

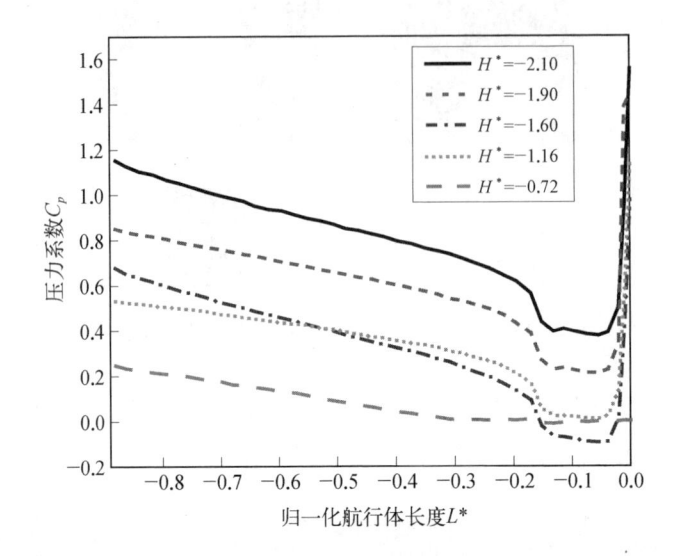

图 2-13 不同时刻航行体表面压力分布

从图 2-14 中的合力特性来看,牵连速度越大,出筒过程航行体所受法向力 F_t 越大。由于尾出筒速度相同,航行体偏转相对较小,因此轴向力 F_a 差别不大。从各阶段受力特性来看,在出筒初期 F_t 和 M_z 的符号相反(图 2-15),由此可知,该阶段质心以上段的法向受力对航行体偏转角速度起主导作用。

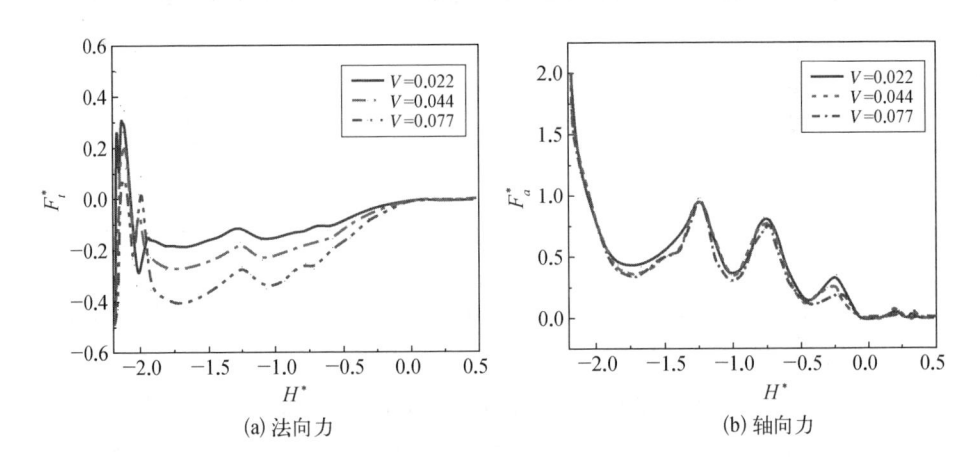

(a) 法向力   (b) 轴向力

图 2-14 航行体受力特性

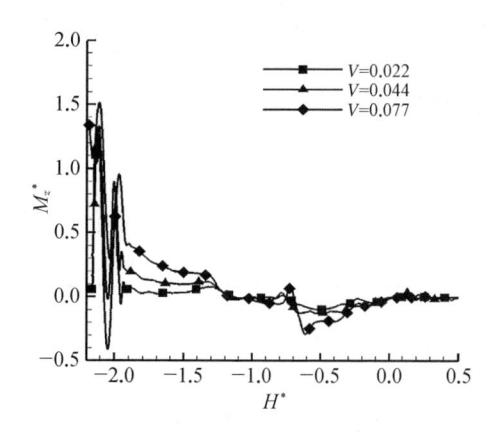

图 2-15　不同牵连速度下航行体受偏转力矩对比

2.4　出筒后效特性研究

航行体出筒时,筒内燃气从筒内溢出,形成燃气泡,与周围的水发生作用,周围水介质传递能量和动量,燃气的压力不断发生振荡,直接影响航行体的整体受力和运动。出筒后燃气泡附着在航行体尾部,随着航行体运动,燃气泡在周围水流场的作用下发生断裂,其中一部分燃气会附着在航行体尾部形成尾部气泡[9]。

由于燃气泡的泄出、振荡和拉断过程是发射燃气完成动力推动功能后的附加效应,会对航行体的运动和受力产生重要影响,将其统称为燃气后效。开展航行体出筒尾部燃气后效特性研究对分析航行体出筒后初期受力特征具有重要的现实意义。

2.4.1　筒口后效特性分析

在出筒时刻筒内燃气压力高于周围水的压力,首先会膨胀发生燃气外泄、膨胀和压缩等过程,对航行体尾部压力产生干扰影响,此现象主要在发射筒口发生,也可称为筒口后效,下面对这一动态过程机制进行分析。

2.4.1.1　气泡膨胀机制

航行体离筒后,筒内高压气体向外膨胀,在发射筒和航行体底部形成一个燃气泡,该燃气泡会附着在航行体尾部形成尾部气泡,尾部气泡会一直跟随航行体运动直至尾部出水。气泡在刚出筒时的膨胀可以分为轴向膨胀和径向膨胀。气泡在径向的膨胀源于筒口压差的存在,而轴向膨胀则主要是由于航行体轴向运动产生膨胀波,气体在膨胀波的影响下产生膨胀,因此轴向膨胀在无压差的情况

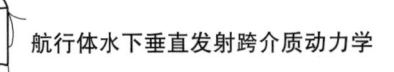

下同样可以发生。同样气泡的压缩也可以分为轴向压缩和径向压缩。

如图 2-16 所示,定义轴向膨胀体积为航行体尾部运动经过的矩形区域,而轴向膨胀体积与径向膨胀体积之和为筒外气泡体积。当径向膨胀体积为负值时,表示径向压缩。

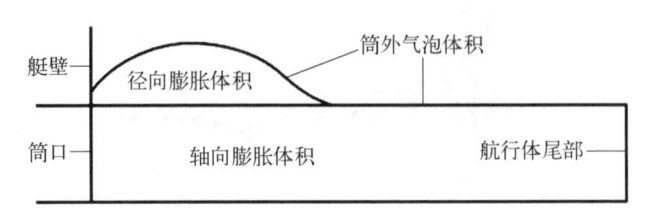

图 2-16 气泡体积示意图

图 2-17 给出了简化的尾部气泡模型,取尾部气泡壁面外侧的一个流体微元进行分析,其中流体微元表面的轴向长度为 dS,泡内压力为 P_0,泡外压力为 P_1,温度为 T,体积为 V,该微小控制体质量为 m,忽略表面张力及黏性力,则在气泡膨胀过程中临近气泡壁面的水质点的运动加速度满足:

$$\dot{m}a = (P_0 - P_1)\mathrm{d}S \qquad (2-15)$$

而流体质点的运动速度为

$$U = \int_0^t a\mathrm{d}t = \int_0^t (P_0 - P_1)\mathrm{d}S\mathrm{d}t \qquad (2-16)$$

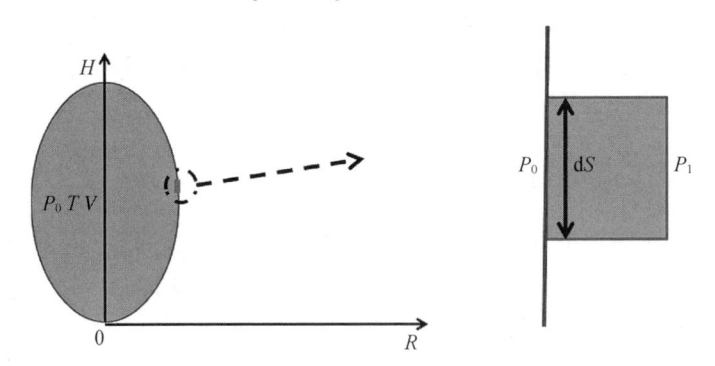

图 2-17 气泡表面流体微元示意图

气泡表面的运动与以上流体微元的速度和加速度相同,因此根据以上加速度和速度表达式可以对气泡的运动状态进行如下判断:

(1) 出筒初始时刻,由于泡内压力大于泡外压力($P_0 > P_1$),因此气泡加速膨胀,气泡半径 R 增加;

（2）随着航行体的运动，气泡轴向和径向尺寸增加，泡内压力降低，在某时刻（假定为 $t=0$ 时刻），气泡内外压力相等（$P_0 = P_1$），此时气泡壁面运动加速度 $a=0$，但此时气泡壁面运动速度 $U_0 > 0$，即 R 继续增大，泡内压力继续降低；

（3）当 $t>0$，由于泡内压力小于外界水体压力（$P_0 < P_1$），气泡处于过膨胀状态，气泡膨胀速度降低，随着泡内压力的降低，会使得气泡壁面外微元水体的速度满足 $U_t = 0$，此时气泡膨胀至最大径向体积，而后将在外界水流的压缩下发生回缩。

从能量转化角度讲，由于膨胀/回缩时间较短，传热效应可以忽略，忽略黏性力以及表面张力，根据热力学第一定律可得

$$\delta q = \mathrm{d}E + P\mathrm{d}V \tag{2-17}$$

以气泡为体系，气泡膨胀对外做功为 $P\mathrm{d}V$，由于气体密度远远小于水密度，气泡界面处的气体动能可以忽略，因此气泡内能转化为了气泡外面水体的动能 $0.5mU^2$、克服水压、表面张力、黏性力等，当膨胀至最大体积后，水压力能（势能）转化为水动能及气泡内能，从而产生水流回射和气泡回缩。

2.4.1.2 航行体尾部燃气泡特性分析

由于筒口后效过程具有多相流非定常特性，研究中多采用 CFD 等手段开展相关研究。为简化问题，可采用二维轴对称模型，进行出筒过程流场特性、水动力研究。

图 2-18 给出了不同时刻流线、相场及压力分布对比。研究结果表明，CFD 计算能较好地捕捉出筒过程航行体表面气体伴随运动、尾出筒时刻筒内高压气体外泄、后效气泡膨胀/收缩等流场演化及在此过程中的压力分布。

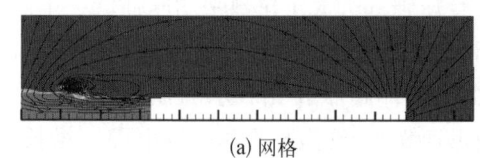

(a) 网格　　　　　　　(b) 压力分布

图 2-18　尾出筒一半流场特性

图 2-19 为气泡体积与航行体尾部压强的关系曲线。图中 x 轴坐标 H^* 为运动行程相对航行体长度的归一化坐标（0 值代表水面，水下为负值）；y 轴左侧为尾部附着气泡的无量纲体积 V_0^* $\left(V_0^* = \dfrac{V_0}{V_1} \right.$，其中，$V_0$ 表示航行体尾部气泡体积，V_1 表示发射筒的容积 $\bigg)$。在气泡断裂前，V_0 等于发射筒内气体体积与航行

体尾部气体体积之和,气泡断裂后,V_0 等于航行体尾部气体体积;y 轴右侧为无量纲化压力系数 C_p。

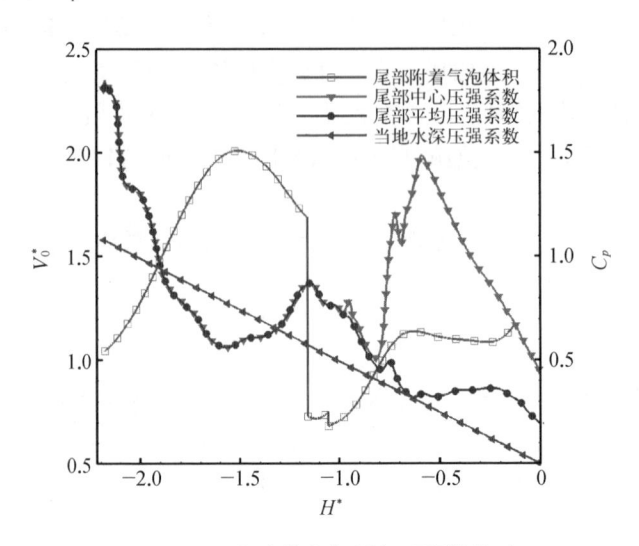

图 2-19 气泡体积与尾部压强的关系

比较图 2-19 中尾部平均压强系数和尾部中心点压强系数可以发现,在 $H^* = -0.95$ 前两条曲线完全重合,在 $H^* = -0.95$ 之后,尾部中心点压强与尾部平均压强出现明显差异。原因在于在 $H^* = -0.95$ 前航行体尾部完全包裹在气泡之中,在气泡低速运动时可以认为航行体尾部压强等于气泡平均压强,而在 $H^* = -0.95$ 后航行体尾部气泡中出现回射流,由于水冲击尾部中心,并在尾部滞止,导致尾部局部高压的产生,使得尾部中心点压强远远大于尾部平均压强。

由图 2-20 尾部平均压强系数和尾部附着气泡体积可以发现,起始阶段为尾部气泡膨胀启动阶段。在此阶段内,由于气体膨胀要克服水的惯性作用,而 $\rho_水 > \rho_气$,导致筒内高压气体难以在瞬间迅速膨胀,气泡膨胀速率较小,V_0^* 增长较慢。随 H^* 增大膨胀加速进行,气体体积增加较快,航行体尾部压强急剧减小。这是由于气泡径向膨胀加强,使得气体总膨胀速率快速增大,因此尾部压强降低速率提高。之后膨胀继续加速,气泡体积 V_0^* 继续增大,但是航行体尾部压强变化却较平缓。

在 $H^* = -1.9$ 时刻之前,气泡压强大于周围水的压强,气泡发生径向膨胀,气泡体积不断增大,推动周围的水向外运动,水的径向速度不断增大,由于气体的膨胀速度大于水的运动速度,在气、水界面出现漩涡。在 $H^* = -1.9$ 时刻,气泡压强与当地水深压强基本相等,此时水的径向速度最大,同时气泡径向膨胀速度也

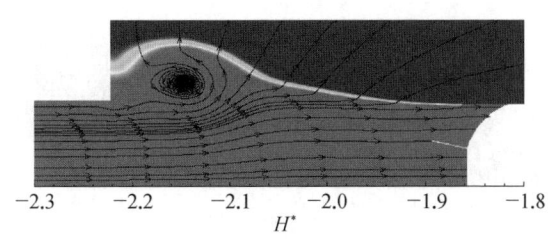

图 2-20　$H^*=-1.9$ 时刻尾部气泡流线图

达到最大值。如图 2-20 所示,气泡内流线垂直气、水界面向外发展。在 $H^*=-1.9$ 时刻以后,由于发射筒的导向作用以航行体的尾部拖拽效应,气泡在轴向受拉升作用;而在径向,由于气泡表面与水流接触,在汽水接触面上由于惯性作用继续向外运动,在气泡中形成微弱膨胀波,因此导致了气泡过膨胀直至水的径向速度为 0,气泡径向尺度达到极大,气泡的压强达到极小。

图 2-21 为第一次断裂前轴向膨胀体积与径向膨胀体积曲线,气泡在 $H^*=-1.6$ 时刻径向膨胀体积达到最大值,即此刻气泡的平均半径最大,从尾部平均压强曲线可以看出,此时气泡压强确实为极小值。

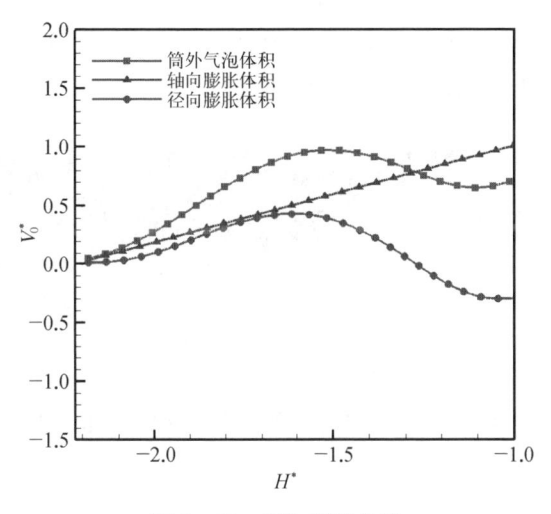

图 2-21　气泡膨胀曲线

在 $H^*=-1.6$ 之后气泡在大于气泡压强的水压作用下开始压缩。然而由于轴向膨胀的作用,气泡体积并没有减小,直到周围水对气泡的压缩作用等于轴向膨胀的作用,气泡体积达到极大值,对应的时刻为 $H^*=-1.5$。如图 2-22 所示,在 $H^*=-1.5$ 时刻气泡附近流线从周围水中向气泡内发展,说明气泡发生收缩。

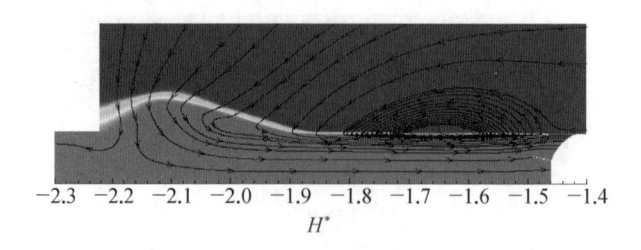

图 2-22　$H^*=-1.5$ 时刻航行体尾部气泡流线图

在 $H^*=-1.5$ 时刻以后水对气泡的压缩作用强于轴向膨胀的作用,因此气泡开始压缩,体积变小。在径向压缩过程中,水逐渐加速,当气泡压强等于水深压强时,水的径向加速为 0,速度达到最大,在惯性的作用下水继续做径向收缩,并在气泡中产生压缩波,促使气泡作过压缩运动。在径向膨胀最大的筒口位置处,压缩作用也最明显,在压缩的诱导作用下会产生水体的径向回击,尾部气泡受到径向回射水体的"剪断"而发生断裂,时刻为 $H^*=-1.16$。气泡闭合后会在轴向产生方向相反的两股射流,这是因为闭合时周边水流以很高的径向速度在对称轴处相撞,径向速度立刻降为 0,由于能量守恒,径向速度转化为方向相反的轴向速度,产生轴向射流,称为回射流,如图 2-23 中流线图所示。射流对气泡尾部产生冲击,形成压缩波,压强达到极大值。

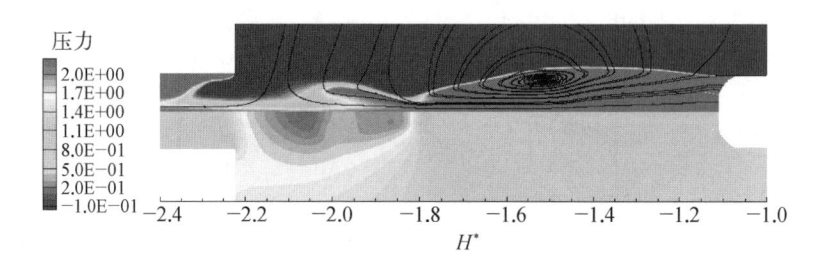

图 2-23　$H^*=-1.16$ 时刻尾部气泡相图和压强图

回射流会导致两种效应:一是回缩携带的水体对凹陷面顶部的压力冲击体现为向上的浮力作用,即会推动局部凹陷面沿轴向往航行体尾部继续发展,即气流向航行体尾部运动;二是由于水流的密度远远大于气体密度,局部回流回射将导致筒口大范围的水流回射运动。因此,在航行体的运动、气泡的轴向运动及高密度水体回射三种效应综合作用下,使气泡受压缩导致回缩过程中内部压力高于外部水体压力,气泡发生过压缩,在 $H^*=-1.14$ 时,过压缩结束,气泡体积达到最小值,见图 2-24。

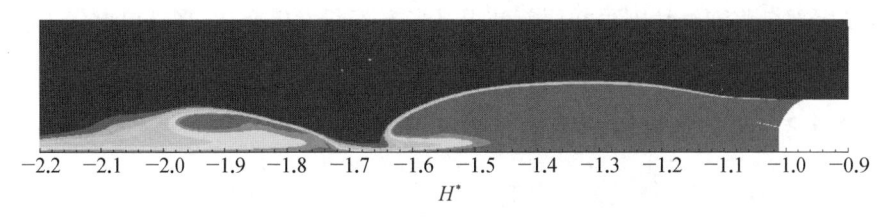

图 2-24 $H^*=-1.14$ 时刻航行体尾部相图

理论研究表明,筒内气体溢出发射筒后形成燃气泡,燃气泡经历泄出、振荡和拉断过程。基于 Rayleigh-Plesset 方程和独立膨胀原理理论[10],通过理论计算获得燃空泡半剖面形态图,如图 2-25 所示。航行体尾部与发射筒口之间由弹尾燃气泡和筒口燃气泡所组成,发射筒口纵坐标为零,航行体尾部纵坐标为弹尾燃气泡的顶端。

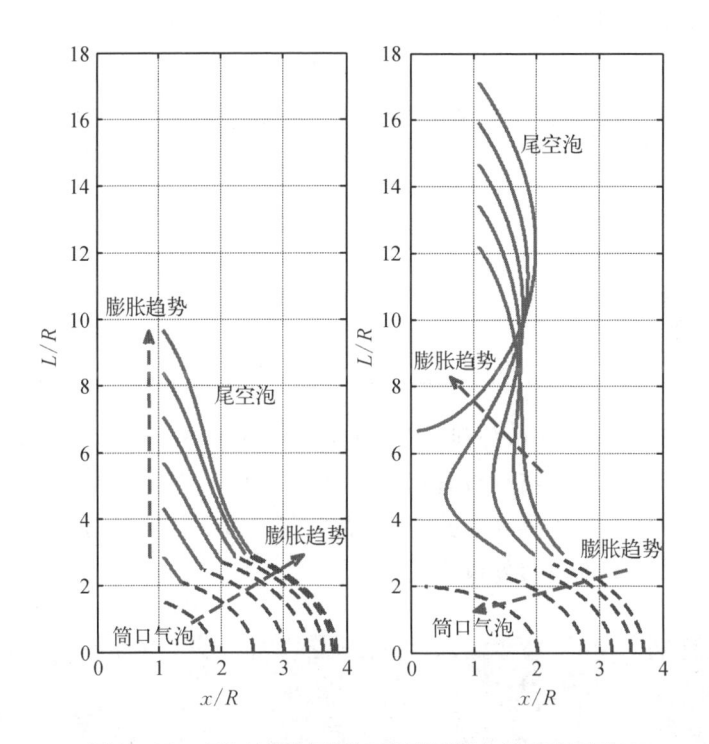

图 2-25 理论计算得到筒口和弹尾燃气泡理论形态

从图 2-25 左图可以看出,航行体离开发射筒后,筒口燃气泡不断向外膨胀,燃气泡附着在航行体尾部,其体积也不断增大,从而使得燃气泡压力不断降低;从右图可以看出,当筒口燃气泡膨胀至极限时 $\dot{R}_c=0$ 后,燃气泡体积开始收

缩,而尾部燃气泡继续附着在尾部使得其形态不断发生变化,当筒口燃气泡收缩至一定程度后尾部燃气泡与筒口燃气泡脱离,出现拉断现象。

2.4.2 筒口后效影响因素及规律分析

筒口后效对航行体受力的影响一方面主要是压力量值,这取决于筒内气体在压差作用下溢出时对航行体表面外压作用强度,另一方面对航行体尾部压力不对称影响主要取决于发射平台运动对流动不对称影响,因此针对航行体出筒筒口压差和发射平台速度对筒口后效影响进行了影响规律分析。

2.4.2.1 航行体出筒筒口压差对燃气后效影响

在一定水深、平台无运动条件下,开展不同筒口压差下的燃气后效特性研究。具体计算方案设置如表2-1所示,其中筒口压差根据环境水深压力进行无量纲化,$\Delta P^* = \Delta P / P_{envi}$,其中,$\Delta P$ 为尾出筒时刻筒内压力与周围环境压力的差值,P_{envi} 为当地环境压力。

表 2-1 计 算 方 案

计 算 方 案	筒口压差 ΔP^*
Case1	0.125
Case2	0.25
Case3	0.75
Case4	1.00

图2-26~图2-37中分别给出了四种筒口压差条件下,航行体尾部相场和压力的分布云图。不同特征位置用无量纲时间表示,其中无量纲基准采用 $T = L/4$(L 为航行体长度),重点分析航行体尾出筒至 $L/4$ 位置时间段内流场压力传播特性及航行体表面压力分布情况。

(a) Case1 (b) Case2 (c) Case3 (d) Case4

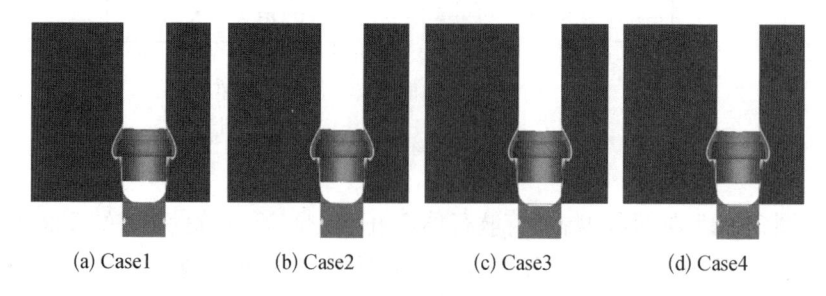

图 2-26 $t=0.0T$ 时刻流场相分布

(a) Case1　　　(b) Case2　　　(c) Case3　　　(d) Case4

图 2-27　$t=0.0T$ 时刻流场压力分布

(a) Case1　　　(b) Case2　　　(c) Case3　　　(d) Case4

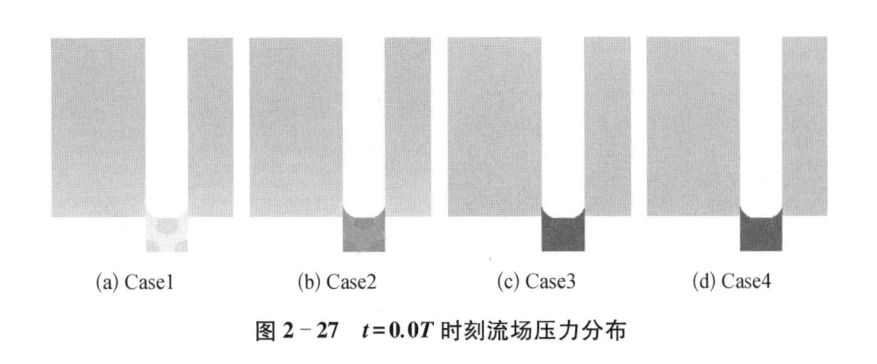

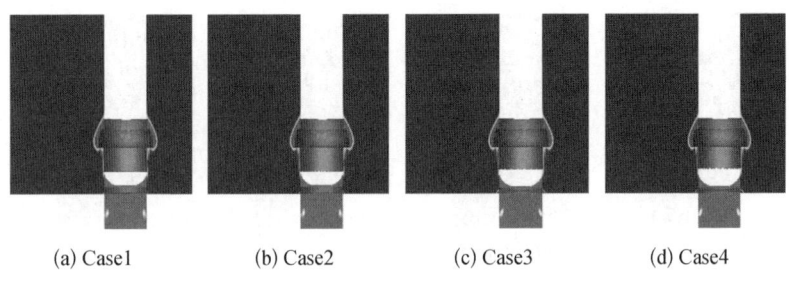

图 2-28　$t=0.2T$ 时刻流场相分布

(a) Case1　　　(b) Case2　　　(c) Case3　　　(d) Case4

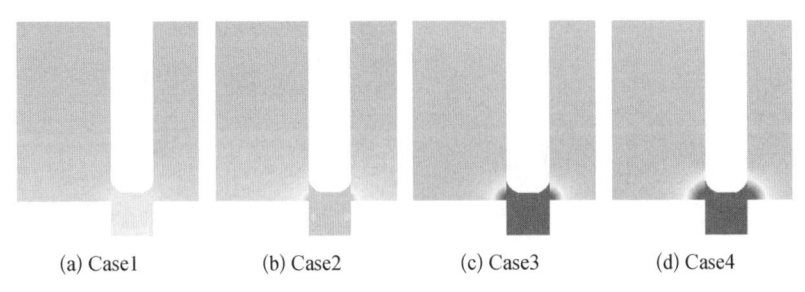

图 2-29　$t=0.2T$ 时刻流场压力分布

(a) Case1　　　(b) Case2　　　(c) Case3　　　(d) Case4

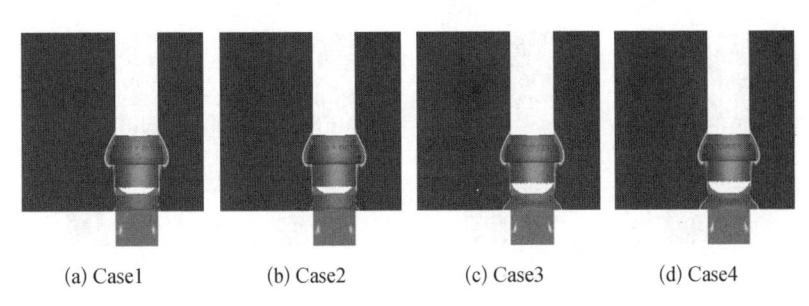

图 2-30　$t=0.4T$ 时刻流场相分布

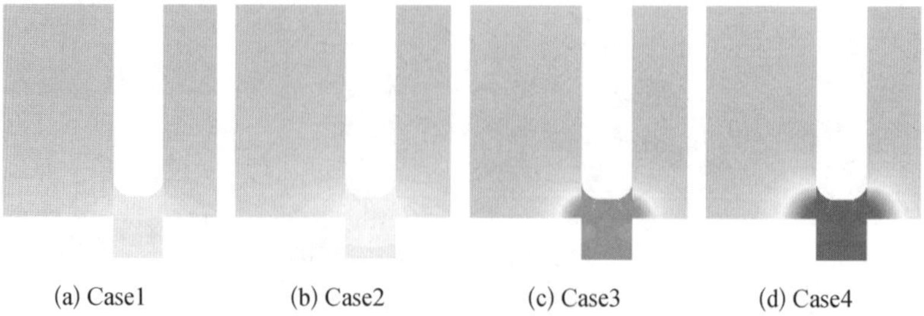

(a) Case1　　　(b) Case2　　　(c) Case3　　　(d) Case4

图 2-31　$t=0.4T$ 时刻流场压力分布

(a) Case1　　　(b) Case2　　　(c) Case3　　　(d) Case4

图 2-32　$t=0.6T$ 时刻流场相分布

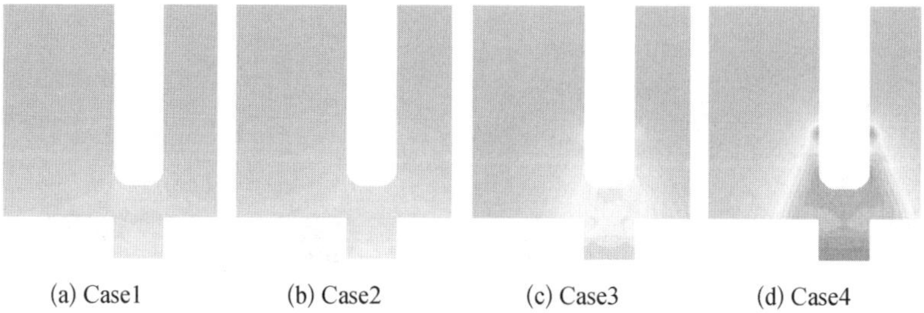

(a) Case1　　　(b) Case2　　　(c) Case3　　　(d) Case4

图 2-33　$t=0.6T$ 时刻流场压力分布

(a) Case1　　　(b) Case2　　　(c) Case3　　　(d) Case4

图 2-34　$t=0.8T$ 时刻流场相分布

(a) Case1　　　(b) Case2　　　(c) Case3　　　(d) Case4

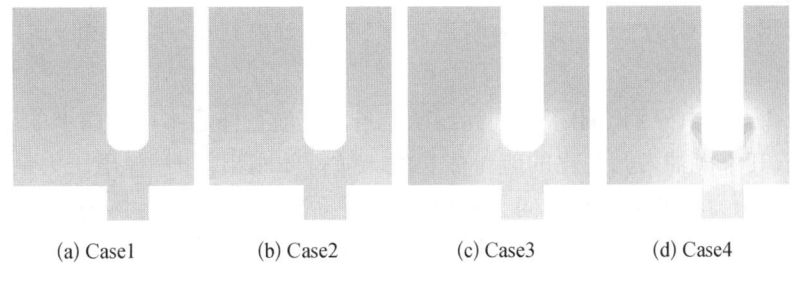

图 2-35　$t=0.8T$ 时刻流场压力分布

(a) Case1　　　(b) Case2　　　(c) Case3　　　(d) Case4

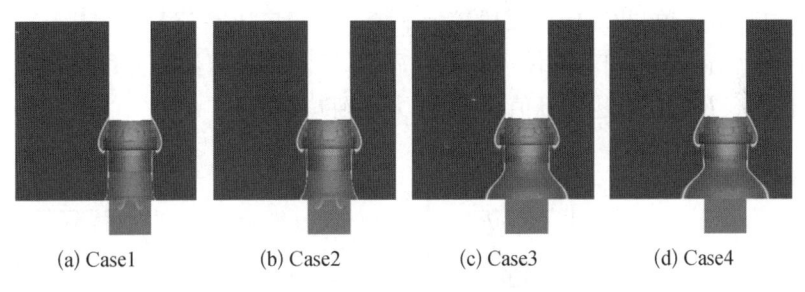

图 2-36　$t=1.0T$ 时刻流场相分布

(a) Case1　　　(b) Case2　　　(c) Case3　　　(d) Case4

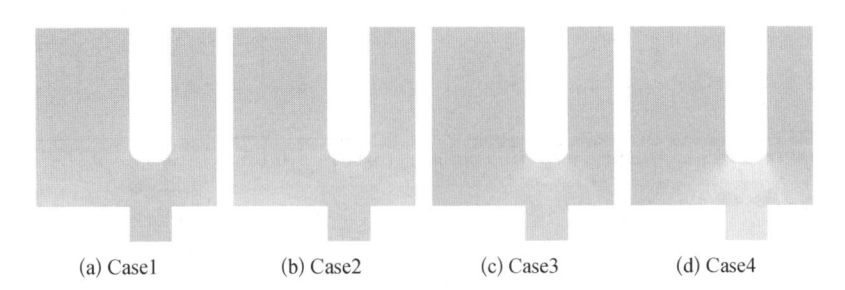

图 2-37　$t=1.0T$ 时刻流场压力分布

发射初始时刻发射筒顶部存在预置均压气体，随着航行体向上运动，这部分气体在水体的阻碍下逐渐向航行体尾部移动，由于无牵连速度影响，故呈现出对称的气泡形态，航行体尾部刚出筒时刻，各方案之间气泡形态无明显区别。随着航行体继续向上运动，筒内燃气压力大于周围环境压力，燃气逐渐泄压向外膨胀，泡内压力逐渐降低，可以看出，随着筒口压差的增大，燃气泡的过膨胀和向外膨胀的初速度明显增大，筒口燃气泡呈现"倒喇叭"状。

航行体出筒后，筒内高压燃气泄压引起的压力脉动会逐渐向上传播，在航行体靠近尾部的表面上产生局部高压，且随着筒口压差的增大，这种压力

传播现象更为明显,如筒口压差为 1.0 时,由尾部压力分布云图可以看到,当航行体尾出筒 0.6T 时尾段产生明显高压,但随着航行体向上运动,高压逐渐消失。

图 2-38 中分别给出了不同筒口压差条件下航行体后半段壁面上的压力分布曲线,其中横轴为归一化的航行体长度。航行体刚出筒时,弹尾压力最大,为周围环境压力。随着航行体向上运动,水深逐渐减小,对应航行体表面压力逐渐减小;航行体在燃气高压的推动下继续向上运动,筒内高压燃气外泄,靠近尾部的壁面处压力迅速增大,高压作用范围逐渐扩大,较低的筒口压差工况下,这种燃气后效表面并不明显,如图 2-38 中(a)和(b)所示,处于头部空泡内的部分壁面压力基本一致,故对应曲线段较为平缓。当筒口压差较大时,如图 2-38 中(c)和(d)所示,压力向上的传播较为明显,下半段的表面压力先逐渐增大,至航行体出筒 0.6T 左右时达到峰值,随后压力逐渐减小。

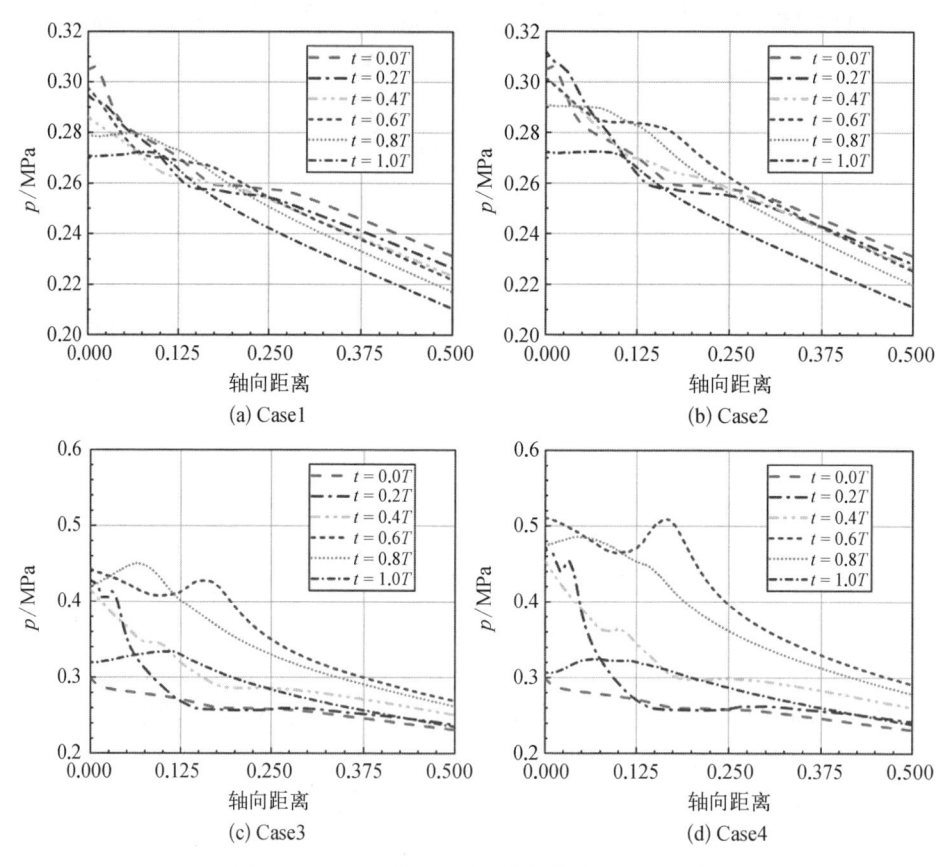

图 2-38 不同筒口压差下航行体表面压力分布

航行体尾出筒 $L/4$ 时间段内,尾部平均压力(ave)与最大压力(max)变化如图 2-39 所示,整体呈现逐渐减小的变化趋势,筒口压差较小时,尾部平均压力和最大压力基本一致,表明尾部基本不存在明显的高压区,其中筒口压差为 0.125 时,由于筒口压差较小,尾空泡演化速度加快,呈现出先膨胀后收缩再膨胀的周期性变化过程,尾部压力则表现为先减小再增大然后减小的变化规律;筒口压差较大时,出筒后短时间内会产生压力的振荡变化,最大压力和平均压力有较大差异,随后又恢复一致。

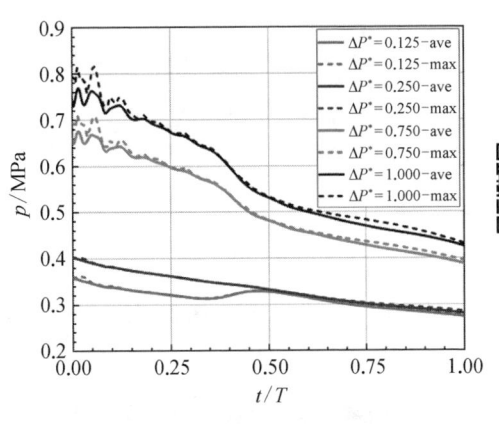

图 2-39 不同筒口压差下尾部平均压力和最大压力

2.4.2.2 运动平台速度影响

针对平台不同运动速度条件下航行体出筒燃气后效研究,计算方案见表 2-2,其中各方案中发射水深一致,筒口压差均为 1.0。

表 2-2 计 算 方 案

计 算 方 案	平台运动速度(V/V_0)
Case4	0
Case5	0.71
Case6	1.29

典型时刻尾部附近流场压力和相的分布如图 2-40~图 2-51 所示,无平台运动速度工况下,发射筒内预置均压气体在水体的阻碍下向航行体尾部移动,并呈轴对称分布,有平台运动速度条件下,头部气体除了在竖直方向上受水体阻碍之外,在法向上由于牵连速度的影响在水流冲击作用下向背水面(bsm)移动(图中左侧),出筒时气体基本全部聚集于背水面,同时在竖直方向上发生拉伸变形,且牵连速度越大,相同时刻气泡在法向上运动的距离越远,而牵连速度对尾部气泡的轴向发展影响不大。航行体出筒后,筒内高压燃气泄压引起的压力脉动会逐渐向上传播,在航行体靠近尾部的表面上产生局部高压。

(a) Case4　　　　　　　(b) Case5　　　　　　　(c) Case6

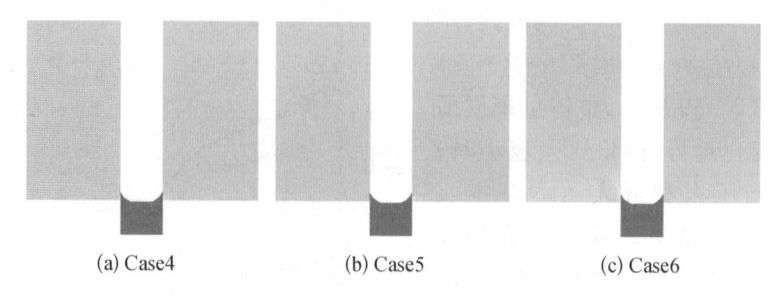

图 2-40　$t=0.0T$ 时刻流场压力分布

(a) Case4　　　　　　　(b) Case5　　　　　　　(c) Case6

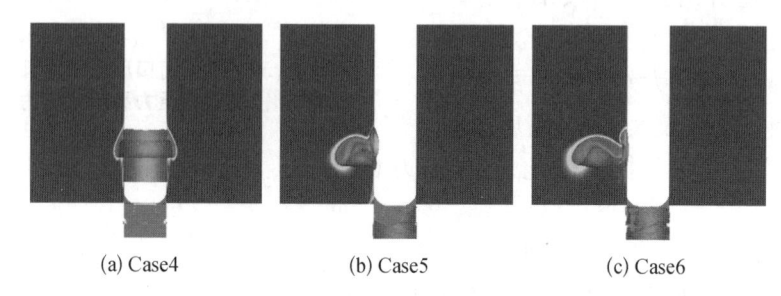

图 2-41　$t=0.0T$ 时刻流场相分布

(a) Case4　　　　　　　(b) Case5　　　　　　　(c) Case6

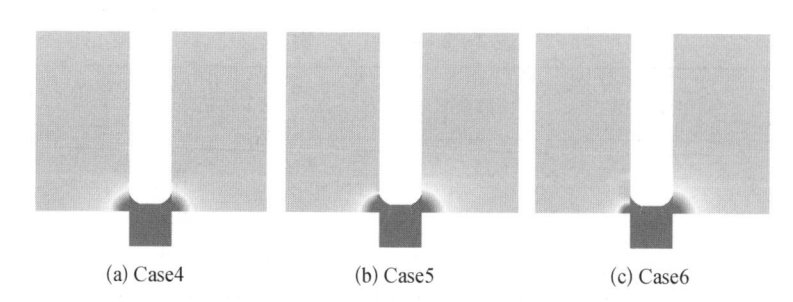

图 2-42　$t=0.2T$ 时刻流场压力分布

(a) Case4　　　　　　　(b) Case5　　　　　　　(c) Case6

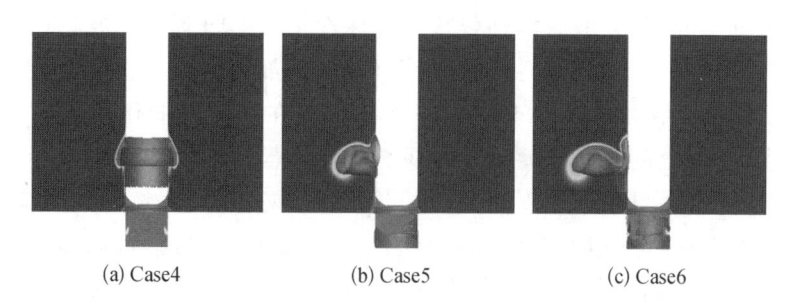

图 2-43　$t=0.2T$ 时刻流场相分布

第 2 章　航行体出筒过程动力学

(a) Case4　　(b) Case5　　(c) Case6

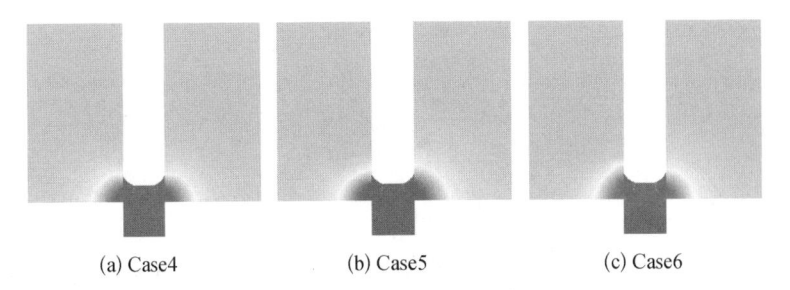

图 2-44　$t=0.4T$ 时刻流场压力分布

(a) Case4　　(b) Case5　　(c) Case6

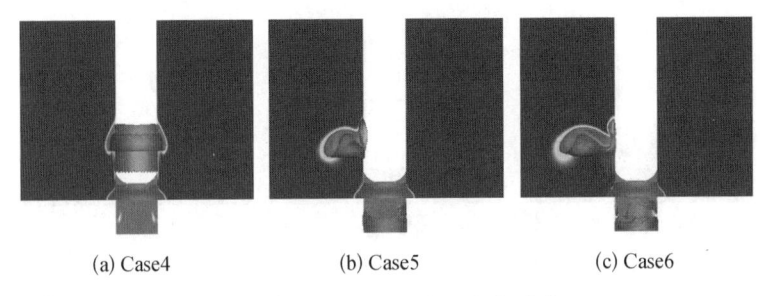

图 2-45　$t=0.4T$ 时刻流场相分布

(a) Case4　　(b) Case5　　(c) Case6

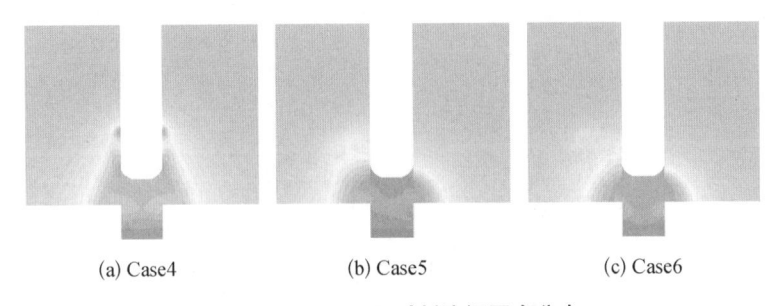

图 2-46　$t=0.6T$ 时刻流场压力分布

(a) Case4　　(b) Case5　　(c) Case6

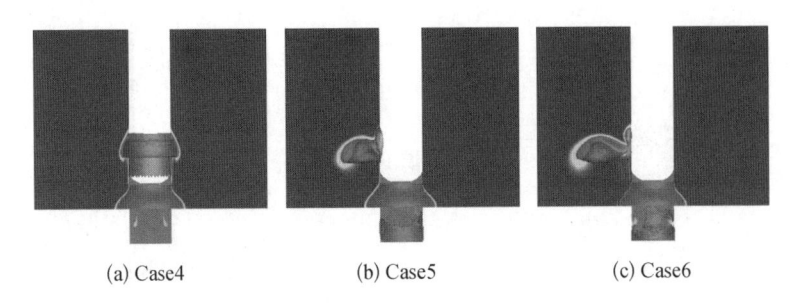

图 2-47　$t=0.6T$ 时刻流场相分布

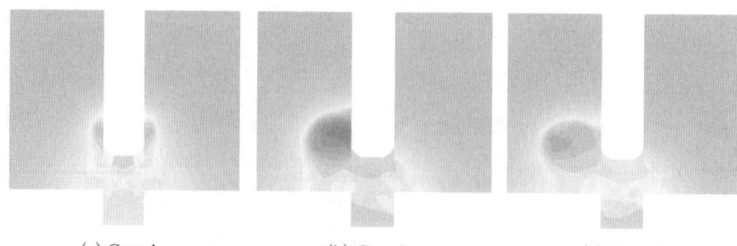

(a) Case4　　　　　　(b) Case5　　　　　　(c) Case6

图 2-48　$t=0.8T$ 时刻流场压力分布

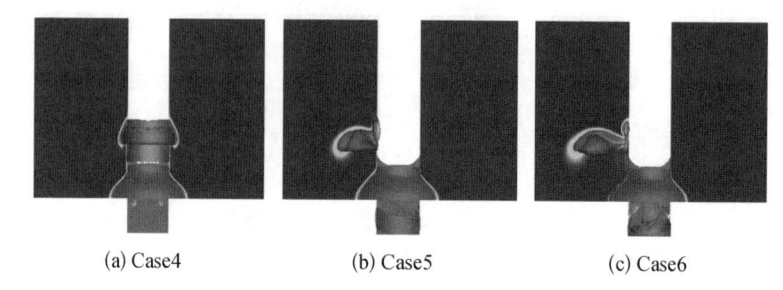

(a) Case4　　　　　　(b) Case5　　　　　　(c) Case6

图 2-49　$t=0.8T$ 时刻流场相分布

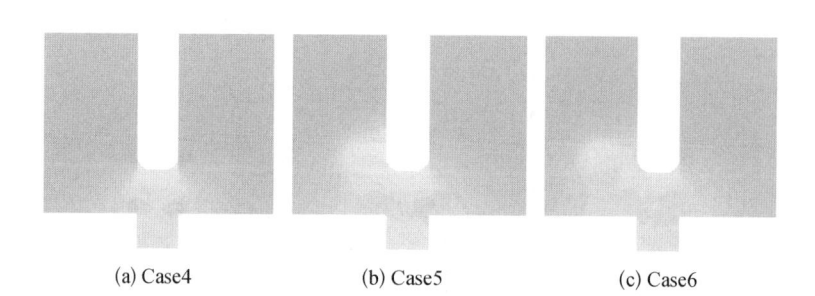

(a) Case4　　　　　　(b) Case5　　　　　　(c) Case6

图 2-50　$t=1.0T$ 时刻流场压力分布

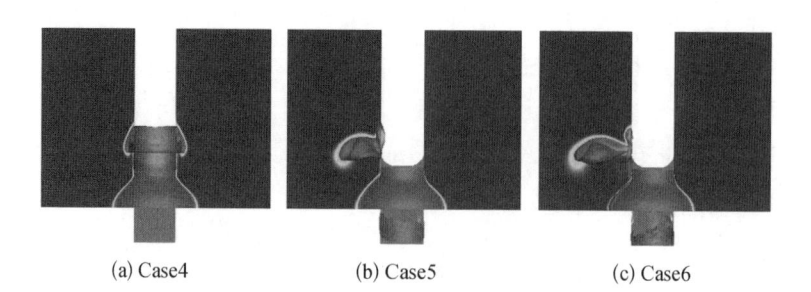

(a) Case4　　　　　　(b) Case5　　　　　　(c) Case6

图 2-51　$t=1.0T$ 时刻流场相分布

不同平台速度条件下,出筒 0.6T 时刻,航行体迎水面、背水面压力分布如图 2-52 所示,可以看出无牵连速度工况下,航行体表面压力较大,且存在一压力峰值点,对比此时流场压力及相分布云图,分析是由于初始头部气体在向尾部移动过程中受周围水体压缩及回射冲击壁面而产生的高压。有牵连速度工况下,初始头部气体向背水面聚集,使得尾部背水面压力要略高于迎水面压力,牵连速度越大,对应航行体尾部段表面压力越小,尤其是背水面压力差异较大。

出筒 0.8T 时刻航行体迎、背水面压力分布如图 2-53 所示,无牵连速度工况下表面压力与大牵连速度背水面压力相近,同时可以看出相比于 0.6T 位置,壁面高压向上传播,并在靠近尾部背水面位置出现压力峰值。出筒 1.0T 时刻航行体迎、背水面压力分布如图 2-54 所示,表面压力开始减小,燃气后效引起的壁面高压范围也逐渐缩小。

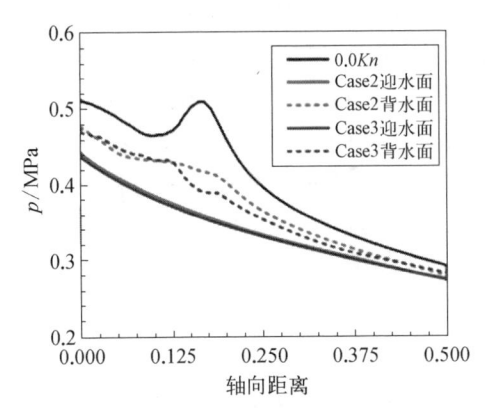

图 2-52　$t=0.6T$ 时刻表面压力分布曲线

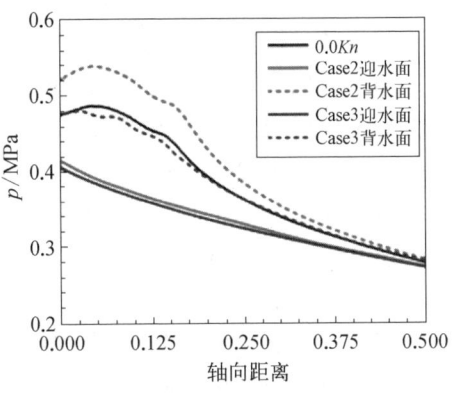

图 2-53　$t=0.8T$ 时刻表面压力分布曲线

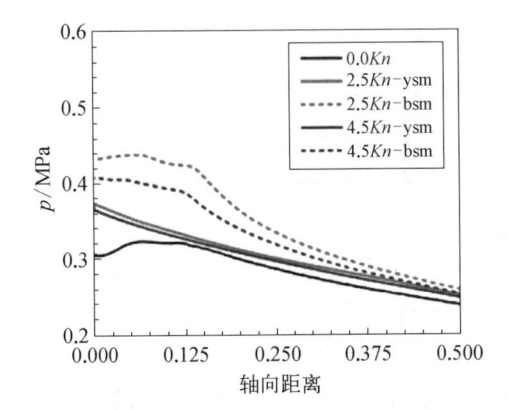

图 2-54　$t=1.0T$ 时刻表面压力分布曲线

2.5 出筒过程载荷研究

航行体出筒过程在受发射平台航行速度和水环境影响下,航行体出筒过程承受大量级瞬态变化法向水动外力作用,其载荷与姿态比空中飞行恶劣得多;而航行体出筒过程主要研究的是航行体出筒时载荷和姿态随发射系统参数、发射条件、发射环境、流体动力参数、航行体特性等其他因素变化的规律及作用机制[11-13]。

2.5.1 出筒载荷模型

在航行体出筒过程中,因为航行体在筒中约束作用下法向运动速度很小,所以出筒载荷模型中假设发射筒是静止不动的刚体,不考虑航行体在水中牵连运动。出筒过程中系统所受到的法向载荷很大,而适配器对航行体的支撑力是由航行体压缩变形量引起,与航行体在筒中运动特性相关,若要准确模拟适配器在航行体运动过程中变形量,需要建立航行体梁模型,模拟航行体真实频率和振型。由于适配器的材质为非线性可变形材质,我们将适配器模型用离散的非线性弹簧来代替,通过实时分析航行体与适配器之间的距离来计算适配器的压缩量,从而得到航行体发射过程中适配器的支撑作用力。航行体在发射过程中受水动外力和适配器支反力作用,航行体发射时,适配器随航行体出筒,当适配器脱离发射筒后,适配器在水动力和适配器销钉弹簧的共同作用下脱离航行体。

1. 航行体动力学建模

用于出筒载荷计算的航行体结构动力学模型一般仍采用梁-集中质量模型。为了反映截面剪切变形影响,在梁单元选择时应选择 Timoshenko 梁单元类型。对于法向弯曲中转角不连续的弱刚度连接,则采用扭簧单元模拟。弹簧(扭簧)属性包含自由度、弹簧刚度和阻尼常数等。对于不适宜用梁单元描述的复杂结构,应建立三维有限元模型。

对于航行体结构的圆柱壳段等常规结构,在建模中可使用集中质量-梁单元进行离散化处理。分支结构的处理在动力学建模中十分重要,对最终的振型、广义质量等影响较大。而质量较大的仪器设备及其支架也应作为分支梁建模。固体发动机的建模分为燃烧室和药柱两部分。燃烧室提供刚度,质量不随时间变化;药柱不提供刚度,质量、质心随时间发生变化。燃烧室的建模可使用集中质量-梁单元处理,药柱的建模可以采用集中质量或非结构质量的形式施加在发动机壳体上。锥角较小的锥段结构,可采用变截面梁单元进行建模。对于锥角较大的锥段结构,应建立三维有限元模型,三维模型前后端面与其他结构相邻节点采用多点约束进行连接。

航行体结构弱刚度连接包括内-外翻边连接结构、螺栓数目较少的连接面等。在弯曲模态中该弱刚度连接存在截面转角不连续现象,对此可采用扭簧单元模拟,刚度按照模态试验、静力试验或局部模型仿真结果确定。

建模时应考虑大开口对结构刚度的影响,对相应单元的刚度进行调整或采用壳单元进行建模。

2. 适配器建模

适配器模型一般简化为弹簧单元,刚度模拟材料特性,对于模拟适配器的弹簧单元,一端与航行体单元节点固连,另一端与发射筒内壁接触,计算过程中根据航行体行程,采用滑动接触的方式实现适配器和发射筒之间的相对运动[14]。若发射筒为刚性边界,可直接约束弹簧单元节点对应自由度,采用解除约束的方式实现适配器的出筒过程。

减振垫建模要求应参照适配器建模要求,将减振垫简化成弹簧单元,弹簧单元一端与发射筒内壁固连,另一端与航行体表面接触,采用滑动接触的方式实现减振垫和航行体之间的相对运动。

适配器支反力可根据计算过程中适配器压缩量,结合适配器刚度曲线,并考虑预压量影响后给出。

3. 发射筒建模

发射筒按照刚体建模。

4. 法向水动外力建模

建模的一般原则为:对于空泡流等非定常流体外力情况,通过试验测量得到的压力数据,将压力处理为水动力分布后,需要将水动力分配到动力学模型节点上,分配原则为:① 动力学模型节点合力与水动力合力相同;② 动力学模型节点合力矩与水动力合力矩相同。

对于全湿流情况,水动外力为准静态时,利用法向力系数分布对攻角导数、内弹道等参数,按公式计算法向水动力:

$$F_{y,i} = -\frac{1}{2}\rho V^2 A \cdot C_{Npm,i}^{\alpha} \cdot \alpha_i \Delta l_i \tag{2-18}$$

式中,$C_{Npm,i}^{\alpha}$ 为计算截面法向力系数分布对攻角的导数;$F_{y,i}$ 为第 i 段法向力;Δl_i 为第 i 段的长度;α_i 为第 i 段的局部攻角。

5. 轴向外力建模

轴向外力主要包含各段轴向阻力、底部燃气推力和适配器摩擦力。各段轴向阻力按公式进行计算:

$$F_{x,i} = \rho g h_i A_{m,i} + \frac{1}{2}\rho V^2 C_{d,i} A + \delta_{ij} F_{d,j} + \delta_{ik} F_{s,k} \tag{2-19}$$

式中，$F_{x,i}$ 为第 i 段轴向力；A 为航行体特征面积；ρ 为海水密度；g 为重力加速度；V 为航行体与海水的相对运动速度；$A_{m,i}$ 为第 i 段航行体结构在轴向的投影面积；h_i 为第 i 段航行体结构位于水下的深度；$C_{d,i}$ 为第 i 段轴向分布阻力系数；$F_{d,j}$ 为作用在航行体底部的燃气推力；$F_{s,k}$ 为作用在第 k 段的适配器（减振垫）摩擦力；δ_{ij}、δ_{ik} 为克罗内克符号。

航行体底部燃气推力根据试验测量结果给出，适配器摩擦力根据试验数据给出，并施加在对应节点上。

2.5.2 出筒载荷计算方法

利用给定的轴向、法向外力分布，通过求解结构运动方程，计算出航行体各部段载荷、位移等参数，结构运动方程为

$$([M] + [M_g])\{\ddot{Y}\} + ([C] + [C_s])\{\dot{Y}\} + ([K] + [K_s])\{Y\} = \{F\} \tag{2-20}$$

式中，$[M]$ 为航行体结构质量矩阵；$[M_g]$ 为附加质量矩阵；$[C]$ 为航行体结构阻尼矩阵；$[K]$ 为航行体结构刚度矩阵；$[C_s]$ 为适配器的阻尼矩阵；$[K_s]$ 为适配器的刚度矩阵；$\{Y\}$ 为航行体结构几何位移向量；$\{F\}$ 为航行体外表面上流体作用力。

航行体结构质量矩阵 $[M]$、刚度矩阵 $[K]$、阻尼矩阵 $[C]$ 利用有限元方法建立航行体结构动力学模型后获得；航行体水下运动过程中，其沾湿区域受附加质量影响，被空泡覆盖区域不考虑附加质量影响。附加质量采用质量单元模拟，数值由附加质量分布数据和沾湿区域大小确定。第 i 站的附加质量矩阵 $[M_g]_i$，按以下公式计算，附加质量矩阵 $[M_g]$ 可通过附加质量单元矩阵 $[M_g]_i$ 组集获得。

$$[M_g]_i = \begin{bmatrix} \lambda_{11\text{pm},i}\Delta l_i & & & & & \\ & \lambda_{22\text{pm},i}\Delta l_i & & & 0 & \\ & & 0 & & & \\ & & & 0 & & \\ & 0 & & & 0 & \\ & & & & & 0 \end{bmatrix} \tag{2-21}$$

式中，$[M_g]_i$ 为第 i 站的附加质量矩阵；$\lambda_{11\text{pm},i}$ 为第 i 站的轴向附加质量分布；$\lambda_{22\text{pm},i}$ 为第 i 站的法向附加质量分布；Δl_i 为第 i 段的长度。

适配器的刚度矩阵 $[K_s]$、阻尼矩阵 $[C_s]$ 利用有限元方法建立适配器的结构动力学模型后获得。

第 i 站的流体作用力列阵 $\{F_i\}$ 根据式(2-16)和式(2-17)获得，航行体外表面上流体作用力列阵 $\{F\}$ 通过各站点流体作用力列阵 $\{F_i\}$ 组集获得。

$$\{F_i\} = \begin{Bmatrix} F_{x,i} \\ F_{y,i} \\ 0 \\ 0 \\ 0 \\ 0 \end{Bmatrix} \tag{2-22}$$

航行体底部节点上选择力边界条件、位移边界条件、速度边界条件之一施加，力边界条件根据燃气推力试验测量结果给出，位移边界条件与速度边界条件根据内弹道数据给出。

用直接积分法求解式(2-20)，然后通过式(2-22)获得 i 站点的载荷列阵 $F_{l,i}$ 和 j 站点的载荷列阵 $F_{l,j}$。

$$\begin{cases} [F_{l,i} \quad F_{l,j}] = [k_{ij}] \begin{Bmatrix} Y_i \\ Y_j \end{Bmatrix} \\ \{F_{l,i}\} = [T_{x,i} \quad Q_{y,i} \quad 0 \quad 0 \quad 0 \quad M_{z,i}]^T \\ \{F_{l,j}\} = [T_{x,j} \quad Q_{y,j} \quad 0 \quad 0 \quad 0 \quad M_{y,j}]^T \end{cases} \tag{2-23}$$

式中，$\{F_{l,i}\}$ 为第 i 站的载荷列阵；$\{F_{l,j}\}$ 为第 j 站的载荷列阵；$[k_{ij}]$ 为第 i 站和第 j 站之间梁单元的刚度阵；$\{Y_i\}$ 为第 i 站的位移列阵；$\{Y_j\}$ 为第 j 站的位移列阵；$T_{x,i}$ 为第 i 站的轴力；$T_{x,j}$ 为第 j 站的轴力；$Q_{y,i}$ 为第 i 站的 y 方向剪力；$Q_{y,j}$ 为第 j 站的 y 方向剪力；$M_{z,i}$ 为第 i 站的 z 方向弯矩；$M_{z,j}$ 为第 j 站的 z 方向弯矩。

适配器支反力造成的外压可根据计算得到的适配器压缩量，结合适配器刚度曲线，并考虑预压量影响后给出。

对于受航行体内部压力影响的舱段，第 i 个站点的轴力可以按下式计算：

$$T'_{x,i} = T_{x,i} - p_{in}A_{in,i} \tag{2-24}$$

式中，$T'_{x,i}$ 为第 i 站点受航行体内部压力影响的轴力；p_{in} 为航行体内部压力，为表压；$A_{in,i}$ 为航行体内截面面积。

2.5.3 出筒载荷计算结果验证

利用出筒载荷计算模型对出筒过程进行动力学仿真分析,获得航行体出筒过程俯仰角速度和出筒截面弯矩计算结果见图 2-55 和图 2-56。

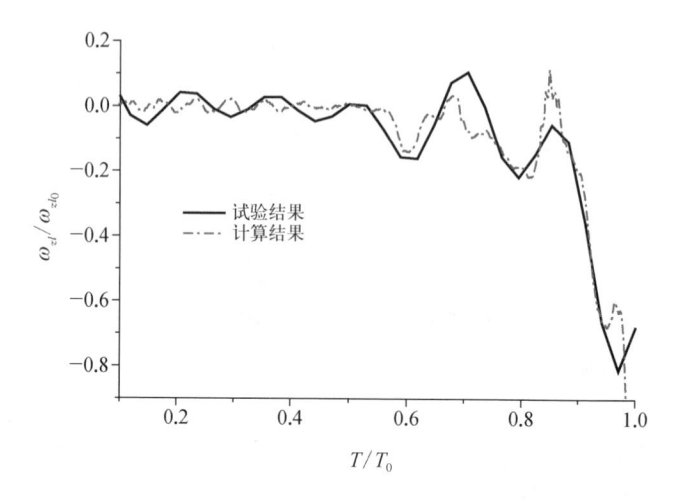

图 2-55　出筒过程中俯仰角速度仿真结果与实验数据的对比

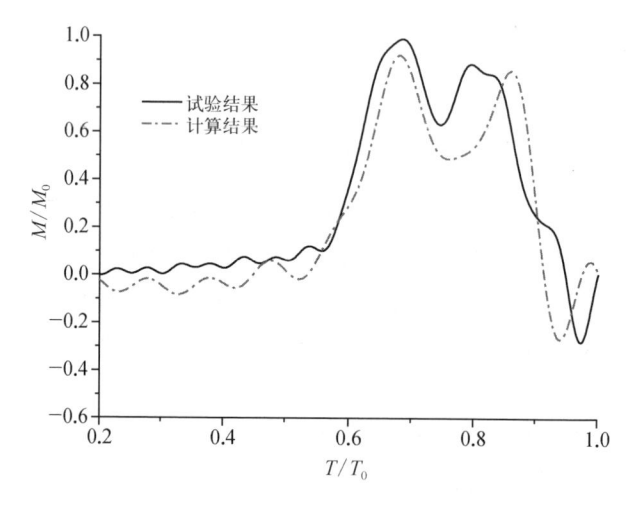

图 2-56　计算出筒载荷与试验结果比较

随着航行体逐渐出筒,作用在航行体上的适配器约束逐渐消失,同时出筒速度不断增大,航行体所受法向流体外力矩越来越大,俯仰角速度也呈不断发散变化趋势,出筒弯矩载荷也随法向流体外力增大而增大。

参考文献

[1] 黄寿康.流体动力·弹道·载荷·环境[M].宇航出版社,1991.9：160-163.

[2] 惠卫华,鲍福廷,刘旸.考虑低燃温燃气发生器试验的弹射器内弹道性能预示[J].固体火箭技术,2013,36(06)：715-719.

[3] LI D, SANKARAN V, LINDAU J, et al. A unified computational formulation for multi-component and multi-phase flows[J]. Reno：43rd AIAA Aerospace Sciences Meeting and Exhibit,2005.

[4] 李卓越,秦丽萍,李广华,等.筒口气团作用下航行体垂直出筒数值研究[J].西北工业大学学报,2023,41(6)：1080-1088.

[5] 李卓越,杜鹏,汪超,等.水下垂直发射出筒过程数值模拟研究[J].水动力学研究与进展A辑,2021,36(6)：781-787.

[6] 刘海军,王聪,邹振祝,等.圆柱体出筒过程头型对流体动力的影响[J].哈尔滨工程大学学报,2012,33(6)：684-689.

[7] 孙龙泉,孙超,赵蛟龙.小尺度回转体出水过程弹射试验系统设计[J].传感器与微系统,2014,33(6)：76-79.

[8] 权晓波.水下垂直发射航行体流体动力[M].哈尔滨：哈尔滨工业大学出版社,2017.

[9] 曹亮亮,权晓波,王勇,等.弹射出筒条件对水下航行体尾部空泡动态演化影响研究[J].水动力学研究与进展A辑,2024,39(2)：274-281.

[10] 程少华,权晓波,王占莹,等.水下航行体垂直发射尾部空泡形态与压力预示方法研究[J].水动力学研究与进展A辑,2015,30(3)：299-305.

[11] 尹云玉.固体火箭载荷设计基础[M].北京：中国宇航出版社,2007.

[12] 赵振军,王占莹,武龙龙,等.弹性垫形式的水下弹性体发射动力学分析[J].船舶力学,2017,21(8)：976-982.

[13] 张健,范国芳,张兴国.航行体垂直出筒载荷特性及影响因素分析[J].战术导弹技术,2014(5)：6-10.

[14] 武龙龙,权晓波,吕海波,等.航行体水下发射出筒的减振垫占空比研究[J].导弹与航天运载技术,2015(1)：33-37.

第 3 章
航行体跨介质出水过程研究

3.1 航行体出水过程概述

水下发射航行体的出水是穿越气水介质界面的动态过程。在航行体穿越自由液面时(图3-1),周围环境介质将经历由水到空气的转变,介质属性、界面效应、多相流动等因素将引起出水过程中航行体经受的流体动力及载荷的非定常、非线性变化,进而影响航行体的出水姿态、运动稳定性并直接决定后续空中是否能稳定飞行[1]。对于全湿流航行体出水运动过程,流体动力的非定常性主要由表面沾湿区域的变化所导致,流体动力变化相对较为平缓。对于高速出水航行体,水下运动时在表面低压区域会形成附体空泡,同时发射装置内预置的气体也可能掺混入空泡内,在出水过程中,由于环境介质的变化,使得空泡绕流条件消失,航行体携带的附着水被空泡内外压差驱动,以一定速度拍击在航行体表面形成空泡溃灭效应[2],将会产生较大的流体外力和载荷,是水下发射航行体设计中需要关注的重点。同时,出水过程非定常流体动力和动态载荷研究,是当前跨介质学科研究的前沿方向和热点问题。

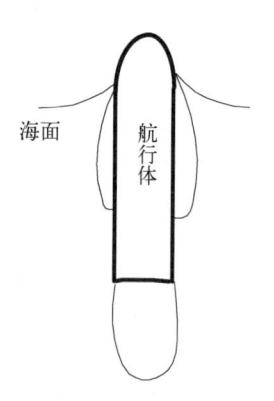

图3-1 航行体出水过程溃灭景象分析

本章针对全湿流航行体出水过程形成了出水过程全湿流流体动力特性计算方法和出水运动学方程[3]。针对带空泡出水航行体,首先基于理想球形空泡溃灭模型分析了空泡溃灭特性;然后针对航行体表面的局部空泡,采用气泡动力学理论分析空泡溃灭的影响。并开展了空泡流数值仿真模型研究,对比了不同多相流模型下出水流体动力特征的差异,并在此基础上开展了出水溃灭特征机理研究,针对空泡内部是否混有非可凝结气体的溃灭特征进行了差异分析,分析了相关影响。

对于出水载荷问题，水下航行体在出水过程中，由于空泡溃灭和空泡末端回射的影响，流动结构复杂，航行体结构与流体之间存在强烈的相互耦合作用。本章分别介绍考虑附加质量 Newmark 直接积分法、改进的模态叠加法和考虑耦合附加质量的干模态法三种出水载荷计算方法和试验验证方法，并分别对三种计算方法获得的出水载荷结果进行比较，并介绍相关试验技术。

3.2 出水过程全湿流流体动力分析

3.2.1 坐标系定义

航行体在水下运动时常用的坐标系有惯性坐标系、航行体坐标系和速度坐标系，其定义如下。

惯性坐标系 $O_0X_0Y_0Z_0$：航行体开始运动时，坐标系的原点与航行体的质心重合。O_0X_0 轴的方向垂直向上，O_0Y_0 轴的方向沿地平线方向并指向发射平台尾部，O_0Z_0 轴与 O_0X_0、O_0Y_0 轴构成右手坐标系。

航行体坐标系 $OX_1Y_1Z_1$：坐标系原点为航行体质心 O，OX_1 轴与航行体纵轴重合并指向航行体头部，OY_1 轴位于航行体纵对称面内且与 OX_1 轴垂直并指向上方，OZ_1 轴与 OX_1、OY_1 轴构成右手系，如图 3-2 所示。

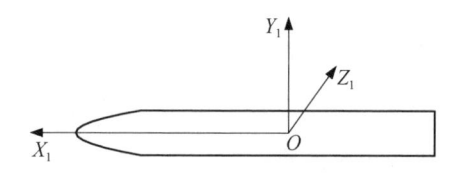

图 3-2 航行体坐标系

速度坐标系 $OX_hY_hZ_h$：由航行速度矢量决定，坐标系原点为航行体质心 O，OX_h 轴沿航行体速度矢量 V 方向，OY_h 轴在包含 V 的铅垂面内，且垂直 OX_h 轴指向上方，OZ_h 垂直于 OX_hY_h 平面指向右方。

3.2.2 水下航行体出水过程运动微分方程

1. 水下航行体的受力环境

航行体在水下运动时，作用于航行体上的力主要有流体动力、重力和浮力等，力矩主要有流体动力力矩和浮力力矩等。其中，流体动力可分解为定常力和附加惯性力，流体动力力矩可分解为定常力矩和附加惯性力矩。

定常流体动力和力矩常用的无因次系数表达式为

$$\begin{cases} R_{x1} = qSC_{x1}(\alpha, \beta, \omega_{y1}, \omega_{z1}) \\ R_{y1} = qSC_{y1}(\alpha, \omega_{x1}, \omega_{z1}) \\ R_{z1} = qSC_{z1}(\beta, \omega_{x1}, \omega_{y1}) \\ M'_{x1} = qSLm_{x1}(\alpha, \beta, \omega_{x1}) \\ M'_{y1} = qSLm_{y1}(\beta, \omega_{y1}) \\ M'_{z1} = qSLm_{z1}(\alpha, \omega_{z1}) \end{cases} \quad (3-1)$$

一般情况下,系数 C_{x1}、C_{y1}、C_{z1}、m_{x1}、m_{y1} 和 m_{z1} 是 α、β、ω_{x1}、ω_{y1} 和 ω_{z1} 的非线性函数。将上式中的各系数展开为泰勒级数,忽略二阶及以上的交叉项,则可将力和力矩系数分为两部分:① 与 α、β 有关,表示由线运动引起的流体动力和力矩;② 与 ω_{x1}、ω_{y1} 和 ω_{z1} 有关,表示由角运动引起的流体动力和力矩。得

$$\begin{cases} R_{x1} = qSC_{x1}(\alpha, \beta) + qSC_{x1}(\omega_{y1}, \omega_{z1}) \\ R_{y1} = qSC_{y1}(\alpha) + qSC_{y1}(\omega_{x1}, \omega_{z1}) \\ R_{z1} = qSC_{z1}(\beta) + qSC_{z1}(\omega_{x1}, \omega_{y1}) \\ M'_{x1} = qSLm_{x1}(\alpha, \beta) + qSLm_{x1}(\omega_{x1}) \\ M'_{y1} = qSLm_{y1}(\beta) + qSLm_{y1}(\omega_{y1}) \\ M'_{z1} = qSLm_{z1}(\alpha) + qSLm_{z1}(\omega_{z1}) \end{cases} \quad (3-2)$$

式中,q 为动压,$q = \frac{1}{2}\rho V^2$;L 为航行体的参考长度。

航行体在水中非定常运动时,会推动周围的流体质点,使其克服惯性后也开始运动,进而航行体受到这些流体质点的反作用力。该反作用力和力矩记为附加惯性力和附加惯性力矩。记航行体在静止理想流体中的运动的扰动速度势为 φ,则附加惯性力和附加惯性力矩为

$$F_\lambda = -\frac{\mathrm{d}K_\lambda}{\mathrm{d}t} \quad (3-3)$$

$$M_\lambda = -\frac{\mathrm{d}H_\lambda}{\mathrm{d}t} - V \times K_\lambda \quad (3-4)$$

式中,K_λ 为全流场的动量,$K_\lambda = \rho\iiint_V \nabla\varphi \mathrm{d}V$;$H_\lambda$ 为全流场的动量矩,$H_\lambda = \rho\iiint_V (l \times \nabla\varphi)\mathrm{d}V$,$l$ 为参考点对流体微元的矢径;V 为力矩参考点的速度。

航行体坐标系下,附加惯性力和附加惯性力矩的表达式为

$$\begin{cases} R'_{\lambda x1} = -\dot{\lambda}_{11}V_{x1} - \lambda_{11}\dot{V}_{x1} - \lambda_{33}V_{z1}\omega_{y1} - \lambda_{35}\omega_{y1}^2 + \lambda_{22}V_{y1}\omega_{z1} + \lambda_{26}\omega_{z1}^2 \\ R'_{\lambda y1} = -\dot{\lambda}_{22}V_{y1} - \lambda_{22}\dot{V}_{y1} - \dot{\lambda}_{26}\omega_{z1} - \lambda_{26}\dot{\omega}_{z1} - \lambda_{11}V_{x1}\omega_{z1} + \lambda_{33}V_{z1}\omega_{x1} + \lambda_{35}\omega_{x1}\omega_{y1} \\ R'_{\lambda z1} = -\dot{\lambda}_{33}V_{z1} - \lambda_{33}\dot{V}_{z1} - \dot{\lambda}_{35}\omega_{y1} - \lambda_{35}\dot{\omega}_{y1} + \lambda_{11}V_{x1}\omega_{y1} - \lambda_{22}V_{y1}\omega_{x1} - \lambda_{26}\omega_{x1}\omega_{z1} \\ M'_{\lambda x1} = -\dot{\lambda}_{44}\omega_{x1} - \lambda_{44}\dot{\omega}_{x1} - (\lambda_{62} + \lambda_{35})V_{y1}\omega_{y1} + (\lambda_{26} + \lambda_{53})V_{z1}\omega_{z1} \\ \qquad + (\lambda_{55} - \lambda_{66})\omega_{y1}\omega_{z1} - (\lambda_{33} - \lambda_{22})V_{z1}V_{y1} \\ M'_{\lambda y1} = -\dot{\lambda}_{53}V_{x1} - \lambda_{53}\dot{V}_{x1} - \dot{\lambda}_{55}\omega_{y1} - \lambda_{55}\dot{\omega}_{y1} + (\lambda_{66} - \lambda_{44})\omega_{x1}\omega_{z1} \\ \qquad + \lambda_{62}V_{y1}\omega_{x1} + (\lambda_{33} - \lambda_{11})V_{x1}V_{z1} + \lambda_{35}V_{x1}\omega_{y1} \\ M'_{\lambda z1} = -\dot{\lambda}_{62}V_{y1} - \lambda_{62}\dot{V}_{y1} - \dot{\lambda}_{66}\omega_{z1} - \lambda_{66}\dot{\omega}_{z1} - (\lambda_{55} - \lambda_{44})\omega_{x1}\omega_{y1} \\ \qquad - \lambda_{53}V_{z1}\omega_{x1} - (\lambda_{22} - \lambda_{11})V_{x1}V_{y1} - \lambda_{26}V_{x1}\omega_{z1} \end{cases}$$

(3-5)

λ_{jk} 在 $j=1,2,3$ 和 $k=1,2,3$ 时称为附加质量;在 $j=1,2,3$ 和 $k=4,5,6$ 及 $j=4,5,6$ 和 $k=1,2,3$ 时称为附加惯性积;在 $j=4,5,6$ 和 $k=4,5,6$ 时称为附加惯性矩。

附加质量矩阵具有的特性如下:

$$\lambda_{jk} = \lambda_{kj}(j=1,2,\cdots,6;k=1,2,\cdots,6) \quad (3-6)$$

若航行体关于横平面 OX_1Z_1 平面对称,则有

$$\lambda_{12} = \lambda_{14} = \lambda_{16} = \lambda_{23} = \lambda_{25} = \lambda_{34} = \lambda_{36} = \lambda_{45} = \lambda_{56} = 0 \quad (3-7)$$

若航行体有纵横两个对称面,即关于 OX_1Y_1 平面和 OX_1Z_1 平面对称,则独立的附加质量只有 8 个,即 λ_{11}、λ_{22}、λ_{26}、λ_{33}、λ_{35}、λ_{44}、λ_{55}、λ_{66}。

2. 空间运动动力学微分方程

记 F 和 M 分别为作用与航行体上的外力主矢量和主矩矢量。根据动量和动量矩定理:

$$\frac{\mathrm{d}K}{\mathrm{d}t} = \frac{\partial K}{\partial t} + \omega \times K = F \quad (3-8)$$

$$\frac{\mathrm{d}H}{\mathrm{d}t} = \frac{\partial H}{\partial t} + \omega \times H + V \times K = M \quad (3-9)$$

式中,K 为航行体动量矢量,$K = mV$;H 为航行体动量矩矢量,$H = J\omega$。

在航行体坐标系下,式(3-8)和式(3-9)可写为

$$\begin{bmatrix} \dot{K}_{x1} \\ \dot{K}_{y1} \\ \dot{K}_{z1} \end{bmatrix} + \begin{bmatrix} \omega_{y1}K_{z1} - \omega_{z1}K_{y1} \\ \omega_{z1}K_{x1} - \omega_{x1}K_{z1} \\ \omega_{x1}K_{y1} - \omega_{y1}K_{x1} \end{bmatrix} = \begin{bmatrix} F_{x1} \\ F_{y1} \\ F_{z1} \end{bmatrix} \quad (3-10)$$

$$\begin{bmatrix} \dot{H}_{x1} \\ \dot{H}_{y1} \\ \dot{H}_{z1} \end{bmatrix} + \begin{bmatrix} \omega_{y1}H_{z1} - \omega_{z1}H_{y1} \\ \omega_{z1}H_{x1} - \omega_{x1}H_{z1} \\ \omega_{x1}H_{y1} - \omega_{y1}H_{x1} \end{bmatrix} + \begin{bmatrix} V_{y1}K_{z1} - V_{z1}K_{y1} \\ V_{z1}K_{x1} - V_{x1}K_{z1} \\ V_{x1}K_{y1} - V_{y1}K_{x1} \end{bmatrix} = \begin{bmatrix} M_{x1} \\ M_{y1} \\ M_{z1} \end{bmatrix} \quad (3-11)$$

其中，作用于航行体上的外力主矢量在航行体坐标系下可表示为

$$\begin{bmatrix} F_{x1} \\ F_{y1} \\ F_{z1} \end{bmatrix} = \begin{bmatrix} R_{x1} \\ R_{y1} \\ R_{z1} \end{bmatrix} + \begin{bmatrix} R'_{\lambda x1} \\ R'_{\lambda y1} \\ R'_{\lambda z1} \end{bmatrix} + \begin{bmatrix} a_{12} \\ a_{22} \\ a_{32} \end{bmatrix} (F_b - G) \quad (3-12)$$

式中，a_{12}、a_{22}、a_{32} 为惯性坐标系向航行体坐标系变换的方向余弦；F_b 为浮力；G 为重力。

作用于航行体上的主矩矢量在航行体坐标系下可表示为

$$\begin{bmatrix} M_{x1} \\ M_{y1} \\ M_{z1} \end{bmatrix} = \begin{bmatrix} M'_{x1} \\ M'_{y1} \\ M'_{z1} \end{bmatrix} + \begin{bmatrix} M'_{\lambda x1} \\ M'_{\lambda y1} \\ M'_{\lambda z1} \end{bmatrix} + \begin{bmatrix} 0 \\ a_{32} \\ a_{22} \end{bmatrix} F_b l_b \quad (3-13)$$

式中，l_b 为航行体浮心到质心的距离。

进而，航行体坐标系下，航行体在水下运动的微分方程组为

$$\begin{bmatrix} \dot{V}_{x1} \\ \dot{V}_{y1} \\ \dot{V}_{z1} \end{bmatrix} = \begin{bmatrix} R_{\lambda x1}/(m+\lambda_{11}) \\ R_{\lambda y1}/(m+\lambda_{22}) \\ R_{\lambda z1}/(m+\lambda_{33}) \end{bmatrix} + \begin{bmatrix} a_{12}/(m+\lambda_{11}) \\ a_{22}/(m+\lambda_{22}) \\ a_{32}/(m+\lambda_{33}) \end{bmatrix} \cdot (F_b - G) + \begin{bmatrix} R_{x1}/(m+\lambda_{11}) \\ R_{y1}/(m+\lambda_{22}) \\ R_{z1}/(m+\lambda_{33}) \end{bmatrix}$$

$$(3-14)$$

$$\begin{bmatrix} \dot{\omega}_{x1} \\ \dot{\omega}_{y1} \\ \dot{\omega}_{z1} \end{bmatrix} = \begin{bmatrix} M_{\lambda x1}/(J_{x1}+\lambda_{44}) \\ M_{\lambda y1}/(J_{y1}+\lambda_{55}) \\ M_{\lambda z1}/(J_{z1}+\lambda_{66}) \end{bmatrix} + \begin{bmatrix} 0 \\ a_{32}/(J_{y1}+\lambda_{55}) \\ a_{32}/(J_{z1}+\lambda_{66}) \end{bmatrix} \cdot F_b l_b + \begin{bmatrix} M'_{x1}/(J_{x1}+\lambda_{44}) \\ M'_{y1}/(J_{y1}+\lambda_{55}) \\ M'_{z1}/(J_{z1}+\lambda_{66}) \end{bmatrix}$$

$$(3-15)$$

式中,

$$\begin{cases} R_{\lambda x1} = -\dot{\lambda}_{11}V_{x1} - (m+\lambda_{33})\omega_{y1}V_{z1} - \lambda_{35}\omega_{y1}^2 + (m+\lambda_{22})\omega_{z1}V_{y1} + \lambda_{26}\omega_{z1}^2 \\ R_{\lambda y1} = -\dot{\lambda}_{22}V_{y1} - \lambda_{26}\dot{\omega}_{z1} - \dot{\lambda}_{26}\omega_{z1} - (m+\lambda_{11})\omega_{z1}V_{x1} + (m+\lambda_{33})\omega_{x1}V_{z1} + \lambda_{35}\omega_{x1}\omega_{y1} \\ R_{\lambda z1} = -\dot{\lambda}_{33}V_{z1} - \lambda_{35}\dot{\omega}_{y1} - \dot{\lambda}_{35}\omega_{y1} - (m+\lambda_{22})\omega_{x1}V_{y1} - \lambda_{26}\omega_{x1}\omega_{z1} + (m+\lambda_{11})\omega_{y1}V_{x1} \end{cases}$$

$$(3-16)$$

$$\begin{cases} M_{\lambda x1} = -\dot{\lambda}_{44}\omega_{x1} + (J_{y1}+\lambda_{55})\omega_{y1}\omega_{z1} + \lambda_{53}V_{y1}\omega_{z1} - (J_{z1}+\lambda_{66})\omega_{y1}\omega_{z1} \\ \qquad - \lambda_{26}V_{y1}\omega_{y1} + \lambda_{26}\omega_{z1}V_{z1} - \lambda_{35}\omega_{y1}V_{y1} + (\lambda_{22}-\lambda_{33})V_{y1}V_{x1} \\ M_{\lambda y1} = -\dot{\lambda}_{55}\omega_{y1} - \lambda_{35}\dot{V}_{z1} - \dot{\lambda}_{35}V_{z1} + (J_{z1}+\lambda_{66})\omega_{x1}\omega_{z1} + \lambda_{26}\omega_{x1}V_{y1} \\ \qquad - (J_{x1}+\lambda_{44})\omega_{x1}\omega_{z1} + \lambda_{35}\omega_{y1}V_{x1} + (\lambda_{33}-\lambda_{11})V_{x1}V_{z1} \\ M_{\lambda z1} = -\lambda_{66}\omega_{z1} - \lambda_{26}\dot{V}_{y1} - \dot{\lambda}_{26}V_{y1} + (J_{x1}+\lambda_{44})\omega_{x1}\omega_{y1} - \lambda_{35}\omega_{x1}V_{z1} \\ \qquad - (J_{y1}+\lambda_{55})\omega_{x1}\omega_{y1} - \lambda_{26}\omega_{z1}V_{x1} + (\lambda_{11}-\lambda_{22})V_{x1}V_{y1} \end{cases}$$

$$(3-17)$$

3.2.3 流体动力系数近似计算方法

全湿流流体动力特性计算有多种手段,包括数值仿真、势流理论和面源法等计算方法可参考,本书主要介绍一种基于势流理论的流体动力系数快速近似计算方法,针对出水流体动力特性,主要依据航行体浸水沾湿表面积变化采用平面截面法来进行计算。

对于含有尖形头部的薄壁细长旋成体,有 $J_{x1} \approx 0$, $J_{y1} = J_{z1}$, $\lambda_{44} \approx 0$, $\lambda_{22} = \lambda_{33}$, $\lambda_{55} = \lambda_{66}$, $\lambda_{26} = -\lambda_{35}$, 且有

$$\begin{cases} R_{x1} = qSC_{x1} \\ R_{y1} = qSC_{y1}(\alpha) + qSC_{y1}(\omega_{z1}) \\ R_{z1} = qSC_{z1}(\beta) + qSC_{z1}(\omega_{y1}) \\ M'_{x1} = qSLm_{x1}(\alpha,\beta) + qSLm_{x1}(\omega_{x1}) \\ M'_{y1} = qSLm_{y1}(\beta) + qSLm_{y1}(\omega_{y1}) \\ M'_{z1} = qSLm_{z1}(\alpha) + qSLm_{z1}(\omega_{z1}) \end{cases} \quad (3-18)$$

在 α、β 及 ω_{y1}、ω_{z1} 很小的情况下,流体动力系数可写为

$$\begin{cases} C_{y1}(\alpha) = C_{y1}^{\alpha} \cdot \alpha \\ C_{z1}(\beta) = C_{z1}^{\beta} \cdot \beta \\ C_{y1}(\omega_{z1}) = C_{y1}^{\omega_{z1}} \cdot \omega_{z1} \\ C_{z1}(\omega_{y1}) = C_{z1}^{\omega_{y1}} \cdot \omega_{y1} \\ m_{y1}(\beta) = m_{z1}^{\beta} \cdot \beta \\ m_{z1}(\alpha) = m_{z1}^{\alpha} \cdot \alpha \\ m_{y1}(\omega_{y1}) = m_{y1}^{\omega_{y1}} \omega_{y1} \\ m_{z1}(\omega_{z1}) = m_{z1}^{\omega_{z1}} \omega_{z1} \end{cases} \quad (3-19)$$

由式(3-14)和式(3-15)，考虑航行体做准定常运动，并忽略滚转运动，可得到

$$C_{x1}qS = -V_{x1}\dot{\lambda}_{11}$$

$$C_{y1}(\alpha)qS + C_{y1}(\omega_{z1})qS = -V_{y1}\dot{\lambda}_{22} - \omega_{z1}\dot{\lambda}_{26}$$

$$C_{z1}(\beta)qS + C_{z1}(\omega_{y1})qS = -V_{z1}\dot{\lambda}_{22} + \omega_{y1}\dot{\lambda}_{26}$$

$$m_{y1}(\beta)qSL + m_{y1}(\omega_{y1})qSL = (\lambda_{22} - \lambda_{11})V_{x1}V_{z1} - \lambda_{26}V_{x1}\omega_{x1} - \omega_{y1}\frac{d\lambda_{66}}{dt} + V_{z1}\frac{d\lambda_{26}}{dt}$$

$$m_{z1}(\alpha)qSL + m_{z1}(\omega_{z1})qSL = (\lambda_{11} - \lambda_{22})V_{x1}V_{y1} - \lambda_{26}V_{x1}\omega_{x1} - \omega_{z1}\frac{d\lambda_{66}}{dt} + V_{y1}\frac{d\lambda_{26}}{dt}$$

$$(3-20)$$

进一步地，考虑将附加质量 λ_{ik} 随时间 t 的变化率转换为附加质量 λ_{ik} 随运动行程 l 的变化率，即

$$\dot{\lambda}_{ik} = \frac{d\lambda_{ik}}{dl}\frac{dl}{dt} = V_{x1}\frac{d\lambda_{ik}}{dl} \quad (3-21)$$

根据式(3-20)和式(3-21)可得

$$C_{x1} = -\frac{2}{\rho S}\frac{d\lambda_{11}}{dl}$$

$$C_{y1}^{\alpha} = -C_{z1}^{\beta} = \frac{2}{\rho S}\frac{d\lambda_{22}}{dl}$$

$$C_{y1}^{\omega_{z1}} = -C_{z1}^{\omega_{y1}} = \frac{2}{\rho SL}\frac{d\lambda_{26}}{dl}$$

第3章 航行体跨介质出水过程研究

$$m_{z1}^{\alpha} = m_{y1}^{\beta} = \frac{2}{\rho SL}\left(\lambda_{22} - \lambda_{11} + \frac{d\lambda_{26}}{dl}\right)$$

$$m_{z1}^{\omega_{z1}} = m_{y1}^{\omega_{y1}} = -\frac{2}{\rho SL^2}\left(\lambda_{26} + \frac{d\lambda_{66}}{dl}\right) \quad (3-22)$$

根据式(3-22),流体力系数的计算转换为求取附加质量、附加质量对位移的导数。

对于无限长圆柱体,其单位长度上所对应的附加质量为 $\rho\pi R^2$,其中 R 为圆柱体的半径。计算三维回转体的附加质量,一般采用二维切片理论的综合来近似。通过切片后,每一个截面的绕流被局部地看作二元流动,可采用二维物体附加质量进行叠加,最后使用修正系数考虑三维影响。相应的计算公式为

$$\lambda_{11}(l) = \mu_x \rho \frac{\pi}{4} \int_L D^2(x) dx$$

$$\lambda_{22}(l) = \lambda_{33}(l) = \mu_y \rho \frac{\pi}{4} \int_L D^2(x) dx$$

$$\lambda_{26}(l) = -\lambda_{35}(l) = \mu_y \rho \frac{\pi}{4} \int_L x D^2(x) dx \quad (3-23)$$

$$\lambda_{66}(l) = \lambda_{55}(l) = \mu_{yy} \rho \frac{\pi}{4} \int_L x^2 D^2(x) dx$$

式中,$D(x)$ 为纵坐标 x 处的回转体直径;$\mu_{x,y,yy}$ 为修正系数,$\mu_{x,y,yy}$ = 等长度、等体积椭球体解析解。

椭球体二维切片法

对于椭球体,其附加质量存在理论解析解。一般而言,对于长半轴长度为 a,短半轴长度为 b,离心率为 e 的椭球,其附加质量为

$$\lambda_{11} = \frac{4\pi\rho ab^2}{3} \frac{\alpha_0}{2-\alpha_0}$$

$$\lambda_{22} = \lambda_{33} = \frac{4\pi\rho ab^2}{3} \frac{\beta_0}{2-\beta_0}$$

$$\lambda_{55} = \lambda_{66} = \frac{4\pi\rho ab^2(a^2+b^2)}{15} \frac{(a^2-b^2)^2(\beta_0-\alpha_0)}{(a^2+b^2)[2(a^2-b^2)-(a^2+b^2)(\beta_0-\alpha_0)]}$$

$$(3-24)$$

其中,

$$\alpha_0 = \frac{1-e^2}{e^3}\left(\ln\frac{1+e}{1-e} - 2e\right), \quad \beta_0 = \frac{1-e^2}{e^3}\left(\frac{e}{1-e^2} - \frac{1}{2}\ln\frac{1+e}{1-e}\right)$$

3.3 出水过程空泡溃灭理论分析

水下发射航行体出水时,如果存在空泡附着在航行体表面,那么空泡的收缩及溃灭将是出水阶段的主要流动现象之一。出水后位于航行体空泡外侧的附着水层在压力梯度作用下冲击航行体表面,形成所谓的空泡溃灭压力脉冲。空泡溃灭会引起噪声及材料破坏,因此成为较为重要的研究课题[4-7]。

当水下航行体在水下运动时,局部压力下降将导致航行体表面形成空穴,由发射筒进入水中时,部分发射筒内的空气会混入低压空泡内。此混有空气的空泡在出水过程中会发生溃灭。本节首先基于理想球形空泡溃灭模型理论上分析了空泡溃灭特性;然后针对航行体表面的局部空泡,采用气泡动力学理论分析空泡溃灭的影响。

3.3.1 理论球形空泡溃灭模型

对于单个空泡的生成、发育、运动和溃灭过程,可由在静水中使用超声波、电火花、激光或其他手段获得空泡并由高速摄像记录其运动特性来进行研究。目前对单个空泡溃灭的研究相对较为成熟,对出水空泡溃灭过程的研究也具有指导意义。因此,首先基于理想球形空泡溃灭理论,分析空泡的溃灭特性。

假设存在无穷域的均质不可压缩流体,没有外力作用下处于平衡状态,其压力为 p_∞,使其中半径为 R_0 的球状部分流体突然消失,形成一个内部压力始终为 p_v 的空泡($p_\infty > p_v$)。空泡周围的流体会在压力梯度的作用下,向空泡内部运动。空泡壁面运动速度的微分方程为

$$\rho_f \dot{R}^2 R^3 = -\frac{2}{3}(p_\infty - p_v)(R^3 - R_0^3) \qquad (3-25)$$

压力方程为

$$\frac{p - p_\infty}{\rho_f} = \ddot{R}\frac{R^2}{r} + 2\dot{R}^2\left(\frac{R}{r} - \frac{R^4}{4r^4}\right) \qquad (3-26)$$

式中,R 为空泡壁面位置;$\dot{R}$ 为空泡壁面运动速度。

由式(3-25)可得空泡壁面运动位置及速度,如图3-3所示。可以观察到,空泡溃灭初期壁面运动速度增长相对较慢,后期空泡壁面速度急剧攀升并趋近于无穷大。

图3-3中,τ 为空泡半径收缩至零的时间,常被称为瑞利时间。

$$\tau \approx 0.915 R_0 \sqrt{\frac{\rho}{p_\infty - p_v}}$$
(3-27)

将空泡壁面运动速度表达式(3-25)代入式(3-26),得到压力场的表达式:

$$\frac{p - p_\infty}{p_\infty - p_v} = \frac{R}{3r}\left(\frac{R_0^3}{R^3} - 4\right) - \frac{R^4}{3r^4}\left(\frac{R_0^3}{R^3} - 1\right)$$
(3-28)

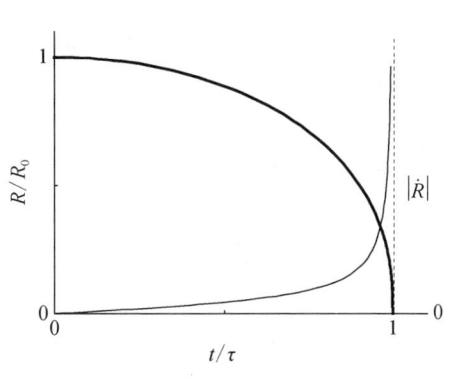

图3-3 空泡壁面运动位置及速度曲线

由式(3-28)可得不同时刻压力场的分布情况,如图3-4所示。由图可以观察到,压力波由无穷远处传来,后期空泡壁面附近的压力趋近于无穷大。虽然这种理想球形自然空泡的溃灭过程仅考虑了惯性力及压力的作用而忽略了其他因素的影响,但该过程展现了空泡溃灭过程流场压力的剧烈变化,并且其他的修正后的模型仍然大体体现了图3-4所示的压力场变化情况。

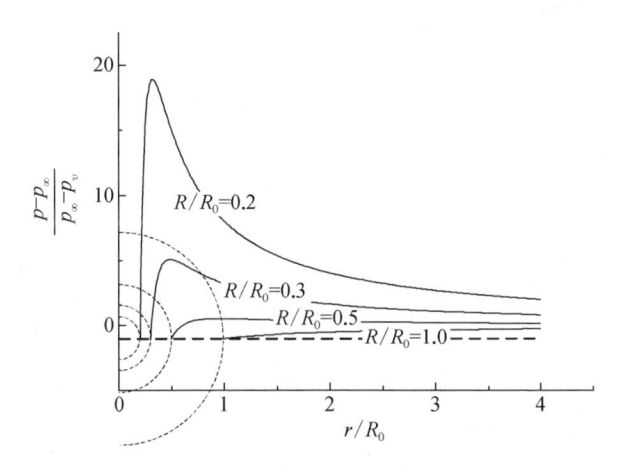

图3-4 空泡收缩过程的压力场分布变化

上述分析表明,在空泡溃灭末期,壁面速度及附近压力趋近于无穷大,表现出明显的奇异性。因此在模拟空泡溃灭的数值计算过程中应采用变时间步长,并在空泡溃灭后期采用较小的时间步长以保证良好的收敛性。由于存在来流速度,附着在航行体表面的空泡轮廓大体呈椭球性而非理想球形,并且空泡轮廓内部包括部分航行体,因此其溃灭消失位置必定在航行体表面。在空泡溃灭时空泡壁面周围流体以一定的速度冲击航行体表面,该过程类似水锤效应,会产生较高的局部压力作用于航行体表面。

假设空泡在溃灭过程中,其内部只含有非可凝结气体,而不含有汽化产生的水蒸气,所含气体质量在溃灭过程中保持不变,并且忽略表面张力的影响。空泡溃灭的初始条件是:泡内充满压力为 p_{g0} 的理想气体;泡外水体中无限远处的压力为 p_∞;泡内气体的压缩过程为绝热过程。根据能量守恒,可得空泡溃灭过程壁面速度的表达式:

$$\dot{R}^2 = \frac{2}{3} \cdot \frac{p_{g0}}{\rho_f} \cdot \frac{1}{\gamma - 1} \left[\left(\frac{R_0}{R}\right)^3 - \left(\frac{R_0}{R}\right)^{3\gamma} \right] - \frac{2}{3} \cdot \frac{p_\infty}{\rho_f} \left[1 - \left(\frac{R_0}{R}\right)^3 \right]$$

(3-29)

由式(3-29)可知,当空泡内部充满非可凝结气体时,$\dot{R} = 0$ 不仅发生在 $R = R_0$ 时刻(即初始状态),而且还发生在式(3-29)等于零时即 $\dot{R} = 0$ 时刻,此时空泡的最小半径 R_{min} 为

$$\frac{R_0}{R_{min}} = \left[1 + (\gamma - 1) \frac{p_\infty}{p_{g0}} \right]^{\frac{1}{3(\gamma - 1)}}$$

(3-30)

对式(3-30)求导可得

$$\ddot{R} = -\frac{p_\infty}{\rho_f} \cdot \frac{R_0^3}{R^4} - \frac{p_{g0}}{\rho_f(\gamma - 1)} \left(\frac{R_0^3}{R^4} - \gamma \frac{R_0^{3\gamma}}{R^{3\gamma+1}} \right)$$

(3-31)

由式(3-31)可求得,理想球形空泡溃灭过程的空泡壁面位移及速度的变化曲线,如图3-5所示。

由以上分析可知,在空泡溃灭至 $\dot{R} = 0$ 时刻,空泡直径压缩至最小,空泡内部的气体也被急剧压缩至较高的压力,此时空泡会在内部压力作用下膨胀。当其膨胀至内部压力低于外部压力时,膨胀速度开始减缓最终为零,而后又开始收缩。这样就从理论上描述了在最大与最小半径之间往复不断振荡的现象,而实际上由于机械能的损耗,这种振荡过程必然是衰减的。这种对于孤立气泡的溃灭回弹现象已被实验所证实。对该现象进一步推广,可以认为在出水通气空泡的溃灭过程中同样将存在类似的现象。

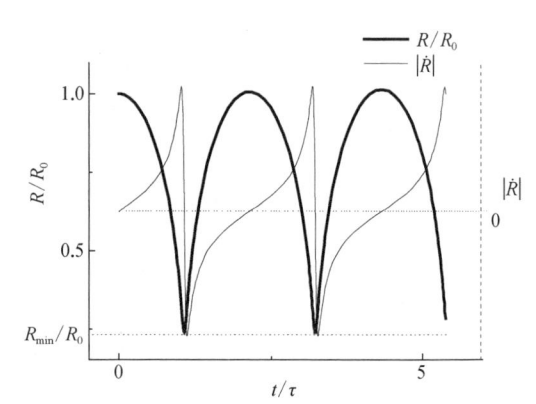

图3-5 内部为非可凝结气体的空泡壁面运动位置及速度曲线

3.3.2 基于气泡动力学的航行体带空泡出水溃灭理论预示

3.3.2.1 航行体带空泡出水物理过程描述

航行体带空泡穿越自由液面的过程复杂,产生的空泡溃灭具有强非线性和瞬态特性,显然这一问题具有相当的挑战性,无论是实验研究或理论数值模拟,都是非常困难的。在研究空泡溃灭物理本质的基础上建立空泡溃灭模型的关键参数描述,将复杂溃灭过程抽象为有限水层二维或三维动力学过程,进而研究空泡溃灭的主要特征和影响因素。

首先讨论问题的基本物理现象。图3-6(a)显示了航行体接近水面但头部尚未出水时的流动图像,高速运动航行体的肩部存在附着局部空泡,液面迅速涌起。图3-6(b)是图3-6(a)的后续流动图像,此时激发肩空泡的航行体头部已经出水,原有的肩空泡失去了维持其存在的能量来源,外界大气压力与泡内低压形成压力差,驱动航行体周围的附着水挤压空泡并拍击航行体表面,迅速形成空泡溃灭,同时航行体继续高速出水。

设想两种可能,分别如图3-6(b)与图3-6(c)所示,图3-6(b)中,水面与空泡面结合部与航行体表面接触,即空泡在溃灭过程中仍保持闭合状态。图3-6(c)中,水面和空泡面的结合部不与航行体表面接触,中间形成小的气流通道,由于压差作用,空气进入空泡内,使泡内压力由原来的饱和蒸汽压迅速提高。但这种空泡穴与大气相通的过程可能无法维持。在入水空泡的面闭合研究中,发现空气流动引起的压力下降以及闭合面附近的汽水混合物,都会促使面闭合发生。因此,采用封闭模型更符合我们对溃灭过程的认识,也与实验物理景象相吻合。

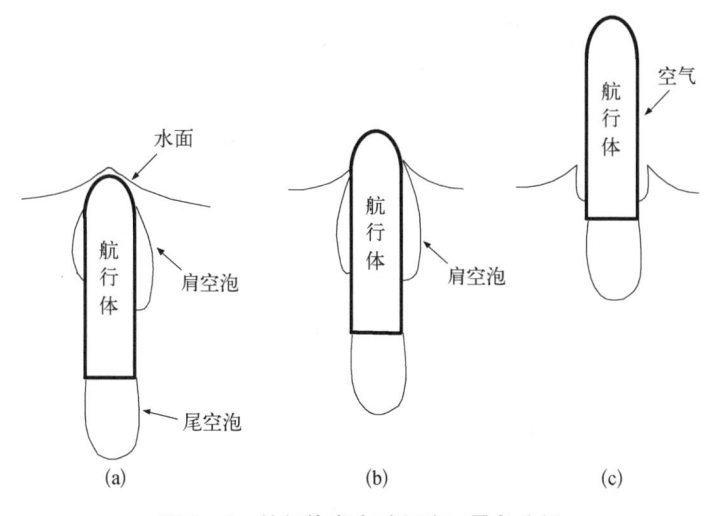

图3-6 航行体出水过程溃灭景象分析

3.3.2.2 空泡溃灭理论模型及近似解

已有的实验数据表明,航行体出水时肩空泡的长度约为数倍空泡直径,而空泡厚度相对于航行体半径而言较薄,可以采用细长体理论近似,把三维肩空泡的溃灭过程简化为各截面上二维圆形空泡的溃灭过程。

基于上述分析与假定,空泡外的水层厚度有限,水层外边界压力为大气压 p_0;并假定溃灭开始时,泡壁法向速度为零,泡内压力 $p_{c_0} \geq$ 饱和蒸汽压 p_v,以计及进入空泡内气体分压的影响;空泡内气体按完全气体的绝热等熵过程处理;溃灭过程中,惯性力起决定作用,忽略重力影响。

按照无黏不可压缩液体中球形空泡运动的分析方法,可以给出二维轴对称有限水域中空泡溃灭运动的数学模型。设液体的外边界为 $R_1(t)$,内边界为 $R(t)$,$R(t)$ 即是空泡半径。

假定液体无黏不可压,流动无旋,存在速度势 $\varphi(r,t)$,满足 Laplace 方程。由对称性,$\varphi(r,t)$ 满足:

$$\left(\frac{\partial^2}{\partial r^2} + \frac{\partial}{r \partial r}\right)\varphi(r,t) = 0, \quad R(t) \leq r \leq R_1(t) \tag{3-32}$$

连续性方程为

$$R_1^2(t) - R^2(t) = R_1^2(0) - R^2(0)$$
$$R_1 \dot{R}_1 = R \dot{R} \tag{3-33}$$

边界条件为

$$\frac{\partial \phi}{\partial r} = \dot{R}(t), \quad p = p_c \quad r = R$$

$$\frac{\partial \varphi}{\partial r} = \dot{R}_1(t), \quad p = p_0 \quad r = R_1 \tag{3-34}$$

初始条件为

$$\begin{aligned} &R(0) = R_0 \\ &R_1(0) = R_{10} \\ &\dot{R}(0) = 0 \\ &\varphi(r,0) = 0 \\ &p(r,0) = p_0 \\ &p_g(0) = p_{g0} \end{aligned} \tag{3-35}$$

满足上述方程与边界条件的解为

$$\varphi(r,t) = R\dot{R}\ln\frac{r}{R_1} \tag{3-36}$$

$$\frac{\partial \varphi}{\partial r} = \frac{R\dot{R}}{r} \tag{3-37}$$

上述公式中,$\dot{R}(t)$ 为空泡壁面速度;p 为压力。

由于流动无旋,有伯努利方程:

$$\frac{\partial \varphi}{\partial t} + \frac{1}{2}\left(\frac{\partial \varphi}{\partial r}\right)^2 + \frac{p}{\rho} = f(t) \tag{3-38}$$

将式(3-36)代入式(3-38),考虑到 $R_1\dot{R}_1 = R\dot{R}$,得到

$$(\dot{R}^2 + R\ddot{R})\ln\frac{r}{R_1} - \left(\frac{R\dot{R}}{R_1}\right)^2 + \frac{1}{2}\left(\frac{R\dot{R}}{r}\right)^2 + \frac{p}{\rho} = f(t) \tag{3-39}$$

将液体外边界($r = R_1$)的条件式(3-34)代入式(3-39),可得

$$f(t) = -\frac{1}{2}\left(\frac{R\dot{R}}{R_1}\right)^2 + \frac{p_0}{\rho} \tag{3-40}$$

所以,

$$(\dot{R}^2 + R\ddot{R})\ln\frac{r}{R_1} + \frac{1}{2}\dot{R}^2\left[\left(\frac{R}{r}\right)^2 - \left(\frac{R}{R_1}\right)^2\right] = \frac{p_0 - p}{\rho} \tag{3-41}$$

应用空泡壁面 $r = R$ 处的边界条件式(3-34),得到泡壁运动方程:

$$(\dot{R}^2 + R\ddot{R})\ln\frac{R}{R_1} + \frac{1}{2}\dot{R}^2\left[1 - \left(\frac{R}{R_1}\right)^2\right] = \frac{p_0 - p_c}{\rho} \tag{3-42}$$

其中,ρ 为液体密度;p_c 为空泡内气体压力,初始时刻 $p_c = p_{c_0}$。设气体比热比为 γ,由绝热等熵假定:

$$p_c(t) = p_{c_0}\left(\frac{R_0}{R}\right)^{2\gamma} \tag{3-43}$$

代入式(3-42),得到泡壁运动方程:

$$(\dot{R}^2 + R\ddot{R})\ln\frac{R}{R_1} + \frac{1}{2}\dot{R}^2\left[1 - \left(\frac{R}{R_1}\right)^2\right] + \frac{p_{c_0}}{\rho}\left(\frac{R_0}{R}\right)^{2\gamma} = \frac{p_0}{\rho} \tag{3-44}$$

令 $\tau = \dfrac{t}{R_0\sqrt{\rho/p_0}}$，$\alpha = R/R_0$，$\dot{\alpha} = \dfrac{\mathrm{d}\alpha}{\mathrm{d}\tau}$，$\beta = p_{c_0}/p_0$，$\lambda(\tau) = R_1/R_0$，$\bar{r} = r/R_0$，$\bar{p} = p/p_0$；则得式(3-43)与式(3-44)的无量纲形式：

$$(\dot{\alpha}^2 + \alpha\ddot{\alpha})\ln\dfrac{\bar{r}}{\lambda} + \dfrac{1}{2}\alpha^2\dot{\alpha}^2\left[\left(\dfrac{1}{\bar{r}}\right)^2 - \left(\dfrac{1}{\lambda}\right)^2\right] = 1 - \bar{p} \qquad (3-45)$$

$$(\dot{\alpha}^2 + \alpha\ddot{\alpha})\ln\dfrac{\alpha}{\lambda} + \dfrac{1}{2}\dot{\alpha}^2\left[1 - \left(\dfrac{\alpha}{\lambda}\right)^2\right] = 1 - \beta\alpha^{-2\gamma} \qquad (3-46)$$

上面公式中，参数 β 体现了泡内气体气压的影响，要注意水层厚度 λ 是时间的函数，可以由连续性方程求得

$$\lambda(\tau) = \left[\alpha^2(\tau) + \lambda^2(0) - 1\right]^{\frac{1}{2}} \qquad (3-47)$$

按时间步进，用四阶龙格-库塔方法积分式(3-46)，可以得到 α、$\dot{\alpha}$ 和 $\ddot{\alpha}$ 的时间变化曲线。根据航行体出水过程空泡厚度、附着水层厚度及泡内压力的实际可能范围，选取计算参数。计算出不同 R_0、R_{10} 条件下附着水层冲击航行体表面的速度 $\dot{R}$、出水空泡溃灭需要的时间 t。

3.3.2.3 空泡溃灭压力量值近似解

空泡溃灭压力由两部分组成，即附着水层冲击航行体表面的水击压力和空泡溃灭过程含气空泡体积急剧压缩所导致的泡内气体压力脉冲。

水击压力可以使用经典公式 $P_i = \rho c v$ 估算，这一公式常被用于估算可压缩液体对固体表面的水击压力，将其用于出水空泡溃灭压力脉冲计算，需要正确估计声速 c。

但出水空泡含气率 f 的测定十分困难。空泡区与主流之间并没有泾渭分明的分界面，实际上空泡的表面并非是数学意义上的密度间断面，而是充满着大量液滴、蒸汽和微气核的过渡层。当空泡较短时，其模糊不透明的表面，显示了这一现象。即使片空泡充分发展，空泡较长，其表面清晰透明时，空泡面依然是气、汽、水的混合介质过渡薄层，只是气与汽的含量较低，过渡层很薄。

另外，航行体在接近水面和出水过程中，被包围在一层附着水层中，与水下相比，流动条件发生了显著变化，相应地空泡流态也必然发生很大的变化。水下建立的空泡域，可能在接近水面时就已经破碎，与周围的水混合成汽液多相介质，成为雾状而非透明状的空泡。

需要强调，气、汽、水的混合介质层的声速与水的声速有很大的不同，即使少量气与汽的含量，尽管混合介质密度与水相近，也会使声速下降几个数量级。

两相混合物声速 c_m 可以表示为

第3章 航行体跨介质出水过程研究

$$\frac{1}{c_m^2} = \rho\left(\frac{f}{\rho_g c_g^2} + \frac{1-f}{\rho_l c_l^2}\right) \qquad (3-48)$$

式中，f 为含气率，由式(3-48)可以得到如图3-7表示的两相混合物声速 c_m 与含气率 f 的关系曲线。从图中可以看出，在两个极值点混合物声速恢复到单一相流体的声速；稍微偏离单相极点，声速快速降低并在绝大部分混合区域内保持很小的值。这表明在空泡界面附近流体具有很大的当地马赫数。由于空泡的存在，流场在全局意义上是可压缩的，可压缩性集中表现在空泡界面附近。

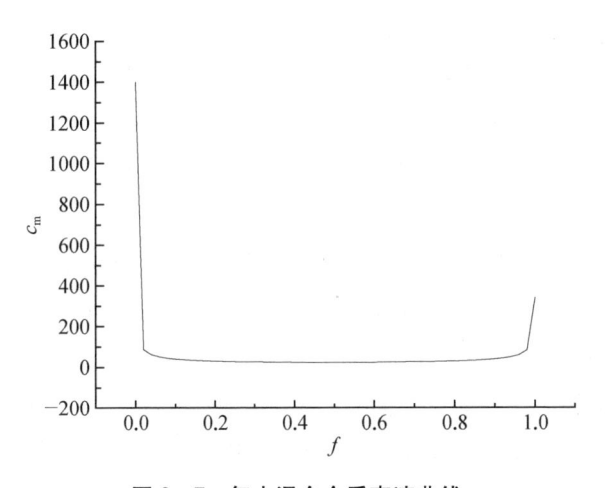

图3-7 气水混合介质声速曲线

因此，在应用经典公式 $p_i = \rho c v$ 计算出水空泡溃灭压力脉冲时，声速 c 应取气水混合介质的声速 c_m。如果取水的声速1 400 m/s作为空泡界面的声速的话，就会高估冲击压力脉冲，甚至可能高1~2个数量级。

空泡溃灭引起的水击现象与物体的入水问题有一定的相似性，都是物体和水体相对运动撞击的过程，物体会在较短的时间内受到一个较大的脉冲压力，该脉动压力的幅值与两者的相对速度、水气的可压缩性等有关，因此可以将入水抨击的相关理论和公式用于空泡溃灭冲击的研究，提出如下的溃灭压力计算公式：

$$p_i = k\rho v^2 \qquad (3-49)$$

空泡溃灭过程含气空泡体积急剧压缩所导致的泡内气体压力脉冲，可以用式(3-49)加以分析计算。k 数值除了与水体中气体体积比率有关，还与水体的厚度相关，对于 $h = 2m$ 时，令 $k = 6$，图3-8为预估的不同初始半径水体冲击航行体表面的冲击压力。可以看出，预估的水体溃灭压力随空泡的初始半径增加而增加，对于相同初始厚度的水体，其初始半径越大，气体分压对溃灭压力的贡

献越大。最大值超过 8 个大气压,最大值对应的工况为 $R_0 = 2.0$ m, $\beta = 0.2$, $h = 2$ m,此时水层冲击航行体表面的速度 $V_s = -10.44$ m/s。

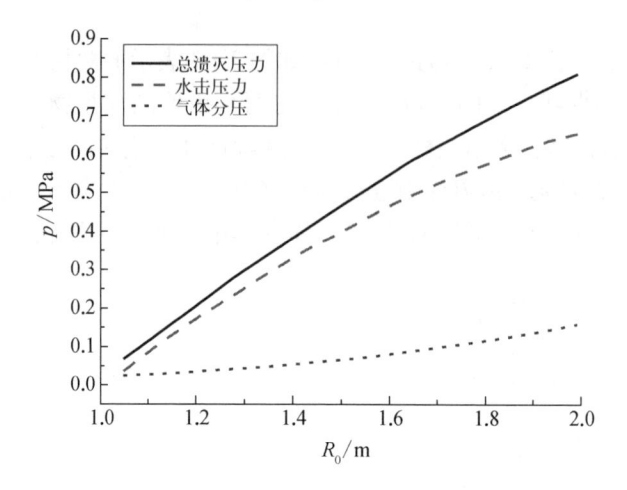

图 3-8　空泡溃灭压力($\beta = 0.2$, $h = 2$ m)

图 3-9 为 $h = 0.2$ m、$k = 6$ 时,预估的不同初始半径水体冲击航行体表面的冲击压力。气体分压的大小并没有改变,但不同的是,由于冲击速度的提高,水击压力比气体分压要大得多。因此气体分压对溃灭压力的贡献较小。最大值接近 30 个大气压,最大值对应的工况为 $R_0 = 2.0$ m, $\beta = 0.2$, $h = 0.2$ m,此时水层冲击航行体表面的速度 $V_s = -21.56$ m/s。

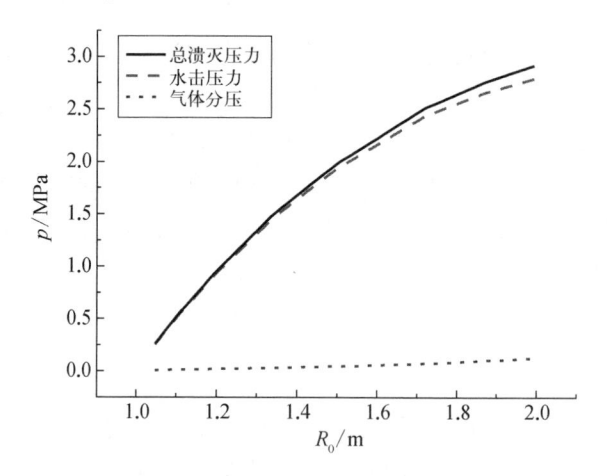

图 3-9　空泡溃灭压力($\beta = 0.2$, $h = 0.2$ m)

3.3.2.4　准三维轴对称空泡溃灭理论模型

考虑到空泡内部的气体流动及空泡内部压力相对均匀的特点,在二维圆形

第3章 航行体跨介质出水过程研究

空泡溃灭的力学模型的基础上,建立三维轴对称空泡溃灭的模型。

假定空泡内部压强相等,在等温假设下有

$$p_c V_c = p_{c0} V_{c0} \tag{3-50}$$

其中,p_c、p_{c0} 为泡内压力及初始泡内压强;V_c、V_{c0} 为泡内气体体积及初始气体体积。考虑航行体表面的存在,有

$$V_g = \int_\pi [R(x)^2 - R_m^2] dx \tag{3-51}$$

其中,R_0 为航行体表面半径。所以有

$$p_c = p_{c0} \cdot \frac{\int [R_0(x)^2 - R_m^2] dx}{\int [R(x)^2 - R_m^2] dx} \tag{3-52}$$

将式(3-51)与式(3-52)联合求解即可得到空泡外形的演化规律。

以上模型需要确定初始的空泡形状和液面形状。根据前期研究结果,柱体的肩部空泡外形一般接近于抛物线。图 3-10 为数值计算的空泡外形与拟合抛物线的比较,图中 y_c 表示泡面到航行体中轴的距离,可以看出空泡外形与抛物线很接近,只是在头部附近比抛物线略微饱满。

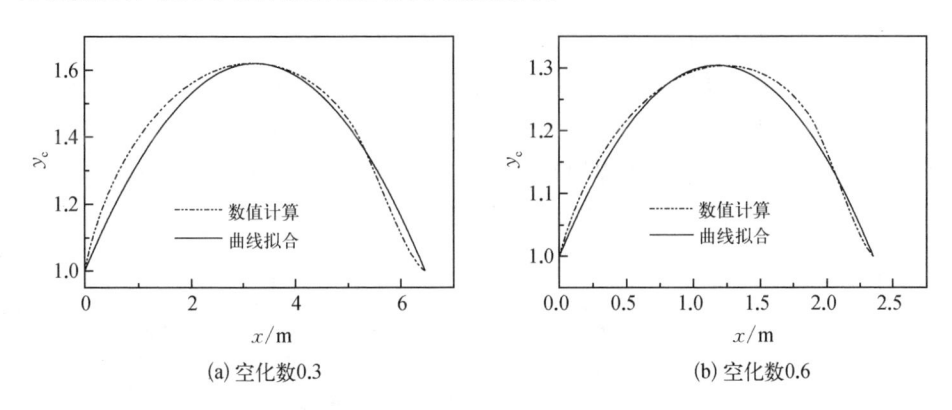

(a) 空化数0.3

(b) 空化数0.6

图 3-10 两种空泡数下空泡外形

这里定义空泡的外形如以下表达式:

$$r_c = (L_c + x - l_2 - x_m) \cdot (l_2 + x_m - x) \cdot \frac{4h_c}{L_c^2} + R_m \tag{3-53}$$

其中,r_c 为空泡某切片的半径;L_c、h_c 分别为空泡的长度、厚度;x_m 为航行体表面质心相对于静水面的位置坐标;l_2 为航行体表面肩部相对质心的距离。

考虑液面形状的连续性,假定液面形状符合下列函数:

$$\begin{cases} r_s = A_w \cdot \sqrt{(H-x)/R_m}, & \dfrac{H}{2} \leqslant x \\ r_s = A_w \cdot \dfrac{H}{2\sqrt{R_m \cdot x}}, & 0 < x < \dfrac{H}{2} \end{cases} \quad (3-54)$$

其中,r_s 为液面距离航行体表面轴线的距离;H 为液面最高点距离静水面的高度;A_w 为反映水体厚度的变量;R_m 为航行体表面半径。该曲线形状连续光滑,且符合出水液面的基本特征,如图 3-11 所示。

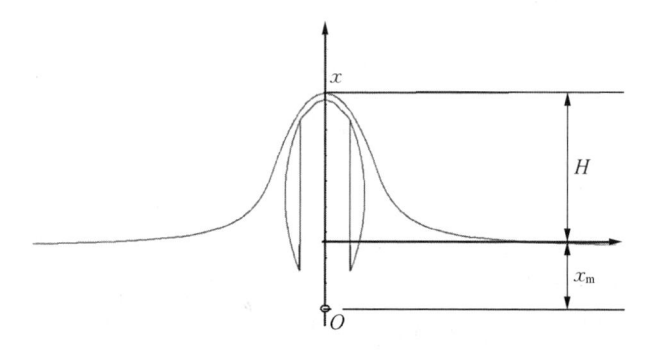

图 3-11 航行体出水过程的自由表面形状

图 3-12 为 $\beta = 0$、0.2、0.4、0.6 时水气界面与空泡界面的演化过程。所显示的为不同时刻的界面形状。空泡从头部开始溃灭,沿从头部到尾部的方向逐渐冲击航行体表面。$\beta = 0$ 时,空泡溃灭过程经历的时间最长。随着初始泡内气体压力的增加,空泡溃灭过程的时间减小,这是由于气体分压的存在,使空泡的溃灭过程更早的结束,接下来会进入膨胀阶段。

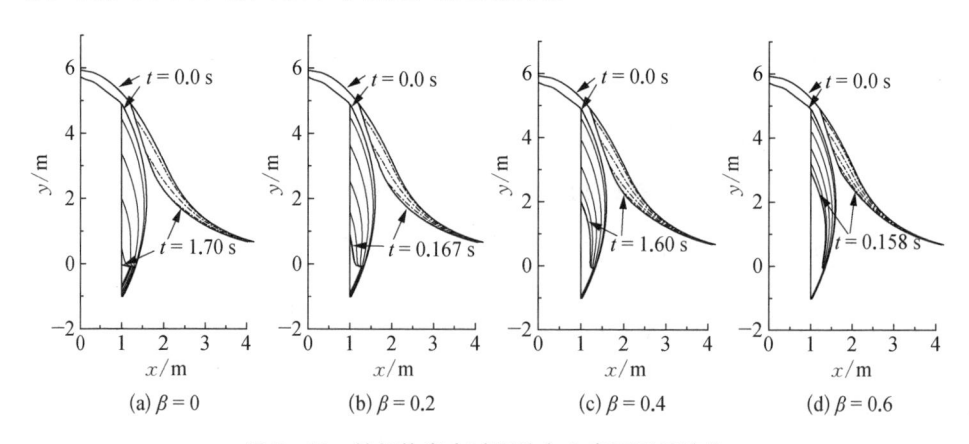

(a) $\beta = 0$　　(b) $\beta = 0.2$　　(c) $\beta = 0.4$　　(d) $\beta = 0.6$

图 3-12 航行体出水过程的自由表面形状演化

附着水从航行体头部到尾部的方向逐渐冲击表面,使得溃灭点在航行体表面移动,我们称其移动的速度为溃灭推进速度。表 3-1 为不同 β 值时空泡溃灭推进速度。需要说明的是,实际的溃灭推进速度应该到考虑航行体表面的运动。因为空泡及泡外流体不可能与航行体表面具有相同的轴向速度,而且一般在出水的不同阶段,泡外流体相对于航行体表面的轴向速度也会有很大区别。在这里的计算模型中,泡外流体的轴向速度为零,因此,需要在计算的推进速度基础上加上航行体表面出水轴向速度。β 越大,泡内气体压力越高,其推进速度越小。

表 3-1 不同 β 值的拟合空泡溃灭推进速度

β	溃灭推进速度/(m/s)
0	42.15
0.2	31.18
0.4	23.88
0.6	16.20

本节的计算模型中,空泡外流体的轴向速度为零,实际的空泡溃灭推进速度应该考虑航行体的运动过程。若将计算结果与试验结果进行对比,需要在表 3-1 中空泡溃灭推进速度的基础上加上航行体出水时的平均轴向速度。表 3-2 给出了航行体典型计算工况与试验结果的对比情况,相对误差均在 ±10% 以内。

表 3-2 不同计算工况的空泡溃灭推进速度与试验结果比较

工况	计算结果	试验结果	相对误差
$\beta = 0.2, A = 1.2$	56.18 m/s	52.3 m/s	7.42%
$\beta = 0.6, A = 1.2$	41.0 m/s	43.5 m/s	-5.29%
$\beta = 0.2, A = 1.1$	56.04 m/s	52.1 m/s	7.56%
$\beta = 0.2, A = 1.4$	55.17 m/s	51.7 m/s	6.71%

通过与相关实验特征数据和现象的比较,表明空泡溃灭模型能描述空泡溃灭的基本特征,影响出水空泡溃灭特征的因素包括泡内压力、泡外水体厚度、空泡初始截面半径、液面形状等,它们均影响空泡溃灭速度和溃灭时间。准三维空泡溃灭模型在特定的初始空泡外形及水气界面形状下,计算结果中分析得到的溃灭推进速度与实验规律一致,并且量值接近,说明该模型具有一定的合理性。基于此计算模型,得到了不同位置处水体冲击航行体表面壁面的溃灭速度,最大的溃灭速度出现的位置在空泡区中前段,溃灭速度的最大值与水体的量有关。

3.4 空泡溃灭流场计算分析及回弹现象

基于气泡动力学空泡溃灭模型是基于势流理论建立,模型中不考虑黏性和液体可压缩性,同时对空泡边界的定义存在一些简化假设,可主要用于分析空泡溃灭现象主要影响因素和规律。对于航行体水下发射出水过程空泡溃灭现象的进一步深入研究,可通过基于求解雷诺平均的 N-S 方程数值仿真方法,对空泡溃灭流动结构演化和机理开展更加深入的分析[8-11]。

3.4.1 数值仿真模型

对于垂直发射水下航行体的多相流动,其雷诺数一般在 10^7 量级,属于强湍流流动,对其描述的数学模型中须包括多相流模型和湍流模型。若航行体外形为非流线型(存在拐角或台阶),往往在拐角或台阶处,压力将降低至水的饱和蒸汽压而发生自然空化现象,还需引进自然空化模型。

1. 基本方程

基于均质平衡多相流理论并结合输运方程类空化模型,出水过程数值仿真模型把水、气组成的多相介质看成一种变密度、变黏度的单一流体,各相共享同一压力、速度场,通过引入水、气、汽三相的体积分数 α_l、α_g、α_v 得到描述多相流动的 VOF 和 Mixture 模型控制方程。

连续性方程:

$$\frac{\partial}{\partial t}(\rho_m) + \nabla \cdot (\rho_m v_m) = S_m \tag{3-55}$$

动量方程:

$$\frac{\partial}{\partial t}(\rho_m v_m) + \nabla \cdot (\rho_m v_m v_m) = -\nabla p + \nabla \cdot [\mu_m(\nabla v_m + v_m^T)] + \rho_m g + F \\ + \nabla \cdot \left(\sum_{k=1}^{n} \alpha_k \rho_k v_{dr,k} v_{dr,k} \right) \tag{3-56}$$

能量方程:

$$\frac{\partial}{\partial t}\sum_{k=1}^{n} \alpha_k \rho_k E_k + \nabla \cdot \sum_{k=1}^{n} [\alpha_k v_k (\rho_k E_k + p)] = \nabla \cdot (k_{eff} \nabla T) + S_E \tag{3-57}$$

气相连续性方程:

$$\begin{cases} \text{VOF} & \dfrac{\partial}{\partial t}(\alpha_g \rho_g) + \nabla \cdot (\alpha_g \rho_g v_g) = 0 \\ \text{Mixture} & \dfrac{\partial}{\partial t}(\alpha_g \rho_g) + \nabla \cdot (\alpha_g \rho_g v_m) = 0 \end{cases} \quad (3-58)$$

蒸汽相连续性方程：

$$\begin{cases} \text{VOF} & \dfrac{\partial}{\partial t}(\alpha_v \rho_v) + \nabla \cdot (\alpha_v \rho_v v_v) = R_e - R_c \\ \text{Mixture} & \dfrac{\partial}{\partial t}(\alpha_v \rho_v) + \nabla \cdot (\alpha_v \rho_v v_m) = R_e - R_c \end{cases} \quad (3-59)$$

空化模型：

$$\begin{cases} R_e = F_{\text{vap}} \dfrac{3\alpha_{\text{nuc}}(1-\alpha_v)\rho_v}{\Re_B} \sqrt{\dfrac{2}{3}\dfrac{P_v - P}{\rho_l}}, & P \leqslant P_v \\ R_c = F_{\text{cond}} \dfrac{3\alpha_v \rho_v}{\Re_B} \sqrt{\dfrac{2}{3}\dfrac{P - P_v}{\rho_l}}, & P > P_v \end{cases} \quad (3-60)$$

气体状态方程：

$$p_g = \rho_g R T \quad (3-61)$$

各相体积分数相容性条件：

$$\alpha_l + \alpha_v + \alpha_g = 1 \quad (3-62)$$

混合介质参数：

$$\rho_m = \sum_{k=1}^{n} \alpha_k \rho_k, \quad \mu_m = \sum_{k=1}^{n} \alpha_k \mu_k, \quad v_m = \dfrac{\sum_{k=1}^{n} \alpha_k \rho_k v_k}{\rho_m} \quad (3-63)$$

湍流模型：

$$\dfrac{\partial}{\partial t}(\rho_m k) + \dfrac{\partial}{\partial x_i}(\rho_m k u_i) = \dfrac{\partial}{\partial x_j}\left[\left(\mu_m + \dfrac{\mu_t}{\sigma_k}\right)\dfrac{\partial k}{\partial x_j}\right] + G_k + G_b - \rho_m \varepsilon + S_k \quad (3-64)$$

$$\dfrac{\partial}{\partial t}(\rho_m \varepsilon) + \dfrac{\partial}{\partial x_i}(\rho_m \varepsilon u_i) = \dfrac{\partial}{\partial x_j}\left[\left(\mu_m + \dfrac{\mu_t}{\sigma_\varepsilon}\right)\dfrac{\partial \varepsilon}{\partial x_j}\right] + C_{1\varepsilon}\dfrac{\varepsilon}{k}(G_k + C_{3\varepsilon}G_b) - C_{2\varepsilon}\rho_m \dfrac{\varepsilon^2}{k} + S_\varepsilon \quad (3-65)$$

式中，$G_b = \beta g_i \dfrac{\mu_t}{Pr_t}\dfrac{\partial T}{\partial x_i}$，$\mu_t = \rho_m C_\mu \dfrac{k^2}{\varepsilon}$，$G_k = -\rho_m \overline{u_i' u_j'}\dfrac{\partial u_j}{\partial x_i}$。

2. 界面处理

Mixture 模型未针对界面的捕捉作进一步的处理，主要依靠物理量的变化梯度反映界面的位置所在。VOF 多相流模型中对气液界面进行构造，根据计算获得的各相体积分数分布情况获得气液界面，可供采用的界面构造方法有 Donor-Acceptor 型方法、FLAIR 方法、PLIC 方法等。模型中采用 PLIC(piecewise linear interface calculation)方法，在单个网格内用直线段来逼近相界面，确定运动界面与边线的倾角，利用此夹角和网格内的体积分数分布来确定直线的斜率和作用位置，构造出网格内的界面(图 3-13)。计算在一个时间步内流过网格边界到达相邻网格的流体体积量，修改本网格与四周相邻网格的流体体积分布值。

(a) 真实界面　　　　(b) PLIC方法　　　　(c) Donor-Acceptor方法

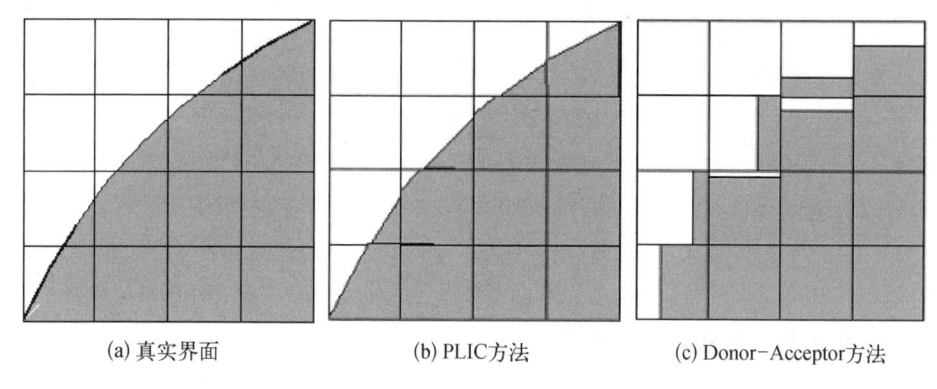

图 3-13　VOF 中的界面构造方法

3. 边界条件及计算方法

以圆柱形水下航行体垂直出水为例，进行了计算域选取、网格划分和边界条件设置，如图 3-14 所示。计算域包括水域和大气域，圆柱形水下航行体初始位于一定的水深位置处，经历垂直向上的运动过程穿越水面。航行体运动区域利用动网格技术实现运动过程的模拟，采用层变的网格分裂更新方式。航行体表面为壁面边界条件，水域和空气域外围均为压力出口边界，在水域和气域存在自由液面。在圆柱体表面设置压力监测点，记录出水过程中的压力变化历程。

采用有限体积法对控制方程进行离散，这是一种离散积分形式守恒方程的数值方法，从守恒积分方程出发构造差分格式，比较容易保证物理量的守恒。利用网格单元面的通量变化来表述单元中心量的变化，对网格类型(结构网格和非结构网格)的适应性强，从而适用于处理具有复杂几何形状的流场计算。

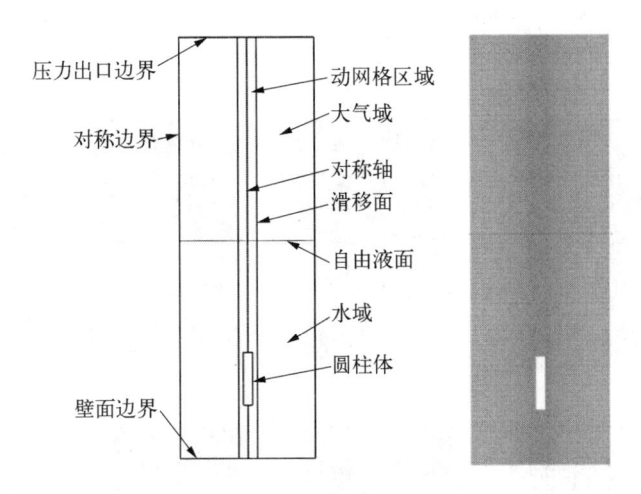

图 3-14 计算域和网格示意图

计算过程中,压力求解方法为 SIMPLE 算法,动量方程差分格式为一阶迎风格式,湍流输运方程差分格式为一阶迎风格式,压力差分格式为体力加权格式,时间差分格式一阶隐式格式。在初始边界条件设置中,考虑了水在重力作用下形成的随水深变化压力梯度。

3.4.2 多相流模型对出水流动特性影响研究

1. 低速无空化出水过程数值计算结果分析

首先对低速无空化状态下的出水过程进行研究,分析出水过程中的界面变化、表面压力以及两种模型产生的差异。

从航行体头部到达水面附近至航行体尾部出水过程中的相图分布及自由液面变化见图 3-15,两种多相流模型获得了基本一致的物理景象。航行体运动至液面附近时,航行体上方附近的自由液面向上隆起形成水冢,液面位置高于其他区域;头部出水后,航行体周围携带一层附着水层,随航行体向上运动;至头出水距离大约为航行体长度的一半时,其周围携带的附着水层沿外表面滑落,液面依然呈现拱形;至尾出水后,航行体尾部也携带部分附着水随其一起向上运动。

从自由液面的捕捉上来看,VOF 模型下获得的自由液面清晰,而 Mixture 模型下获得的气水界面模糊。自由液面附近的气水体积分数分布见图 3-16。VOF 模型下气水界面的过渡仅存在于 2 个网格范围内,而 Mixture 模型下气水界面的过渡涉及 10 余个网格。因此,由于 VOF 模型采用了界面构造技术,获得的气水之间过渡过程更接近真实物理过程。

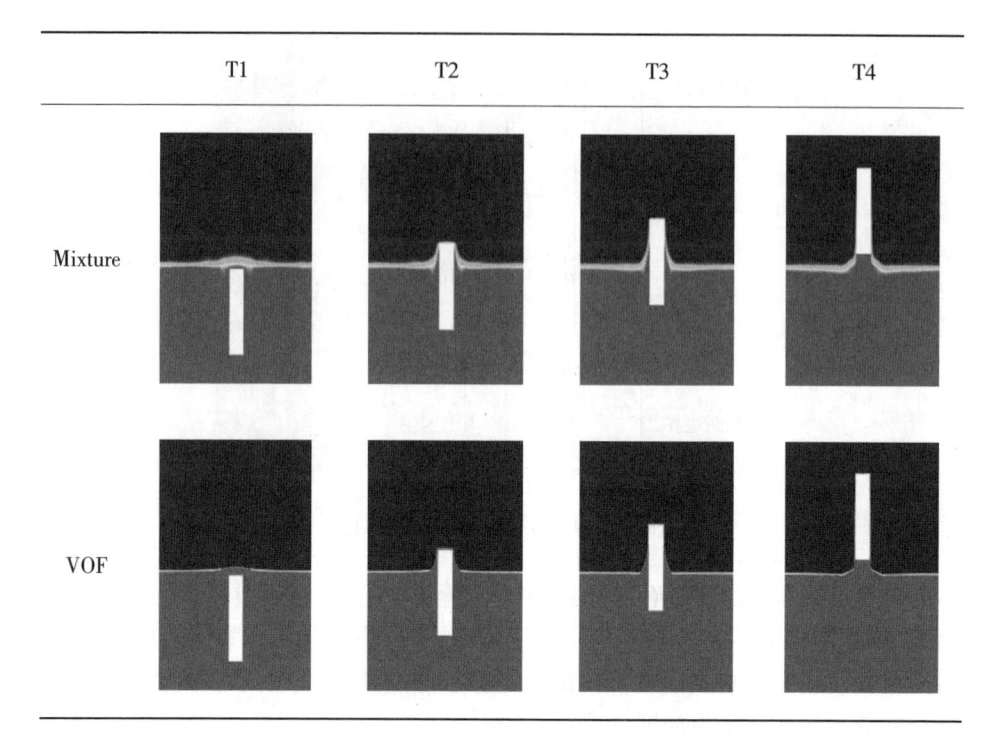

图 3-15　无空化状态下相图及自由液面变化情况

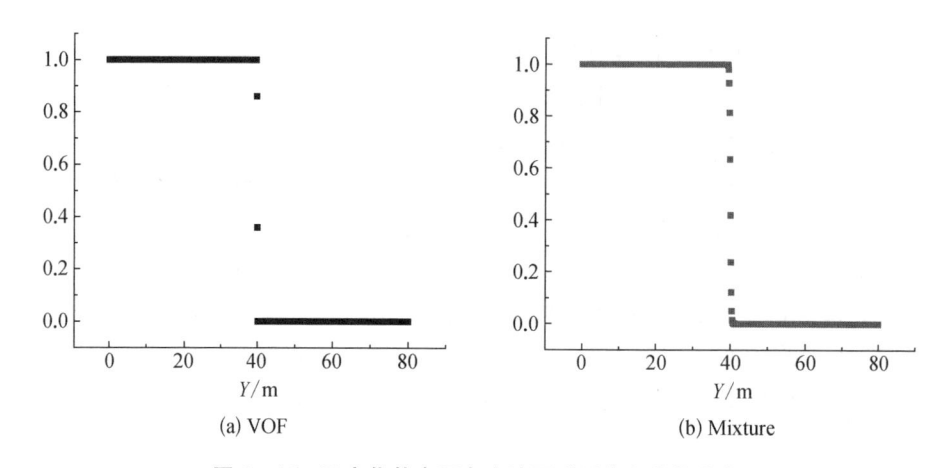

图 3-16　无空化状态下自由液面附近体积分数分布

利用布置在航行体表面每 1 m 间隔的压力监测点,对航行体出水过程中的表面压力随时间变化历程进行了记录,见图 3-17。由图可知,在同一时刻,航行体表面压力随深度增加而增加,体现出了水介质在重力作用下的压力梯度变化;由于航行体表面未产生空化,其表面压力变化平稳,未出现大的集中力;通过对比 VOF 和 Mixture 两种模型下的表面压力数据，两者吻合较好，表明在无空化状态下，虽然两种模型在界面捕捉方面存在差异，但未对航行体表面压力分布及变化历程产生明显影响，两种模型都可用于无空化状态下的航行体出水过程压力研究。

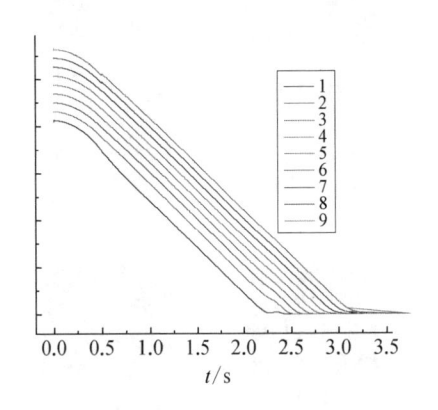

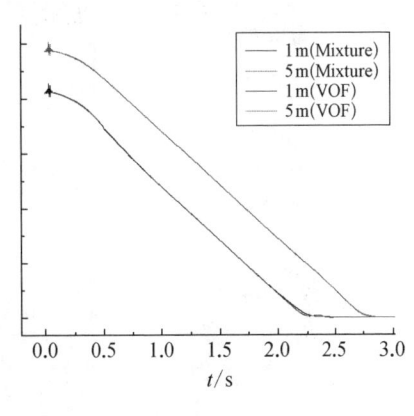

图 3-17　无空化状态下航行体表面压力分布及对比

2. 高速带空泡出水过程数值计算结果分析

在低速无空化出水过程研究的基础上，利用多相流模型与空化模型针对高速带空泡出水过程液面变化与空泡演化之间的耦合作用进行数值模拟，根据相图和表面压力，分析航行体高速带空泡出水过程的物理景象和变化压力变化历程，并分空泡生成、推进溃灭两个阶段分析空泡发展演化过程。

从航行体产生空泡至航行体尾部出水过程中的相图分布及自由液面变化见图 3-18，两种多相流模型获得了基本一致的物理景象。在水下运动过程中，从航行体头部产生、附着在航行体表面的空泡尺寸不断增加；出水过程中，航行体周围携带的附着水层挤压空泡，空泡从航行体头部向尾部逐渐溃灭。从界面捕捉上来看，VOF 模型下获得的自由液面要远比 Mixture 模型获得的界面清晰，更能真实反映带空泡航行体出水过程中自由液面与空泡的相互作用过程。

根据航行体表面压力监测点获得的压力量值随时间的变化和空间分布（图 3-19），可以将带空泡出水过程中空泡发展演化过程分为两个阶段进行分析。

（1）水下运动空泡发展阶段：此阶段表现为航行体表面从前往后依次进入空泡的过程，在空泡的末端存在回射压力区域，经过空泡末端之后的截面压力为泡内压力，附着在航行体表面的空区域不断扩大，空泡的轴向和径向尺寸增加，这是由于随着航行体运动接近自由液面，其周围的环境压力不断减小，空化数不断减小，从而使得适宜空化的区域持续增加。

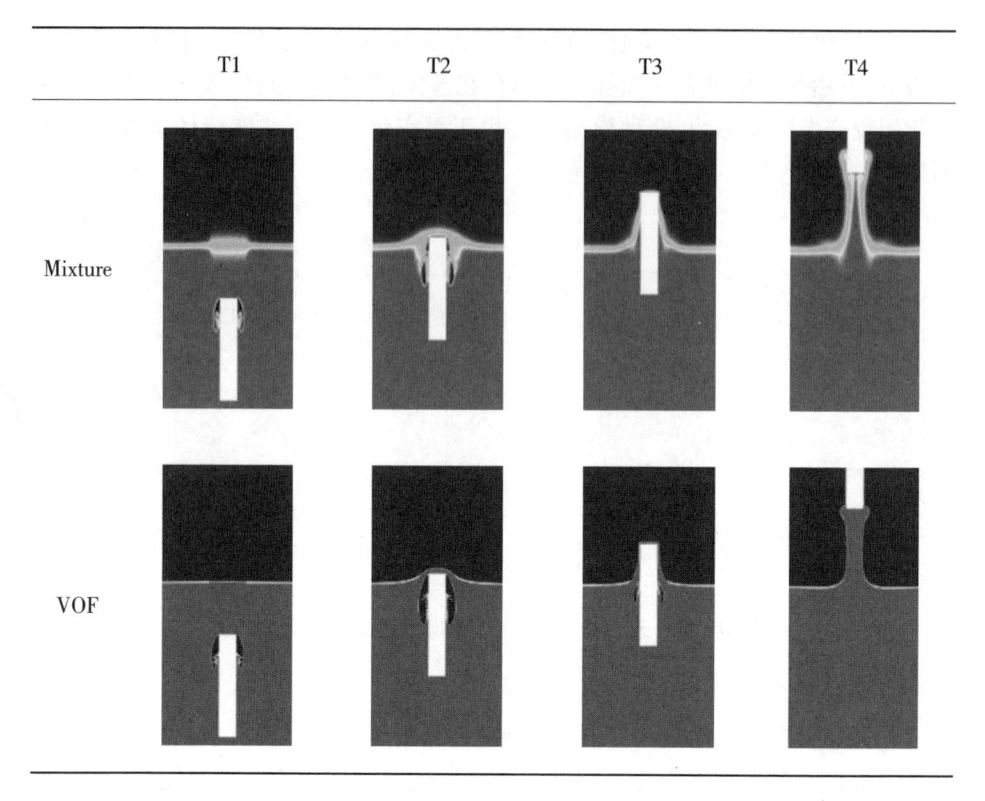

图 3-18　带空泡出水相图及自由液面变化情况

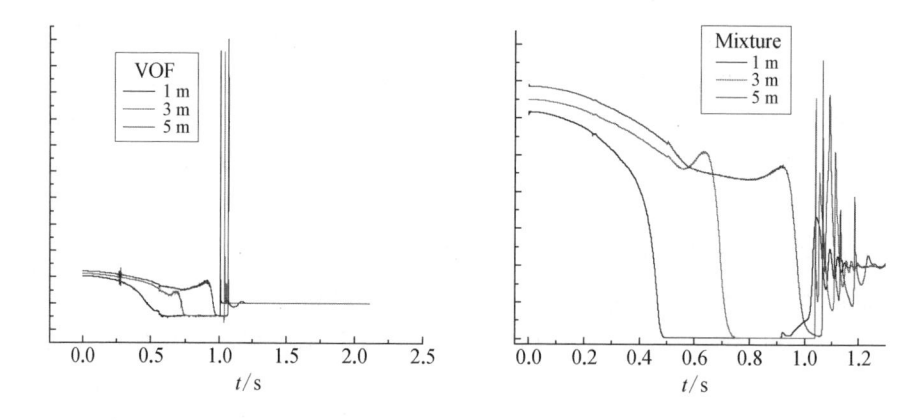

图 3-19　带空泡出水状态下 VOF 与 Mixture 模型获得的表面压力分布

（2）出水空泡推进溃灭：航行体头部出水后，维持附着空泡的能量来源消失，发生空泡溃灭现象。压力曲线和相图均表明，此阶段空泡溃灭具有沿航行体表面推进的特征，前端的截面先溃灭，后端的截面随之溃灭。

通过对比 VOF 和 Mixture 两种模型下的表面压力数据(图 3-20),两者在航行体表面处于全湿流和水下空泡发展阶段时吻合较好,能够合理反映水下航行体表面压力变化历程及分布,但两者在出水空泡溃灭阶段压力量值存在明显差异,VOF 模型计算获得的压力量值要大于 Mixture 模型的计算结果。分析表明,两者存在差异的主要原因是界面捕获存在较明显差异,造成自由液面与空泡之间的相互作用过程不一致,VOF 模型界面捕捉良好,其压力计算结果能更好地反映实际物理过程。

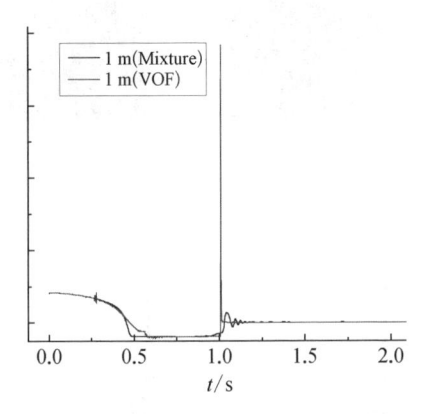

图 3-20 带空泡出水状态下 VOF 与 Mixture 模型获得的表面压力对比分析

3.4.3 出水溃灭特征机理研究

由理想球形空泡溃灭过程分析表明,空泡内的非可凝结气体会使空泡溃灭存在回弹现象。为验证出水空泡溃灭同样存在上述现象,计算了空泡内含有空气的出水过程流场。这一过程流场各相分布云图变化如图 3-21 所示。

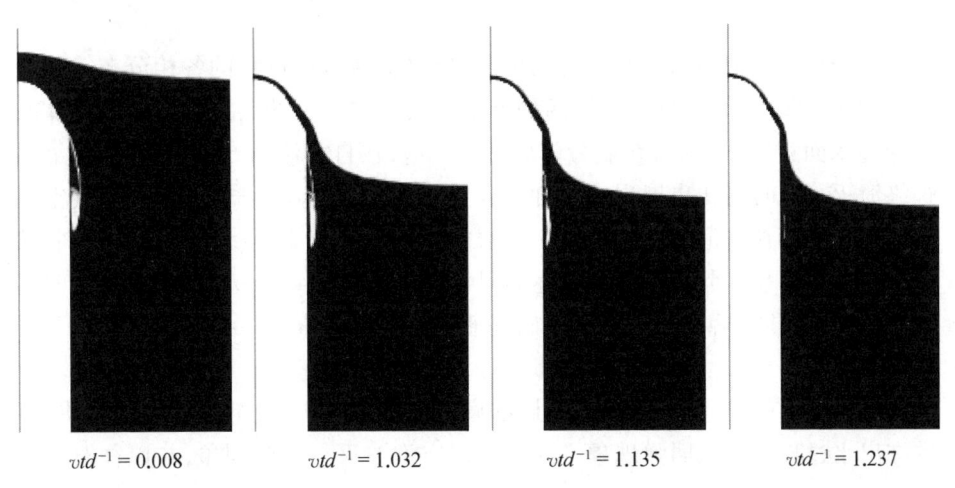

$vtd^{-1} = 0.008$　　$vtd^{-1} = 1.032$　　$vtd^{-1} = 1.135$　　$vtd^{-1} = 1.237$

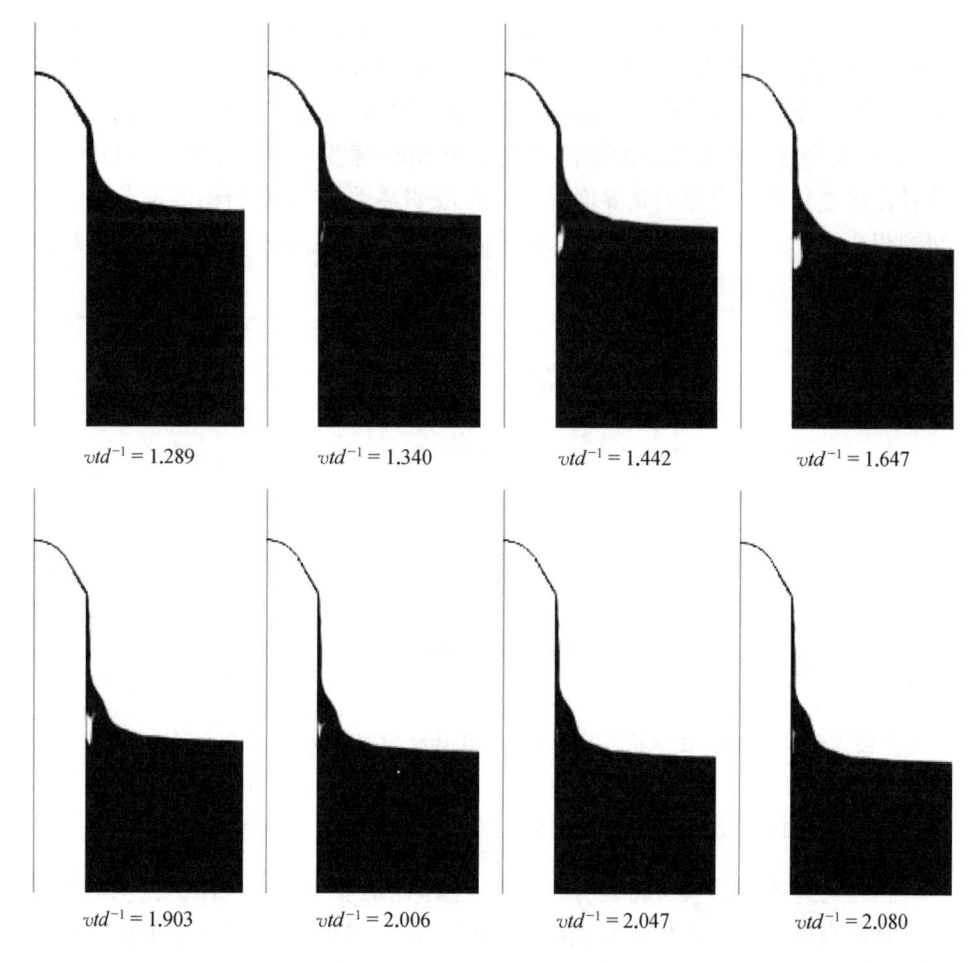

図3-21 空泡中混有空气的出水过程自由液面及空泡形态(vtd^{-1}为无量纲化时间值)

对于出水空泡中未含有空气的情况,出水空泡溃灭过程的各相分布云图变化如图3-22所示。对比显示,两种空泡溃灭存在一定的共同点。在航行体头部穿过水面过程中,附着在航行体肩部的空泡,在自由液面作用下,开始收缩并最终溃灭。同时对比也展现出两种情况空泡溃灭有明显不同之处,含空气空泡的溃灭过程存在空泡的回弹现象。如图3-21所示,vtd^{-1} = 1.289时,空泡收缩溃灭至最小体积。此后空泡开始逐渐回弹,vtd^{-1} = 1.647(vtd^{-1}为无量纲化时间值)时空泡体积达峰值。此后又开始逐渐收缩至最小(vtd^{-1} = 2.047),而后又开始回弹。

应当指出的是,此计算算例的局部肩空泡尺度较小,空泡溃灭速度较快,以致在出水过程中存在回弹现象。这种出水空泡溃灭与回弹现象,与以往对处于

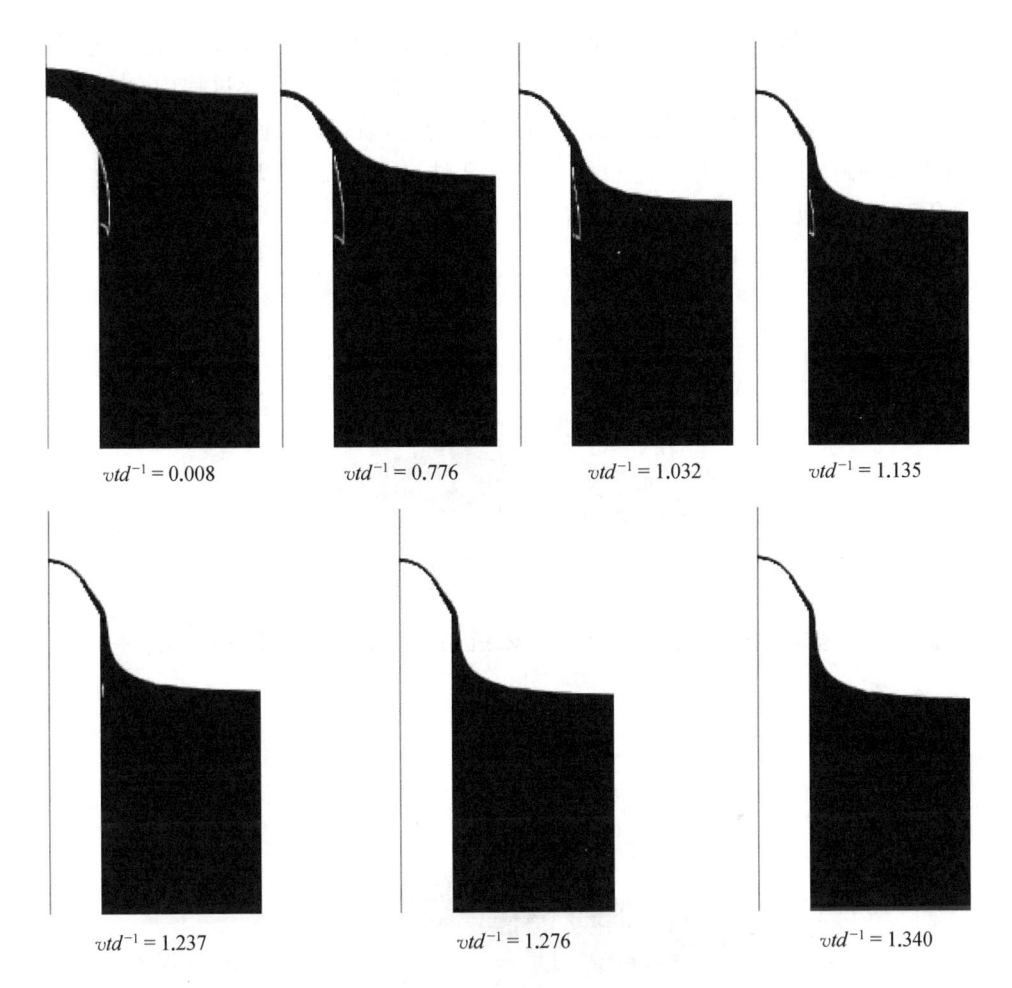

$vtd^{-1} = 0.008$　　　$vtd^{-1} = 0.776$　　　$vtd^{-1} = 1.032$　　　$vtd^{-1} = 1.135$

$vtd^{-1} = 1.237$　　　$vtd^{-1} = 1.276$　　　$vtd^{-1} = 1.340$

图 3-22　空泡中未混有空气的出水过程自由液面及空泡形态

静水中孤立空泡溃灭的研究一致。空泡生命周期一般包括有回弹再生的阶段。在水洞实验中,这种回弹能经常观察到。然而,实验中也曾观察到不回弹的空泡。例如,哈里森(Harrison M)在文丘里管嘴的实验中发现由微不可见的气核所形成的空泡,溃灭后未见明显的回弹。在实验中采用特殊的技术,可以获得由火花产生的空泡,泡内仅含微不可计的空气,溃灭时未见显著的回弹。特殊技术包括将电极完全浸湿并使所有的游离气体在压力下溶解。反之,含有一定数量空气的火花诱发的空泡,则显示回弹现象。

图 3-23 和图 3-24 为两种情况下沿航行体轴线方向的压力系数随时间变化的曲面,表明空泡溃灭过程中航行体壁面压力的变化情况。图 3-23 所示为考虑空泡内部混有空气的出水过程航行体表面压力系数的变化情况。与之对比

的是未考虑空泡内部混有空气的出水过程航行体表面压力系数变化情况,如图 3-24 所示。由于肩空泡内混有一定量空气时,空泡在溃灭过程中存在回弹现象。此现象即表明,空泡附近的水流会多次拍击航行体表面,使其形成多次的脉冲局部高压。如图 3-23 中 vtd^{-1} = 1.289 时,空泡首次溃灭形成高压;vtd^{-1} = 2.047 时,空泡再次溃灭形成高压。

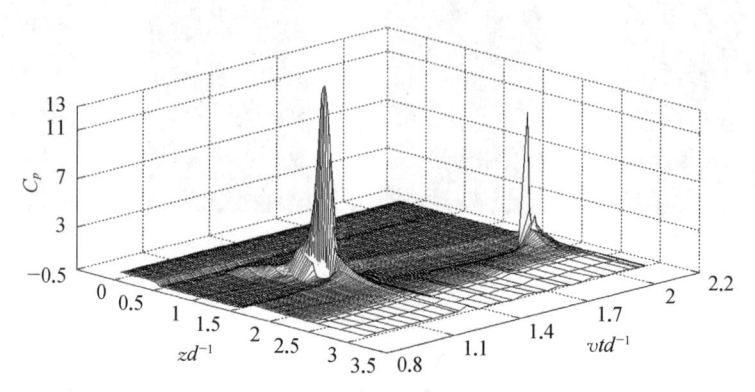

图 3-23 空泡中混有空气的出水过程航行体表面压力系数变化(zd^{-1}为无量纲轴向长度)

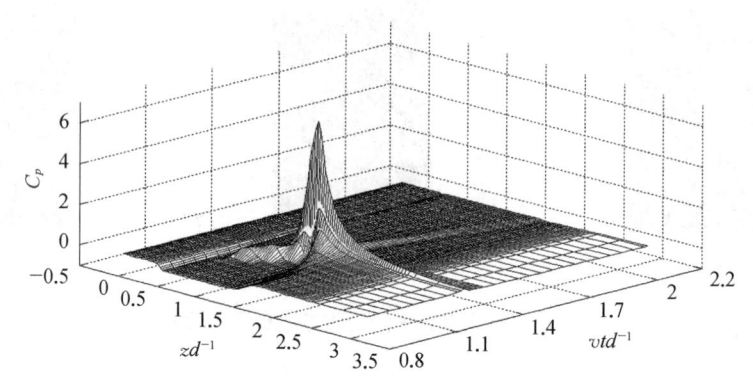

图 3-24 空泡中未混有空气的出水过程航行体表面压力系数变化

3.5 出水过程载荷计算和试验验证

由于水下航行体受到复杂的大量级瞬态变化水动外力作用,水下载荷往往超过空中载荷,是航行体结构强度设计的主要依据。

水下航行体在水中高速运动过程中,会在表面产生空化现象,形成空泡,随着航行体的运动,空泡逐渐发展并在末端产生高压回射流;而当其穿出水面后,空泡将发生溃灭,形成空泡溃灭压力脉冲。同时由于水流、波浪等的影响,航行体受到的流体动力激励十分复杂,会引起结构的瞬态响应,而结构响应又会改变周围流场,使流体动力发生改变,从而又影响到结构的响应。这种相互作用的物理性质表现为流体对结构在惯性、阻尼和弹性诸方面的耦合现象,因此在这种空泡回射、空泡溃灭等复杂流体动力作用下,出水过程航行体结构会激起强烈的瞬态响应,此时该航行体可视为刚体运动和弹性体振动的耦合系统[12]。本节重点对出水载荷计算方法和试验验证进行介绍。

3.5.1 出水载荷计算方法

目前我们研究结构动力学方程大部分都是一个非线性方程组,有的还是变系数的,所以它的求解比较困难,一般是求不出解析解的,只有通过数值积分的方法来求解。对动力学方程求解的方法很多,工程上常用的求解结构动力响应的常用方法包括 Newmark 直接积分法和模态叠加法,针对水下瞬时流体动力作用下结构动力学响应问题,主要发展了考虑附加质量 Newmark 直接积分法、改进的湿模态叠加法和考虑耦合附加质量的干模态叠加法[13],本节对上述三种出水载荷计算方法进行了介绍,并进行了出水载荷计算结果比对分析。

1. 考虑附加质量 Newmark 直接积分法

1) Newmark 直接积分法

Newmark 直接积分法是线性加速度法的一种推广。它采用两个基本假定:

$$\dot{Y}_{t+\Delta t} = \dot{Y}_t + [(1-\delta)\ddot{Y}_t + \delta\ddot{Y}_{t+\Delta t}]\Delta t \qquad (3-66)$$

$$Y_{t+\Delta t} = Y_t + \dot{Y}_t\Delta t + \left[\left(\frac{1}{2} - \alpha\right)\ddot{Y}_t + \alpha\ddot{Y}_{t+\Delta t}\right]\Delta t^2 \qquad (3-67)$$

式中,Y 为结构位移矢量;Δt 为时间步长;α 和 δ 是按积分精度和稳定性要求而决定的参数。当 $\delta = \frac{1}{2}$ 和 $\alpha = \frac{1}{6}$ 时,关系式相当于线性加速度法。当 $\delta = \frac{1}{2}$ 和 $\alpha = \frac{1}{4}$ 时,相当于平均加速度法,当 $\delta \geqslant 0.5$ 和 $\alpha \geqslant 0.25(0.5 + \delta)^2$ 时,Newmark 法是无条件稳定的。

$t + \Delta t$ 时刻的运动方程为

$$M\ddot{Y}_{t+\Delta t} + C\dot{Y}_{t+\Delta t} + KY_{t+\Delta t} = Q_{t+\Delta t} \qquad (3-68)$$

式中,M 为结构质量矩阵;C 为阻尼矩阵;K 为结构刚度矩阵;由式(3-66)~(3-68)得到计算 $Y_{t+\Delta t}$ 的公式:

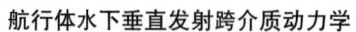

$$\left(K + \frac{1}{\alpha \Delta t^2}M + \frac{\delta}{\alpha \Delta t}C\right)Y_{t+\Delta t} = Q_{t+\Delta t} + M\left[\frac{1}{\alpha \Delta t^2}Y_t + \frac{1}{\alpha \Delta t}\dot{Y}_t + \left(\frac{1}{2\alpha} - 1\right)\ddot{Y}_t\right]$$
$$+ C\left[\frac{\delta}{\alpha \Delta t}Y_t + \left(\frac{\delta}{\alpha} - 1\right)\dot{Y}_t + \left(\frac{\delta}{2\alpha} - 1\right)\Delta t \ddot{Y}_t\right]$$
(3-69)

Newmark 法求解步骤如下。

(1) 初始计算。形成刚度矩阵 K，质量矩阵 M 和阻尼矩阵 C；给定初始位移 Y_0，初始速度 $\dot{Y}_0$ 和初始加速度 $\ddot{Y}_0$；选择时间步长 Δt，参数 α 和 δ，并计算积分常数：

$$c_0 = \frac{1}{\alpha \Delta t^2}, \quad c_1 = \frac{\delta}{\alpha \Delta t}, \quad c_2 = \frac{1}{\alpha \Delta t}, \quad c_3 = \frac{1}{2\alpha} - 1$$
$$c_4 = \frac{\delta}{\alpha} - 1, \quad c_5 = \frac{\Delta t}{2}\left(\frac{\delta}{\alpha} - 2\right), \quad c_6 = \Delta t(1 - \delta), \quad c_7 = \delta \Delta t$$
(3-70)

(2) 对于每一个时间步长。计算时间 $t + \Delta t$ 的有效载荷：

$$\hat{Q}_{t+\Delta t} = Q_{t+\Delta t} + M(c_0 Y_t + c_2 \dot{Y}_t + c_3 \ddot{Y}_t) + C(c_1 Y_t + c_4 \dot{Y}_t + c_5 \ddot{Y}_t) \quad (3-71)$$

形成有效刚度矩阵：

$$\hat{K} = K + c_0 M + c_1 C \quad (3-72)$$

对 $\hat{K}$ 进行三角分解 $\hat{K} = LDL^\mathrm{T}$。

求解时间 $t + \Delta t$ 的位移：

$$LDL^\mathrm{T} a_{t+\Delta t} = \hat{Q}_{t+\Delta t} \quad (3-73)$$

计算时间 $t + \Delta t$ 的加速度和速度：

$$\ddot{Y}_{t+\Delta t} = c_0(Y_{t+\Delta t} - Y_t) - c_2 \dot{Y}_t - c_3 \ddot{Y}_t \quad (3-74)$$

$$Y_{t+\Delta t} = \dot{Y}_t + c_6 \ddot{Y}_t + c_7 \ddot{Y}_{t+\Delta t} \quad (3-75)$$

2) 阻尼模型

关于阻尼的数学模型可以分为以下三类。

(1) 黏性阻尼。线性黏性阻尼理论认为阻尼力的大小与速度成正比，方向与速度方向相反，即 $f_d = -c\dot{x}$。黏性阻尼相当于物体在气体中低速运动的介质阻力，这种线性假设在数学上给计算带来了方便，而且在微振动条件下这种假设也有一定的精确性。因此在一般情况下，黏性阻尼用得最多。

(2) 结构阻尼。结构阻尼假设来源于结构内部由于振动变形引起的能量耗散。很多材料在往复变形中的应力应变曲线不是直线,而是椭圆。在外力作用下循环一周时,外力做功(应变绝对值增长方向)大于系统所释放的弹性能(应变绝对值缩小方向),因此有一部分能量被材料的变形消耗。但材料阻尼每周消耗的能量只与应变大小有关,而与振动频率无关,这是与黏性阻尼不同之处。根据这点,假设结构阻尼的大小与振动位移成正比,但方向与速度方向相反(这样才可得到负的功率)。在谐振动中,振动位移多可表示为复数形式 $x = Ae^{j\omega t}$,而速度 $\dot{x} = j\omega A e^{j\omega t} = j\omega x$,这样结构阻尼可表示为

$$f_g = -jgx \tag{3-76}$$

也可改写为

$$f_g = -g\frac{|\dot{x}|}{|\dot{x}|}x = -\frac{g}{\omega}\dot{x} \tag{3-77}$$

式中,g 为结构阻尼系数;$j = \sqrt{-1}$,表示相位角与位移 x 相差 90°,与 $\dot{x}$ 相位相同。结构阻尼在振动一周内所做的功为

$$W_g = \oint f_g \mathrm{d}x = -\oint \frac{g}{\omega}\dot{x}\mathrm{d}x = -\pi g A^2 \tag{3-78}$$

上式说明结构阻尼所消耗的功与振动频率无关,只与振幅及阻尼系数有关。

(3) 干摩擦阻尼。干摩擦阻尼又称为库仑阻尼,它的方向始终与物体运动速度方向相反,大小与正压力成正比。若正压力不变,干摩擦力为常值,有

$$f_F = -\mu N \mathrm{sgn}(\dot{x}) \tag{3-79}$$

式中,μ 为摩擦系数;N 为正压力;$\mathrm{sgn}(\dot{x}) = \dot{x}/|\dot{x}|$ 表示 $\dot{x}$ 的符号。对于有干摩擦阻尼的单自由度系统的自由振动方程可写为

$$m\ddot{x} + \mu N \mathrm{sgn}(\dot{x}) + kx = 0 \tag{3-80}$$

上述方程的解为

$$x = A_1 \cos(\omega_n t) + A_2 \sin(\omega_n t) - \mu N \mathrm{sgn}(\dot{x})/k \tag{3-81}$$

式中,A_1、A_2 为待定常数,考虑初始条件为 $t = 0$,$x = -x_0$,$\dot{x}_0 = 0$,则上式化为

$$x = [\mu N \mathrm{sgn}(\dot{x})/k - x_0]\cos(\omega_n t) - \mu N \mathrm{sgn}(\dot{x})/k \tag{3-82}$$

在第一个半周 ($\omega_n t = \pi$),其位移为

$$x = x_0 - 2\mu N \mathrm{sgn}(\dot{x})/k \tag{3-83}$$

此时 $\dot{x} > 0$,半周内振幅减少为 $2\pi N/k$。对于带干摩擦阻尼的自由振动,每

周振幅减少为 $4\mu N/k$，即振幅成线性减少，而不是成负指数函数减少。

结构动力学方程里一般使用 Rayleigh 阻尼。假定阻尼力正比于运动速度，那么单元内任意点受到的体积阻尼力为

$$\{f_d\} = -v\frac{\partial}{\partial t}\{u\} = -v[N]\{\dot{\delta}_e\} \qquad (3-84)$$

式中，v 为阻尼系数，即单位速度下单位体积上的阻尼力。$[N]$ 为形函数。阻尼力 $\{f_d\}$ 视为一种体积力，其等效单元节点阻尼力为

$$\{P_d\} = \iiint [N]^T\{f_d\}dv = -\iiint v[N]^T[N]dv\{\dot{\delta}_e\} = -[C]\{\dot{\delta}_e\} \qquad (3-85)$$

令 $v = \alpha\rho$，其中 α 为常数，ρ 为材料密度。单元阻尼矩阵为

$$[c] = \alpha\iiint [N]\rho[N]^T dv = \alpha[m] \qquad (3-86)$$

它正比于单元质量矩阵 $[m]$。

另一种结构阻尼假定与弹性体应变率成正比，比例系数为 β，则阻尼应力可表示为

$$\{\sigma_d\} = \beta[D]\frac{\partial}{\partial t}\{\varepsilon\} = \beta[D][B]\{\dot{\delta}_e\} \qquad (3-87)$$

式中，β 为比例系数；$[D]$ 为弹性系数矩阵；$[B]$ 为应变矩阵；$\{\dot{\delta}_e\}$ 为节点速度。阻尼应力的等效节点力为

$$\{\bar{P}_d\} = \iiint [B]^T\{\sigma_d\}dv = \beta\iiint [B]^T D[B]dv\{\dot{\delta}\} = [\bar{c}]\{\dot{\delta}\} \qquad (3-88)$$

因此，结构阻尼矩阵为

$$[\bar{c}] = \beta\iiint_v [B]^T[D][B]dv = \beta[k] \qquad (3-89)$$

其正比于单元刚度矩阵 $[k]$。

按照单元刚度 $[k]$ 组成总刚度矩阵 $[K]$ 的方法，把单元阻尼矩阵 $[c]$ 和 $[\bar{c}]$ 组成阻尼矩阵 $[C]$，由 $[c]$ 和 $[\bar{c}]$ 的情况可知，为 $[m]$ 和 $[k]$ 的线性组合，这种形式的阻尼称为 Rayleigh 阻尼，其表示为

$$[C] = \alpha[M] + \beta[K] \qquad (3-90)$$

计算阻尼采用 Rayleigh 阻尼，对弹性结构有阻尼自由振动测定振幅的衰减，可以求得不同频率 ω_i 的振型阻尼比 ξ_i，用以确定 Rayleigh 阻尼的系数 α 和 β，例

如已知频率 ω_1 和 ω_2 的振型阻尼比为 ξ_1 和 ξ_2，则

$$2\xi_i\omega_i = \{\varphi_i\}^{\mathrm{T}}[C]\{\varphi_i\} = \{\varphi_i\}^{\mathrm{T}}(\alpha[M] + \beta[K])\{\varphi_i\} = \alpha + \beta\omega_i^2 \tag{3-91}$$

得

$$\begin{aligned} 2\xi_1\omega_1 &= \alpha + \beta\omega_1^2 \\ 2\xi_2\omega_2 &= \alpha + \beta\omega_2^2 \end{aligned} \tag{3-92}$$

求得

$$\alpha = \frac{2(\omega_2\xi_1 - \omega_1\xi_2)\omega_1\omega_2}{(\omega_2 - \omega_1)(\omega_2 + \omega_1)} \tag{3-93}$$

$$\beta = \frac{2(\omega_2\xi_2 - \omega_1\xi_1)}{(\omega_2 - \omega_1)(\omega_2 + \omega_1)} \tag{3-94}$$

如果用两个以上的阻尼比来确定 C 时，就要采用比较复杂的方法。设用 p 个阻尼比 $\xi_i(i=1,2,\cdots,p)$ 来定义 C，则假定

$$[C] = [M]\sum_{i=0}^{p-1}\alpha_i([M]^{-1}[K])^i \tag{3-95}$$

其中，α_i 为待定系数。用 $\{\varphi_i\}^{\mathrm{T}}$ 和 $\{\varphi_i\}$ 分别前乘和后乘方程，且利用 $\{\varphi_i\}^{\mathrm{T}}[M]\{\varphi_i\} = 1$ 和 $\{\varphi_i\}^{\mathrm{T}}[M]\{\varphi_i\} = \omega_i^2$，以及方程式：

$$2\xi_i\omega_i = \{\varphi_i\}^{\mathrm{T}}[M]\sum_{i=0}^{p-1}\alpha_i([M]^{-1}[K])^i\{\varphi_i\} \tag{3-96}$$

得

$$\xi_i = \frac{1}{2}\left(\frac{\alpha_i}{\omega_i} + \alpha_1\omega_i + \alpha_2\omega_i^3 + \cdots + \alpha_{p-1}\omega_i^{2p-3}\right) \tag{3-97}$$

一般这样的方法得到的阻尼矩阵 $[C]$ 为满阵，会导致计算费用增加。

3）考虑附加质量的直接积分法数学模型

对于不可压缩流体，物体通过压力对流体的作用是瞬息传遍整个流场的。因此物体在静止的流体中改变运动状态时，必然会推动周围流体质点，使其克服自身惯性后也开始运动，物体本身又同时受到这些流体质点的反作用力。物体在改变物体运动状态时因克服流体的惯性而受到的作用力称为惯性类流体动力。附加质量就是物体在流场中运动时流场惯性的一种度量。附加质量具有下列性质：

（1）对同一物体而言，运动方式和方向不同，所"附加"的质量不同，这与物体本身所具有的质量在本质上是不同的；

（2）不同运动的附加质量可以独立存在，它们所起的作用就如各种运动单独存在时一样；

（3）附加质量是物体形状参数和运动方向的函数，而与速度、角速度等运动参数的大小无关。

在讨论物体水中运动所受力和力矩时，就可以设想具有上述性质的附加质量和物体一起运动。物体运动状态改变时，不仅要克服自身的惯性，还要分别克服各种附加质量的惯性。

考虑附加质量的动力学方程为

$$(M + M_a)\ddot{Y} + C\dot{Y} + KY = Q \tag{3-98}$$

式中，M、C和K分别为动力学系统的质量矩阵、阻尼矩阵和刚度矩阵；M_a为附加质量矩阵；Y为结构的节点位移矢量；Q为外界激励。可在每个时间步长加入判别条件，加入附加质量改变质量阵，以计算变附加质量的航行体出水载荷。

当采用试验测量水动外压进行外载荷输入时，试验中刚体运动带来的附加质量已经反映在测量获得水动表面压力中，所以在式(3-98)左边必须扣除刚体平动和转动加速度与附加质量的乘积，即式(3-98)应改为

$$(M + M_a)\ddot{Y} + C\dot{Y} + KY - M_a a_p - M_a a_z = Q \tag{3-99}$$

式中，a_p为刚体平动加速度；a_z为刚体转动加速度。求解式(3-99)即可得到各节点位移，进而求得各截面载荷。

2. 改进的湿模态叠加法

模态叠加法是求解结构动力响应的常用方法，对于作用载荷为周期载荷，激起结构的振型较少时，模态叠加法尤其有效。模态叠加法就是在进行时间积分求解之前先进行基的变换，从物理坐标到特征向量基。采用的办法是进行主坐标变换或正规坐标变换，使原来互相耦合的几个联立的运动方程解耦，变成互相独立的几个运动方程，然后再运用单自由度系统理论求解。对于线性系统，模态叠加法是一种高效率，高精度的算法。

在航行体出水过程中，航行体与水构成的系统是时变系统，系统的频率、振型等固有特性都随出水而不断变化，且系统受到的外力也是时变的，此时用模态叠加法求解，该如何在计算过程中考虑系统固有特性变化？系统固有特性的变化是否会给计算结果带来较大的影响？都是需要考虑的问题。

1) 线性系统的模态叠加法

多自由度结构振动方程具有如下形式：

$$[M]\{\ddot{Y}\} + [C]\{\dot{Y}\} + [K]\{Y\} = \{P(t)\} \quad (3-100)$$

式中，$[M]$ 为质量矩阵；$[C]$ 为阻尼矩阵；$[K]$ 为刚度矩阵；$\{Y\}$ 为几何位移向量；$\{P(t)\}$ 为外力向量。

引入广义坐标向量 $\{q\} = \{q_1 \; q_2 \; \cdots \; q_{n-1} \; q_n\}$，令 $\{Y\} = [\phi]\{q\}$，其中 $[\phi]$ 为归一化模态振型矩阵，代入上述方程得

$$[M][\phi]\{\ddot{q}\} + [C][\phi]\{\dot{q}\} + [K][\phi]\{q\} = \{p(t)\} \quad (3-101)$$

用第 j 个归一化模态振型向量 $\{\phi\}_j$ 的转置阵 $\{\phi\}_j^T$ 前乘上式两边，得

$$\{\phi\}_j^T[M][\phi]\{\ddot{q}\} + \{\phi\}_j^T[C][\phi]\{\dot{q}\} + \{\phi\}_j^T[K][\phi]\{q\} = \{\phi\}_j^T\{P(t)\}$$
$$(3-102)$$

若系统为比例阻尼，则可利用下述正交条件：

$$\begin{aligned} \{\varphi\}_i^T[M]\{\varphi\}_j &= 0 \\ \{\varphi\}_i^T[K]\{\varphi\}_j &= 0 \; (i \neq j) \\ \{\varphi\}_i^T[C]\{\varphi\}_j &= 0 \end{aligned} \quad (3-103)$$

则方程可化为

$$M_j^* \ddot{q}_j + C_j^* \dot{q}_j + K_j^* q_j = P_j^*(t) \quad (3-104)$$

式中，$M_j^* = \{\phi\}_j^T[M]\{\phi\}_j$ 为与第 j 阶振型对应的广义坐标 q_j 的广义质量；$K_j^* = \{\phi\}_j^T[K]\{\phi\}_j = \omega_j^2 M_j^*$ 为与第 j 阶振型对应的广义坐标 q_j 的广义刚度；$C_j^* = \{\phi\}_j^T[C]\{\phi\}_j = 2\xi_j \omega_j M_j^*$ 为与第 j 阶振型对应的广义坐标 q_j 的广义阻尼系数；$P_j^*(t) = \{\phi\}_j^T\{P(t)\}$ 为与第 j 阶振型对应的广义坐标 q_j 的广义力；ξ_j 为第 j 阶振型模态阻尼系数；ω_j 为第 j 阶振型圆频率。将上式两边都除 M_j^*，得

$$\ddot{q}_j + 2\xi_j \omega_j \dot{q}_j + \omega_j^2 q_j = \frac{P_j^*(t)}{M_j^*} \quad (3-105)$$

上式是关于广义坐标 q_j 的独立的微分方程式，依次取 $j = 1, 2, \cdots, n$，可得 n 个关于广义坐标的独立的微分方程，每个方程只含有一个广义坐标，与单自由度体系有阻尼强迫振动方程相似。求解位移向量 $\{Y\}$ 时，先分别求解各振型位移向量 $\{y\}_j$，也就是先求出各振型的广义坐标 q_j，然后叠加各节点位移向

量得$\{Y\}$。

式(3-105)的通解为

$$q_j = e^{-\xi_j \omega_j t}\left(q_j^0 \cos \omega_j' t + \frac{\dot{q}_j^0 + \xi_j \omega_j q_j^0}{\omega_j'}\sin \omega_j' t\right) + \frac{1}{M_j^* \omega_j'}\int_0^t P_j^*(\tau) e^{-\xi_j \omega_j(t-\tau)}\sin \omega_j'(t-\tau)\mathrm{d}\tau \tag{3-106}$$

式中,$\omega_j' = \sqrt{1-\xi_j^2}\,\omega_j$ 为考虑了阻尼后的第 j 阶振型圆频率。

式(3-106)右端的第一项、第二项表示对初始条件的振型响应,也即振型的自由振动响应;式(3-106)右端的第三项表示对外力的振型响应,也即振型的强迫振动响应。式(3-106)中的 q_j^0 和 $\dot{q}_j^0$ 称为广义坐标 q_j 的初位移和初速度,它们可以通过运动体系的初始条件,即 $t=0$ 时几何坐标的初位移向量 $\{Y^0\}$ 和初速度向量 $\{\dot{Y}^0\}$ 求出。即

$$q_j^0 = \frac{\{\phi\}_j^\mathrm{T}[M]\{Y^0\}}{M_j^*} \tag{3-107}$$

$$\dot{q}_j^0 = \frac{\{\phi\}_j^\mathrm{T}[M]\{\dot{Y}^0\}}{M_j^*} \tag{3-108}$$

求出广义坐标后,利用模态振型,就可得各个自由度的几何位移。应该指出,对于大多数外力,各阶振型所起的作用是不同的,一般而言,频率最低的振型贡献最大,高阶振型的贡献则趋向减小。

对于按集中质量分站的弹性梁,其模态剪力、模态弯矩、广义质量分别为

$$Q_n = \sum_{i=1}^n m_i \omega^2 y_i \tag{3-109}$$

$$M_n = \sum_{i=1}^n m_i \omega^2 y_i l_i \tag{3-110}$$

$$M_j = \sum_{n=1}^{s_1} m_n y_j^2(x_n) \tag{3-111}$$

式中,Q_n 为第 n 站的模态剪力;M_n 为第 n 站的模态弯矩;M_j 为第 j 阶模态的广义质量;m_n 为第 n 站的集中质量;y_i 为第 i 站的归一化振型;$y_j(x_n)$ 为第 j 阶模态第 n 站的归一化振型;l_i 为第 n 站与第 i 站的距离;s_1 为总分站数。

求得模态剪力、模态弯矩后,将广义坐标乘以模态剪力、模态弯矩就可以得到航行体的剪力、弯矩。

2) 改进的湿模态叠加法

传统的模态叠加法对于系统一般是固定不变的,即模型中的模态特性不随时间发生变化。但若考虑附加质量的影响,则航行体和水构成的系统是时变系统,其频率、广义质量、振型等模态参数随航行体的出水过程不断变化。此时需要对模态叠加法进行一定的改进。

利用改进的湿模态叠加法计算时,首先在各节点处加入附加质量,然后求解考虑附加质量后航行体各阶的频率、广义质量、振型等参数,在此基础上对航行体各阶的广义位移进行求解,最后求出航行体载荷。由于在模态空间下,刚体模态不产生内力,所以计算载荷时仅需对其各阶弹性响应进行求解,即

$$[A' + a']\{\ddot{q}'\} + [c']\{\dot{q}'\} + [k']\{q'\} = \{p'_S(t)\} \quad (3-112)$$

式中,$[A' + a']$ 为包括附加质量的广义质量矩阵,为对角阵,在计算中考虑前两阶弯曲模态,则广义质量阵为 $\begin{bmatrix} A'_{11} + a'_{11} & 0 \\ 0 & A'_{22} + a'_{22} \end{bmatrix}$;$[c']$ 为广义阻尼矩阵;$[k']$ 为广义刚度矩阵;$\{q'\}$ 为广义位移向量;$\{p'_S(t)\}$ 为由缩比测压试验换算到 1∶1 的广义外力。

为了得到湿模态下的附加质量,从工程上采用切片法,将航行体分为数十个计算单元,在水动力作用下,单元截面剖面形状不会发生明显改变,因此可以近似认为各截面处的附加质量系数仍与刚体情况下相同。

由于在出水过程中,航行体与水构成的系统是时变系统,因此在采用模态叠加法进行载荷计算时,需要确定航行体出水不同时刻的模态参数。认为在小步长情况下,航行体的模态是不变的。因此,可以利用缩比模型实测的航行体表面压力时变数据,确定每个时刻作用在弹性航行体上的广义外力,将广义外力代入微分方程进行求解运算得到整个过程的广义位移,然后利用每一时刻广义位移及该时刻的模态弯矩和模态剪力,计算得到航行体出水过程的载荷。

3. 考虑耦合附加质量的干模态叠加法

水动外压测量试验采用的是刚性模型,利用刚性模型的测压结果作为外力进行载荷计算时,必须注意到,刚性模型弹测得的压力值包含了刚体运动诱导的附加质量惯性力信息,但不包含实弹弹性振动诱导的附加质量惯性力。弹性振动引起附加流体惯性力应在进行载荷计算中进行补偿,在前几章的计算中,考虑航行体出水过程中附加质量均是把附加质量加到质量矩阵的对角线上,即认为各阶振动不会相互影响。但实际上弹性体在流体中振动时,其各阶振动是相互影响的,那么在计算中该如何考虑这种影响,这种影响是否会对计算结果带来影响,都是需要考虑的问题。

工程上许多相当复杂的结构在频率不太高的激励下往往只要考虑很少几个模态的振动,此时用干模态法是比较好的。这种方法是先把结构系统和流体分开,求出结构在真空中的固有频率和固有模态,即干模态。根据实际需要进行模态截断使自由度数目大大减小,在作干模态坐标变换后再考虑流体的影响。

1) 弹性体附加质量

结构在真空中的无阻尼自由振动方程式为

$$M_s\ddot{w} + K_s w = 0 \quad (3-113)$$

求解可得固有频率 λ_{01}, λ_{02}, $\cdots$, λ_{0n} 和干模态 φ_1, φ_2, $\cdots$, φ_n,用最初 n 个干模态组成的模态矢量阵进行坐标转换,则

$$w = \varphi q \quad (3-114)$$

式中,$\varphi = \begin{bmatrix} \varphi_1 & \varphi_2 & \cdots & \varphi_n \end{bmatrix}$;$q$ 为广义坐标矢量,即结构在真空中的主坐标矢量。

设结构的阻尼是比例阻尼,则经上述坐标转换并注意到模态矢量的正交性后,结构在流体中的运动方程式可化为

$$M\ddot{q} + C\dot{q} + Kq = A \quad (3-115)$$

式中,

$$M = \begin{bmatrix} M_{11} & & & \\ & M_{22} & & \\ & & \ddots & \\ & & & M_{nn} \end{bmatrix} \quad (3-116)$$

$$C = \begin{bmatrix} 2\zeta_1\lambda_{01}M_{11} & & & \\ & 2\zeta_1\lambda_{02}M_{22} & & \\ & & \ddots & \\ & & & 2\zeta_1\lambda_{0n}M_{nn} \end{bmatrix} \quad (3-117)$$

$$K = \begin{bmatrix} K_{11} & & & \\ & K_{22} & & \\ & & \ddots & \\ & & & K_{nn} \end{bmatrix} \quad (3-118)$$

式中,ζ_1,ζ_2,$\cdots$,ζ_n 为结构系统在真空中的各个模态的阻尼比

$$A = \begin{bmatrix} A_1 \\ A_2 \\ \vdots \\ A_n \end{bmatrix} = \varphi^T L \tag{3-119}$$

式中,

$$A_r = \varphi_r^T L,\ r = 1,\ 2,\ \cdots,\ n \tag{3-120}$$

如将结构视为连续弹性体,仍可得到式,此时弹性体的位移是

$$w = \sum_{r=1}^{n} \varphi^{(r)}(x,\ y,\ z) q_r \tag{3-121}$$

$$A_r = -\iint_{S_I} p(x,\ y,\ z,\ t) \varphi_n^{(r)}(x,\ y,\ z) \mathrm{d}S_I \tag{3-122}$$

式中,$\varphi_n^{(r)}(x,\ y,\ z)$ 为第 r 阶模态的法向向量;$p(x,\ y,\ z,\ t)$ 为在流固交界面上的水动压强,且

$$p = \rho \frac{\partial \phi}{\partial t} - \rho g \omega_z \tag{3-123}$$

式中,ρ 为流体的密度;g 为重力加速度;ω_z 是流固交界面上的轴向位移分量;ϕ 是速度势。

结构在规则波作用下做微幅简谐运动(振动),则按线性叠加原理满足 Laplace 方程和边界条件的速度势为

$$\phi = \mathrm{Re}[(\Phi_I + \Phi_D + \Phi_M) \mathrm{e}^{\mathrm{i}\omega t}] \tag{3-124}$$

其中,Φ_I 为入射波速度势,即当结构不存在时的速度势;Φ_D 为绕射速度势,此为假定结构物为刚体且固定不动时波浪所引起的扰射速度势;Φ_M 为辐射速度势,由于结构运动或振动引起的速度势。设稳态解为

$$q_r = \mathrm{Re}(Q_r \mathrm{e}^{\mathrm{i}\omega t}),\ r = 1,\ 2,\ \cdots,\ n \tag{3-125}$$

式中,Q_r 为复数,并设由结构运动所引起的速度势为

$$\Phi_M = \mathrm{i}\omega \sum_{r=1}^{n} Q_r \phi_r \tag{3-126}$$

式中,ϕ_r 为对应于第 r 干模态的速度势。

$$\partial \phi_r / \partial n = -\varphi_n^{(r)} \qquad (3-127)$$

$$w_z = \mathrm{Re}\Big[\sum_{r=1}^{n}\varphi_z^{(r)}Q_r\mathrm{e}^{\mathrm{i}\omega t}\Big] \qquad (3-128)$$

式中，$\varphi_z^{(r)}$ 为第 r 干模态在轴向的分量。故由式(3-120)可得第 r 干模态的广义力为

$$\begin{aligned}A_r = &-\mathrm{Re}\Big[\mathrm{i}\omega\rho\iint_{S_\mathrm{I}}(\Phi_\mathrm{I}+\Phi_\mathrm{D})\varphi_n^{(r)}(x,y,z)\mathrm{d}S_\mathrm{I}\mathrm{e}^{\mathrm{i}\omega t} - \rho\omega^2\sum_{S=1}^{n}Q_s\iint_{S_\mathrm{I}}\phi_s\varphi_n^{(r)}\mathrm{d}S_\mathrm{I}\mathrm{e}^{\mathrm{i}\omega t} \\ & -\rho g\sum_{S=1}^{n}Q_s\iint_{S_\mathrm{I}}\varphi_n^{(s)}\varphi_n^{(r)}\mathrm{d}S_\mathrm{I}\mathrm{e}^{\mathrm{i}\omega t}\Big]\end{aligned}$$

$$(3-129)$$

或

$$A_r = -\mathrm{Re}\Big[\Big(F_r - \sum_{S=1}^{n}(-\omega^2 M_{rs}+\mathrm{i}\omega B_{rs}+S_{rs})Q_s\Big)\mathrm{e}^{\mathrm{i}\omega t}\Big] \qquad (3-130)$$

式中，F_r 为广义波浪激励矢量 F 的元，且

$$F = [F_1, F_2, \cdots, F_n]^{\mathrm{T}} \qquad (3-131)$$

$$F_r = -\mathrm{i}\omega\rho\iint_{S_\mathrm{I}}(\Phi_\mathrm{I}+\Phi_\mathrm{D})\varphi_n^{(r)}\mathrm{d}S_\mathrm{I} \qquad (3-132)$$

$$F_r = -\mathrm{i}\omega\rho\iint_{S_\mathrm{I}}(\Phi_\mathrm{I}+\Phi_\mathrm{D})\varphi_n^{(r)}\mathrm{d}S_\mathrm{I} \qquad (3-133)$$

注意到式(3-127)，上式也可以写成

$$F_r = -\mathrm{i}\omega\rho\iint_{S_\mathrm{I}}(\Phi_\mathrm{I}+\Phi_\mathrm{D})\frac{\partial\phi_r}{\partial n}\mathrm{d}S_\mathrm{I} \qquad (3-134)$$

$$M_{rs} = -\mathrm{Re}\Big(\rho\iint_{S_\mathrm{I}}\phi_s\frac{\partial\varphi_r}{n}\mathrm{d}S_\mathrm{I}\Big) \qquad (3-135)$$

式中，M_{rs} 是附加水质量阵 M_f 的元。

2）考虑耦合附加质量的干模态叠加法

干模态出水载荷计算方法选择干模态振型为主坐标，当考虑水的影响时，将水的惯性影响作为附加质量放在方程的左端，这时候动力系统特性发生了变化，各主坐标之间不再是独立的，主坐标之间相互影响，即为下列方程。

由于该附加质量矩阵是基于干模态振型计算得到的,所以在采用模态叠加法计算结构动响应时也应选择干模态振型。

$$[A + M_f]\{\ddot{q}\} + [c]\{\dot{q}\} + [k]\{q\} = \{p_S(t)\} \quad (3-136)$$

式中,$[A]$ 为广义结构质量矩阵,为对角阵;$[M_f]$ 为广义附加质量矩阵;$[c]$ 为广义阻尼矩阵,在计算中采用辨识出的模态阻尼比;$[k]$ 为广义刚度矩阵;$\{q\}$ 为广义位移向量;$\{p_S(t)\}$ 为除流体惯性力以外的所有广义水动外力。

注意,由于附加质量耦合项的影响,上式中的广义质量矩阵不再是对角阵,各阶之间是相互耦合的,不能独立求解,因此在载荷计算中将所有阶统一联立求解。

为考虑出水过程中附加质量不断变化的特点,首先求出不同出水长度下航行体各阶附加质量及其耦合项,在计算不同时刻按照该时刻的广义附加质量阵进行求解。

运用数值积分方法可求出广义坐标,之后利用模态振型,就可得各个自由度的几何位移。对于大多数外力,各阶振型所起的作用是不同的,频率最低的振型贡献最大,高阶振型的贡献趋向减小。

对于航行体某部段截面,其第 r 阶模态剪力 $Q^{(r)}$、模态弯矩 $M^{(r)}$ 分别为

$$Q_k^{(r)} = \sum_{i=1}^{k} m_i (\omega^{(r)})^2 \varphi_i^{(r)} \quad (3-137)$$

$$M_k^{(r)} = \sum_{i=1}^{k} m_i (\omega^{(r)})^2 \varphi_i^{(r)} l_{ik} \quad (3-138)$$

式中,k 为节点号;m_i 为第 i 节点的集中质量;$\varphi_i^{(r)}$ 为第 i 节点的第 r 阶振型值;l_{ik} 为第 i 节点与第 k 节点之间距离。

在得到各阶模态剪力、弯矩后,通过以下公式可计算得到实际的剪力 Q_B、弯矩 M_B:

$$Q_{Bk} = \sum_{r=1}^{n} Q_k^{(r)} q_r \quad (3-139)$$

$$M_{Bk} = \sum_{r=1}^{n} M_k^{(r)} q_r \quad (3-140)$$

3.5.2 不同出水载荷计算方法比较

采用上述三种出水载荷计算方法,对某水下航行体出水过程动响应进行了仿真计算。该航行体为细长体结构。在出水过程中,由于空泡溃灭脉冲的

作用,航行体会产生较大的横向动态响应。航行体附加质量数值计算采用边界元法,而在结构动响应计算中则将航行体简化为按集中质量分布的弹性梁模型。为简化起见,在本算例中只考虑了航行体的刚体平动和一阶横向振动。航行体一阶横向振动模态由模态试验得到,如图 3‑25 所示。

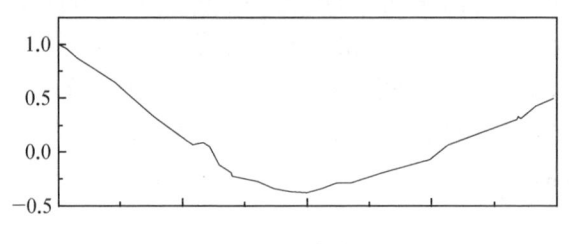

图 3‑25　水下航行体试验一阶振型

表 3‑3 给出考虑附加质量的 Newmark 直接积分法、改进的模态叠加法和考虑耦合附加质量的干模态法计算得到的某特征截面的加速度峰值结果,与试验测量结果进行对比可看出,考虑耦合附加质量的干模态法计算结果与试验测量结果最为接近,其次为改进的模态叠加法计算结果;而考虑附加质量 Newmark 直接积分法计算结果明显大于另两种计算方法的计算结果和试验测量结果,原因直接积分法得到的响应中包含了高频成分,且计算中航行体模型计算截面高频响应较大。

表 3‑3　各计算方法某特征截面归一化加速度最大值比较

考虑附加质量 Newmark 直接积分法	改进的模态叠加法	考虑耦合附加质量的干模态法	试验测量结果
1.60	1.14	0.95	1

3.5.3　耦合附加质量对出水载荷计算影响分析

对于带空泡出水航行体,由于空泡的存在,使附加质量的计算更为复杂。有关学者开展了相应试验与研究,发现空泡的存在会导致附加质量的下降。为此开展了相应试验,利用自然激励对空泡绕流航行体附加质量进行了识别,将带空泡附加质量试验结果与同沾湿面积的附加质量结果进行了比较(图 3‑26),发现当空泡长度超过航行体长度一定比例时,两者随沾湿表面的变化规律一致,说明空泡区内非沾湿表面区域不受流体惯性力作用,即空泡包围段可以不计算附加质量。

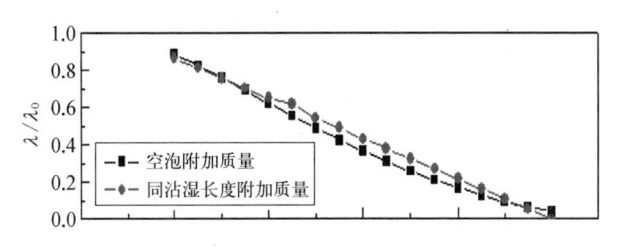

第3章 航行体跨介质出水过程研究

图3-26 空泡长度与附加质量关系

由此可计算出不同空泡长度下的附加质量矩阵,某典型空泡长度下航行体附加质量矩阵如表3-4所示。其中0阶表示航行体横向平动,1阶表示一阶横向振动。

表3-4 某典型空泡长度下航行体附加质量矩阵($\times 10^3$ kg)

阶 数	0	1
0	3.539	0.198
1	0.198	0.108

求解由广义质量阵和广义刚度阵组成特征值问题[式(3-141)],可得到航行体在不同空泡长度下的"湿"频率,其结果如图3-27所示。可以看出,在出水过程中,随着空泡长度的变化,航行体的湿频率也不断改变,因此在航行体出水过程中,流体-结构构成的系统为一时变系统。

$$[M + M_f]\ddot{q} + Kq = 0 \qquad (3-141)$$

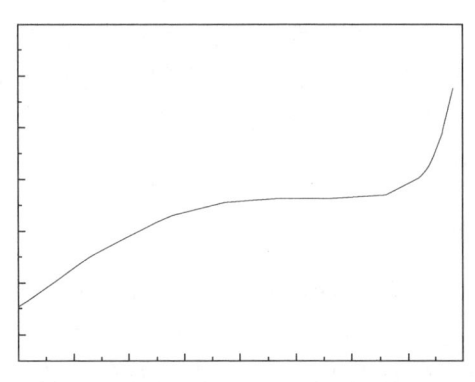

图3-27 出水过程中航行体一阶横向湿频率

在此基础上,将航行体简化为按集中质量分布的弹性梁,对其在弹性附加质量影响下出水过程结构动响应进行了计算,其结果如图3-28、表3-5所示。同时将不考虑附加质量影响的结构动响应结果与之进行了对比。

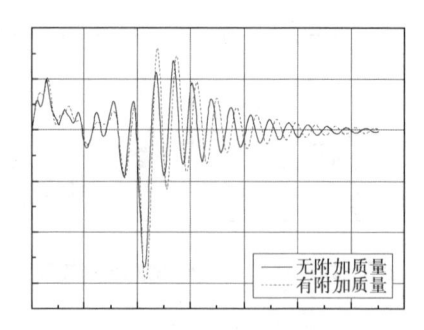

图3-28 水下航行体出水过程截面弯矩时间历程

表3-5 出水过程截面弯矩峰值(单位：kN·m)比较

不考虑附加质量	考虑附加质量	相对偏差%
−215	−252	14.7
−268	−291	7.9

由航行体动响应时间历程结果可以看出，在出水过程中，存在一次较大的响应过程，这是由于空泡发生溃灭所致，此时由于航行体头部穿出水面，空泡失去存在的条件，航行体携带的位于空泡外侧的水层，在大气压力与泡内压力的作用下加速向内运动，冲击航行体表面，从而激起结构的强烈响应。这是航行体载荷设计的主要工况之一。

同时，对比考虑与不考虑弹性附加质量影响的结果可知，由于弹性附加质量的影响，航行体结构响应的频率特性发生了一定改变，这由时间历程曲线可以看出。此外，两种情况下结构动响应的大小也不同，由表3-5结果可知，若在计算中不考虑弹性附加质量影响，可能会对结果带来较大误差，本算例中其误差可达15%左右，这在工程中是不能忽略的。

3.5.4 试验验证

在对出水载荷进行理论计算时，不可避免地用到了多种简化和假设，但航行体的出水运动过程十分复杂，理论计算值是否真实反映了实际的载荷情况，还需要开展试验进行验证。针对出水载荷开展的验证性试验工作包括水下模态试验、水下载荷测量试验等。

1. 水下模态试验

水下模态试验又称湿模态试验，其目的是获得航行体在水中的横向固有频率、振型、阻尼参数，验证水的附加质量影响，为出水载荷计算模型参数的选取提供参考。

水下模态试验的试验流程和试验系统等比常规地面模态试验更加复杂。首先,试验件、激励、测量设备等都需要进行密封处理;其次,整个试验系统更加复杂,需要通过水下模态试验一体化系统来实现试验件的支撑、组装、悬吊和升降等操作。水下模态试验一体化作业系统是水下模态试验的一套试验辅助系统,主要包括:大跨度支撑平台、多功能承重系统、升降悬挂系统、自由边界模拟系统、平衡稳定装置五部分。水下模态试验一体化作业系统功能示意图如图3-29所示。

在试验件沾湿状态中,为了克服水的浮力对自由边界状态模拟的影响,在自由边界模拟系统下部增加平衡稳定装置。

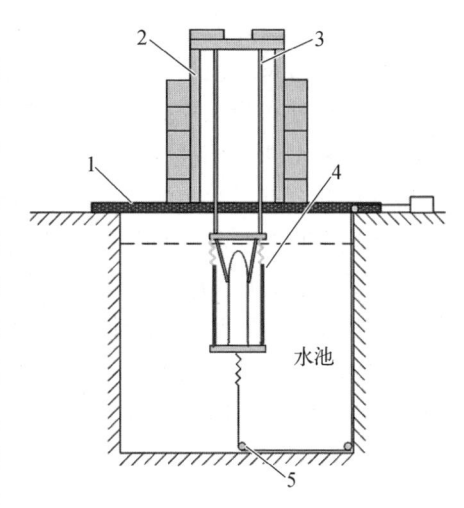

图3-29 水下模态试验示意图
1—大跨度支撑平台;2—多功能承重系统;
3—升降悬挂系统;4—自由边界模拟系统;
5—平衡稳定装置

平衡稳定装置由变频电机、减速箱及控制器、碟簧筒、钢丝绳、滑轮组件和力控装置组成。平衡稳定装置一端连接在防水航行体下方,另一端通过滑轮连接到地面承力区的平衡稳定装置钢丝绳卷筒上。该装置起到平衡水对试验件的浮力和防止试验件倾倒的作用,同时在平衡稳定装置与试验件之间加装弹簧筒,通过柔性连接,保证自由边界条件。

试验中激励和识别模态方法和常规模态试验一样,可通过多点正弦调谐或随机激励开展,得到频响函数,进而分析获得模态参数,具体方法可参考其他书籍。在水下模态试验中,通过调整航行体距离水面高度,识别航行体固有频率和振型,进而获得附加质量效应,修正计算结果。

由于实际出水载荷远大于模态试验激振引起的载荷,此时航行体频率会有所下降,而结构阻尼和水阻尼会有所上升。为了识别在大载荷下模态特性的非线性变化,模态试验中还常常采取不同量级激振,例如在模态试验中采用了10 kN激振力来获得大载荷下的模态特性的方法。

2. 水下载荷测量试验

在实际试验中对水下载荷进行测量是直接有效的测量方法[14]。这种测量方法是将壳段结构当作测力天平,在航行体舱壁上安装应变测点测量获得。测量航行体结构的动载荷必须通过两个步骤,首先在实际试验前需要对航行体结构进行载荷灵敏度标定试验,得到应变与载荷的换算矩阵,然后再开展试验,将

应变测量结果换算为动载荷时间历程。

载荷测量系统包括应变片桥路、应变调理器和采编器等,在需测量载荷的舱段每个测点处布置4片应变片,应变片位置应选择在主传力路径的元件上,竖片编号为a和a′,横片编号为b和b′,相同截面相差180°方位的两个测点组成一个全桥的载荷测点。弯矩测点选两个相差180°方位的测点组成全桥电路,与另外两个相差180°方位测点的组桥方式组成正交方向的弯矩测点,通过桥路消去轴压产生的应变,并且有温度补偿功能,一个部段需要测量两个方向的弯矩,如图3-30所示。轴力测点选两个相差180°方位的测点组成全桥电路,另外两个相差180°方位的测点也组成备份轴力测点,通过桥路消去弯矩产生的应变,并且有温度补偿功能,如图3-31所示。

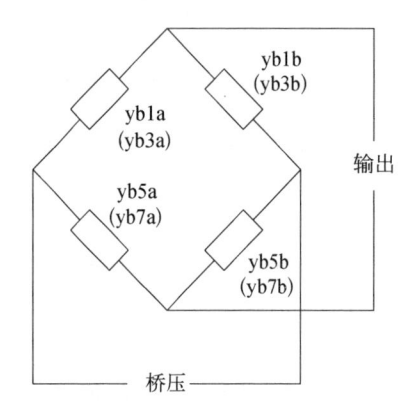

图3-30 弯矩测点桥路　　　　图3-31 轴力测点桥路

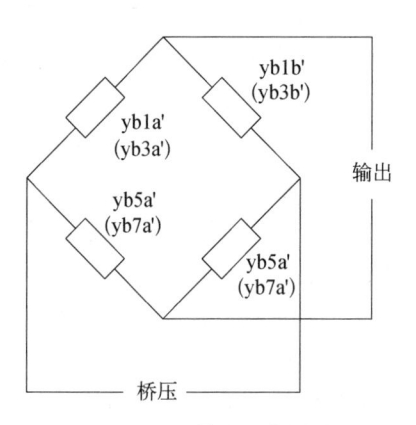

载荷灵敏度标定试验中为模拟边界状态,在部段上下端面需连接刚度模拟件,将各部段下端固定在平台上,试件上端与过渡段和钢框相连,然后和加力帽相连,用以施加轴压和弯矩载荷(图3-32)。试验时只单独施加轴压和弯矩载荷,不需要剪力加载装置,加载量级一般不超过使用载荷的1/3,分多级进行加载,记录每级载荷引起的弯矩测点桥路和轴向推力测点桥路的应变,各种状态的试验重复若干次,选相关系数高的一组试验结果作为结构的灵敏度标定值。

航行体灵敏度系数定义为桥路应变与载荷之比:

$$C_{ij} = \varepsilon_i / F_j \quad (i, j = X, Y, Z) \tag{3-142}$$

式中,$i, j = X$ 为航行体横截面 X 方向的弯曲应变和弯矩;$i, j = Y$ 为航行体横截面 Y 方向的弯曲应变和弯矩;$i, j = Z$ 为航行体纵轴 Z 方向的轴向应变和轴向压力。通过回归计算 $\varepsilon_i \sim F_j$ 测量曲线的斜率即可得到 C_{ij}。进而得到航行体本构方程:

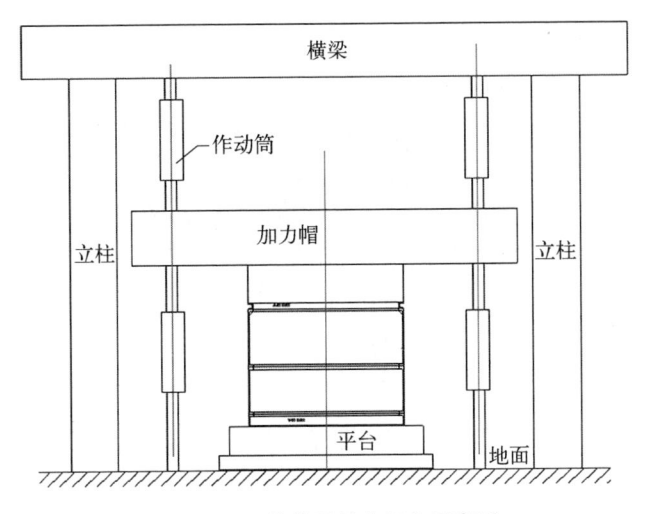

图 3-32 载荷灵敏度标定示意图

$$\begin{Bmatrix} \varepsilon_{MX} \\ \varepsilon_{MY} \\ \varepsilon_{FZ} \end{Bmatrix} = \begin{bmatrix} C_{XX} & C_{YX} & C_{ZX} \\ C_{XY} & C_{YY} & C_{ZY} \\ C_{XZ} & C_{YZ} & C_{ZZ} \end{bmatrix} \begin{Bmatrix} M_X \\ M_Y \\ F_Z \end{Bmatrix} \qquad (3-143)$$

式中，C_{ii} 为主灵敏度；$C_{ij}(i \neq j)$ 为耦合灵敏度，形式上与泊松比一致，但不反映材料特性，即 $C_{ij} \neq C_{ji}$，只是对应变片贴片位置和方向误差的修正，以保证载荷计算的准确。

一般地，弯矩测点对轴压的应变输出很小，耦合灵敏度 C_{ZX}、C_{ZY} 小于 0.05，可忽略不计。对上式求逆可得弯矩和轴力计算公式：

$$\begin{Bmatrix} M_X \\ M_Y \end{Bmatrix} = \frac{1}{C_{XX}C_{YY} - C_{XY}C_{YX}} \begin{bmatrix} C_{YY} & -C_{XY} \\ -C_{YX} & C_{XX} \end{bmatrix} \begin{Bmatrix} \varepsilon_{MX} \\ \varepsilon_{MY} \end{Bmatrix} = \begin{bmatrix} K_{XX} & -K_{XY} \\ -K_{YX} & K_{YY} \end{bmatrix} \begin{Bmatrix} \varepsilon_{MX} \\ \varepsilon_{MY} \end{Bmatrix}$$

$$(3-144)$$

$$F_Z = (\varepsilon_{FZ} - C_{XZ}M_X - C_{YZ}M_Y)/C_{ZZ} = K_{ZZ}\varepsilon_{FZ} - K_{XZ}M_X - K_{YZ}M_Y$$

式中，K_{ij} 为刚度矩阵。

图 3-33 为试验航行体特征截面出水载荷应变测量结果与采用考虑耦合附加质量的干模态法计算获得出水载荷结果对比，利用试验获得应变数据和地面标定试验数据，推算出特征截面出水过程弯矩载荷，并与利用计算获得的弯矩载荷进行比较，计算弯矩峰值比测量弯矩峰值小 2.5%，同时计算弯矩与测量弯矩时间相位一致性较好。

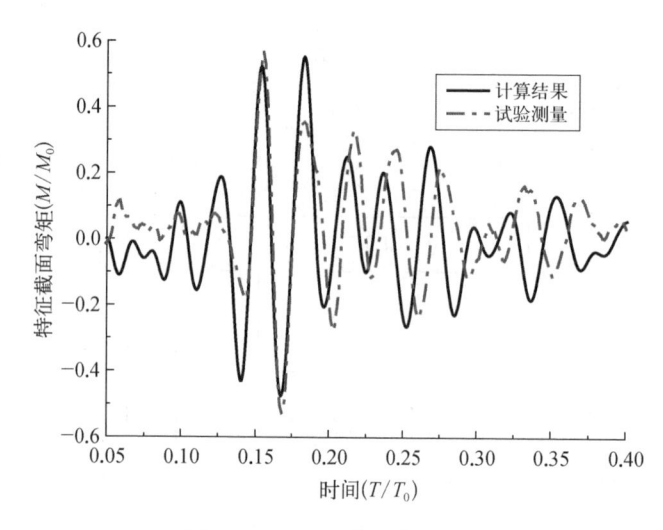

图 3-33 特征截面弯矩比较

参考文献

[1] 黄寿康.流体动力·弹道·载荷·环境[M].北京：宇航出版社,1991.
[2] 柯乃普 R T.空化与空蚀[M].水利水电科学研究院,译.北京：水利出版社,1981.
[3] 权晓波.水下垂直发射航行体流体动力[M].哈尔滨：哈尔滨工业大学出版社,2017：14-36.
[4] 裴金亮,于海涛,孔德才,等.水下航行体出水空泡溃灭理论与计算[J].兵工自动化,2017,36(11)：62-66.
[5] 鲁传敬.轴对称细长体的垂直出入水[J].水动力学研究与进展,1990,5(4)：387-393.
[6] 权晓波,李岩,魏海鹏,等.航行体出水过程空泡溃灭特性研究[J].船舶力学,2008,4(12)：545-549.
[7] 鲁传敬,李杰.水下航行体出水空泡溃灭过程及其特性研究[C].无锡：第十一届全国水动力学学术会议暨第二十四届全国水动力学研讨会,2012.
[8] 尤天庆,张耐民,魏海鹏,等.含气空泡出水过程数值模拟研究[J].振动与冲击,2015,34(18)：106-110.
[9] 魏海鹏,符松.不同多相流模型在航行体出水流场数值模拟中的应用[J].振动与冲击,2015,34(45)：48-52.
[10] 王一伟,黄晨光,杜特专,等.航行体有攻角出水全过程数值模拟[J].水动力学研究与进展,2011,26：48-57.
[11] 王一伟,黄晨光,杜特专,等.航行体垂直出水载荷与空泡溃灭机理分析[J].力学学报,

2012,44(1):39-48.
- [12] 吕海波,权晓波,尹云玉,等.考虑水弹性影响的水下航行体结构动响应研究[J].力学学报,2010,42(3):350-356.
- [13] 尹云玉.固体火箭载荷设计基础[M].北京:中国宇航出版社,2007.
- [14] 王语嫣,刘思宏,李明,等.移动式水动压力作用下航行体截面载荷测量技术研究[J].强度与环境,2023,50(2):33-39.

第 4 章
自由液面形态对航行体跨介质运动影响

4.1 波浪对航行体跨介质过程的影响概述

　　航行体跨介质出水过程中会穿越海水自由液面,受到海面风的影响,自由液面呈现出高低起伏的形态,并带动液面下方水质点按照一定的规律进行运动,通常采用波浪进行描述。

　　波浪环境是航行体跨介质出水运动过程中所必须经历的自然环境,是重力场中的自由面波动现象。在跨介质出水过程中,波浪会影响航行体受力,进而对出水姿态等运动参数造成重要影响。

　　本章节针对航行体跨介质出水运动过程中波浪的影响进行研究。首先对波浪的理论模型和定义进行论述,重点针对不规则波进行模型描述;而后针对规则波对航行体出水过程的影响,采用势流边界元计算模型,研究不同波浪参数对航行体出水过程的影响变化规律,分析了不同波浪相位下对出水姿态的影响;最后采用 CFD 仿真手段,模拟不规则波波浪特性,研究不规则波对航行体出水过程的影响,结果表明出水运动参数存在一定离散,离散量值与遭遇波陡近似呈线性关系。

4.2 波浪的定义和描述

4.2.1 水波动力学

4.2.1.1 波浪的要素及分类

　　波浪的主要描述参数包括波高、波长等要素,按照波高、波长是否随时空发生变化,波浪可分为规则波与不规则波两类。真实海洋环境下,波浪均为不规则波;只有在二维等深度水域中,产生波浪的扰动源随时间周期性变化时,才有可能形成规则波。

关于波浪理论的研究可相应分为两类。第一类以规则波为研究对象,用确定的函数形式描述波浪运动,基于流体力学理论研究波浪的运动规律和动力学特性,称为水波动力学。第二类波浪理论研究以海浪为对象,将其视作随机过程,进而采用随机过程理论研究其统计特征,称为随机海浪理论[1]。

根据函数形式的不同,规则波又分为线性波、Stokes 波、浅水波等。不规则波在数值模拟中常处理为大量规则波的叠加,所以尽管真实海洋环境中波浪均为不规则波,研究和讨论水波动力学仍是十分必要的。

不同形式规则波的适用范围如图 4-1 所示。Stokes 波是一系列水波动力学基本方程摄动展开解的统称,有二阶、三阶……之分,适用于波陡较大的情形。浅水波(cnoidal wave)是 Korteweg-de Vries (KdV) 方程的非线性周期解,适用于描述相对波长(波长与水深之比)较大的波浪。当波长趋于无穷大时,浅水波演化为孤立波。

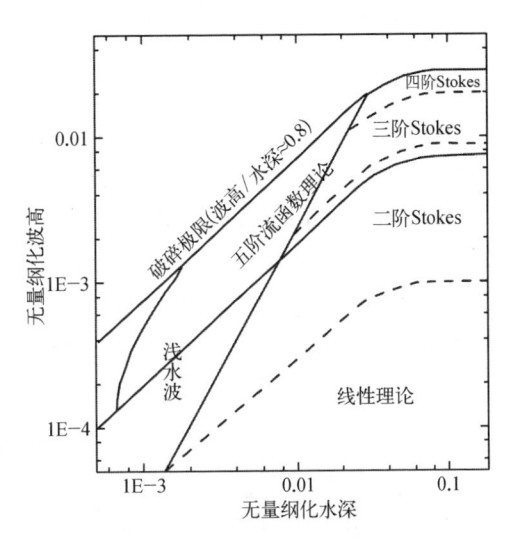

图 4-1 规则波理论的适用范围

4.2.1.2 线性波理论

线性波的波面形如 $a\cos(kx-\omega t)$,又称余弦波,是规则波中形式最简单的一种,适用于波陡较小的中等深度以上水域[2]。假设重力场中的自由面波动为不可压缩理想流体的无旋运动,忽略表面张力,基于势流理论可得

速度势方程 $$\Delta \Phi = 0 \tag{4-1}$$

Cauchy-Lagrange 积分

$$\frac{\partial \Phi}{\partial t} + \frac{1}{2}\nabla \Phi \cdot \nabla \Phi + \frac{p}{\rho} + gx_2 = 0 \tag{4-2}$$

壁面边界条件 $$\left(\frac{\partial \Phi}{\partial n}\right)_{\Sigma_B} = U_B \cdot n_B \tag{4-3}$$

自由面方程 $$x_2 = \zeta(x_1, x_3, t) \tag{4-4}$$

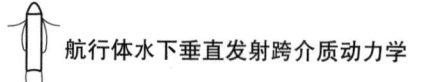

自由面运动学条件 $\dfrac{\partial \zeta}{\partial t} + \dfrac{\partial \Phi}{\partial x_1}\dfrac{\partial \zeta}{\partial x_1} + \dfrac{\partial \Phi}{\partial x_3}\dfrac{\partial \zeta}{\partial x_3} = \dfrac{\partial \Phi}{\partial x_2}$ (4-5)

自由面动力学条件 $\dfrac{\partial \Phi}{\partial t} + \dfrac{1}{2} \nabla \Phi \cdot \nabla \Phi + g\zeta = 0$ (4-6)

式中,Φ 为速度势;p 为压力;ρ 为密度;g 为重力加速度;Σ_B 表示壁面;n 为外法向;U_B 为壁面运动速度;$\zeta = \zeta(x_1, x_3, t)$ 为自由面高度。

1845 年 Airy 基于波陡

$$\delta = \frac{H}{\lambda} \ll 1$$

的假设提出了线性波理论。式中,H 为波高,λ 为波长。为简化分析,假定水域是二维等深度的,即静水水深 $h = \mathrm{const}$,且 $\partial \Phi/\partial x_3 = 0$,$\partial \zeta/\partial x_3 = 0$。

首先估计各物理量的量级。波浪运动的空间尺度与波长 λ 量级相同,时间尺度与周期 T 量级相同,而自由面高度 ζ 与波幅 a 量级相同。由自由面运动学条件可知,速度分量 $u_2 = \partial \Phi/\partial x_2$ 与 $\partial \zeta/\partial t$ 同一量级,即

$$u_2 \propto \frac{a}{T} \quad (4-7)$$

式中,T 为周期。波浪流场中,各速度分量一般为同一量级,即 $u_1 \sim u_2 \sim u_3 \propto a/T$。速度势 $\Phi = \int U \cdot \mathrm{d}x$,据速度分量与波浪运动空间尺度的量级估计推定

$$\Phi \propto \frac{a\lambda}{T} \quad (4-8)$$

利用上述量级估计无量纲化各物理量,得

$$(x_1, x_2, x_3, h) = \lambda(\bar{x}_1, \bar{x}_2, \bar{x}_3, \bar{h})$$

$$t = T\bar{t}$$

$$\zeta = a\bar{\zeta}$$

$$\Phi = \frac{a\lambda}{T}\bar{\Phi} \quad (4-9)$$

再将上式代入基本方程及边界条件,整理得

无量纲速度势方程 $\bar{\Delta}\bar{\Phi} = 0$ (4-10)

第4章　自由液面形态对航行体跨介质运动影响

无量纲水底边界条件　　$\bar{x}_2 = -\bar{h}: \dfrac{\partial \bar{\Phi}}{\partial n} = \dfrac{\partial \bar{\Phi}}{\partial \bar{x}_2} = 0$ 　　　　　　(4-11)

无量纲自由面方程　　　　$\bar{x}_2 = \varepsilon \bar{\zeta}$ 　　　　　　　　　　　　　　　(4-12)

无量纲自由面运动学条件

$$\frac{\partial \bar{\zeta}}{\partial t} + \varepsilon \left(\frac{\partial \bar{\Phi}}{\partial \bar{x}_1} \frac{\partial \bar{\zeta}}{\partial \bar{x}_1} + \frac{\partial \bar{\Phi}}{\partial \bar{x}_3} \frac{\partial \bar{\zeta}}{\partial \bar{x}_3} \right) = \frac{\partial \bar{\Phi}}{\partial \bar{x}_2} \quad (4-13)$$

无量纲自由面动力学条件

$$\frac{\partial \bar{\Phi}}{\partial t} + \frac{\varepsilon}{2} \bar{\nabla} \bar{\Phi} \cdot \bar{\nabla} \bar{\Phi} + \frac{gT^2}{\lambda} \bar{\zeta} = 0 \quad (4-14)$$

其中，$\varepsilon = \delta/2 = a/\lambda \ll 1$。忽略 $O(\varepsilon)$ 项，并恢复为有量纲的表达式，得到基本方程及边界条件的线性近似：

$$\Delta \Phi = 0 \quad (4-15)$$

$$x_2 = 0: \frac{\partial \zeta}{\partial t} = \frac{\partial \Phi}{\partial x_2} \quad (4-16)$$

$$x_2 = 0: \frac{\partial \Phi}{\partial t} + g\zeta = 0 \quad (4-17)$$

$$x_2 = -h: \frac{\partial \Phi}{\partial x_2} = 0 \quad (4-18)$$

下面求解方程(4-18)描述的二维等深度线性波。假定自由面具有 $\zeta = a\cos(kx_1 - \omega t)$ 形式的行进波解，由线性化的自由面运动学条件得

$$\left(\frac{\partial \Phi}{\partial x_2} \right)_{x_2=0} = a\omega \sin(kx_1 - \omega t) \quad (4-19)$$

故可设速度势：

$$\Phi = \phi(x_2) \sin(kx_1 - \omega t) \quad (4-20)$$

将上式代入线性化的基本方程得

$$\left(\frac{d^2 \phi}{dx_2^2} - k^2 \phi \right) \sin(kx_1 - \omega t) = 0 \quad (4-21)$$

即

$$\frac{d^2\phi}{dx_2^2} - k^2\phi = 0 \qquad (4-22)$$

其解为

$$\phi = c_1 e^{kx_2} + c_2 e^{-kx_2} \qquad (4-23)$$

由水底边界条件可得

$$c_1 e^{-kh} - c_2 e^{kh} = 0 \qquad (4-24)$$

于是

$$c_1 = c_2 e^{2kh} \qquad (4-25)$$

从式(4-23)中消去 c_1，得

$$\phi = 2c_2 e^{kh}\cosh[k(x_2 + h)] \qquad (4-26)$$

记 $C = 2c_2 e^{kh}$，有

$$\Phi = C\cosh[k(x_2 + h)]\sin(kx_1 - \omega t) \qquad (4-27)$$

将上式代回线性化的自由面运动条件解得

$$C = \frac{a\omega}{k\sinh(kh)} \qquad (4-28)$$

最终得到线性波速度势：

$$\Phi = \frac{a\omega}{k}\frac{\cosh[k(x_2+h)]}{\sinh(kh)}\sin(kx_1 - \omega t) \qquad (4-29)$$

速度分量：

$$u_1 = \frac{\partial \Phi}{\partial x} = a\omega \frac{\cosh[k(x_2+h)]}{\sinh(kh)}\cos(kx_1 - \omega t) \qquad (4-30)$$

$$u_2 = \frac{\partial \Phi}{\partial z} = a\omega \frac{\sinh[k(x_2+h)]}{\sinh(kh)}\sin(kx_1 - \omega t) \qquad (4-31)$$

线性波速度势 Φ 与自由面高度 ζ 还应满足自由面动力学条件，代入整理得

$$\omega^2 = kg\tanh(kh) \qquad (4-32)$$

上式即为联系波数与角频率的重要性质——色散关系。

4.2.1.3 Stokes 波理论

Stokes 波是水波动力学基本方程组在等深度水域中的一种非线性周期解,因其由 Stokes 在 1847 年前后采用摄动展开法求解得到而得名。Stokes 波具有峰尖谷宽的特点,与线性波相比更接近实际物理情景,尤其是在波幅较大时 [具体地,在波陡 $\delta > 0.02\tanh\left(\dfrac{2\pi h}{\lambda}\right)$ 或相对波高 $\dfrac{H}{h} > 0.1$ 时]。

首先从自由面动力学条件中消去自由面高度 ζ。对式(4-14)取时间导数,有

$$\left(\frac{\partial}{\partial t} + U \cdot \nabla\right)\left(\frac{\partial \Phi}{\partial t} + \frac{1}{2}|\nabla \Phi|^2 + g\zeta\right) = 0 \quad (4-33)$$

展开并利用 $\nabla \Phi = U$ 进行简化,得

$$\frac{\partial^2 \Phi}{\partial t^2} + \frac{1}{2}\frac{\partial}{\partial t}|U|^2 + g\frac{\partial \zeta}{\partial t} + U \cdot \frac{\partial \nabla \Phi}{\partial t} + \frac{1}{2}U \cdot \nabla |U|^2 + U \cdot \nabla(g\zeta) = 0$$

$$(4-34)$$

据自由面运动学条件,有

$$g\frac{\partial \zeta}{\partial t} + U \cdot \nabla(g\zeta) = g\left(\frac{\partial \zeta}{\partial t} + \frac{\partial \Phi}{\partial x}\frac{\partial \zeta}{\partial x} + \frac{\partial \Phi}{\partial z}\frac{\partial \zeta}{\partial z}\right) = g\frac{\partial \Phi}{\partial y} \quad (4-35)$$

又

$$U \cdot \nabla \frac{\partial \Phi}{\partial t} = U \cdot \frac{\partial}{\partial t}(\nabla \Phi) = U \cdot \frac{\partial U}{\partial t} = \frac{1}{2}\frac{\partial |U|^2}{\partial U}\frac{\partial U}{\partial t} = \frac{1}{2}\frac{\partial |U|^2}{\partial t} \quad (4-36)$$

将式(4-35)、式(4-36)代入式(4-34),化简得到仅关于速度势 Φ 的自由面动力学条件:

$$y = \zeta(x, z, t): \frac{\partial^2 \Phi}{\partial t^2} + g\frac{\partial \Phi}{\partial y} + \frac{\partial}{\partial t}|U|^2 + \frac{1}{2}U \cdot \nabla |U|^2 = 0 \quad (4-37)$$

利用泰勒级数:

$$f(x, z, \zeta, t) = [f]_0 + \zeta\left[\frac{\partial f}{\partial y}\right]_0 + \frac{1}{2}\zeta^2\left[\frac{\partial^2 f}{\partial y^2}\right]_0 + \cdots \quad (4-38)$$

将式(4-38)在 $y = 0$ 处展开,有

$$\left[\frac{\partial^2 \Phi}{\partial t^2} + g\frac{\partial \Phi}{\partial y} + \frac{\partial}{\partial t}|U|^2 + \frac{1}{2}U \cdot \nabla|U|^2\right]_0$$

$$+ \zeta\left[\frac{\partial}{\partial y}\left(\frac{\partial^2 \Phi}{\partial t^2} + g\frac{\partial \Phi}{\partial y} + \frac{\partial}{\partial t}|U|^2 + \frac{1}{2}U \cdot \nabla|U|^2\right)\right]_0 \quad (4-39)$$

$$+ \frac{1}{2}\zeta^2\left[\frac{\partial^2}{\partial y^2}\left(\frac{\partial^2 \Phi}{\partial t^2} + g\frac{\partial \Phi}{\partial y} + \frac{\partial}{\partial t}|U|^2 + \frac{1}{2}U \cdot \nabla|U|^2\right)\right]_0$$

$$+ \cdots = 0$$

$$\left[\frac{\partial \Phi}{\partial t} + \frac{1}{2}|U|^2 + g\zeta\right]_0 + \zeta\left[\frac{\partial}{\partial y}\left(\frac{\partial \Phi}{\partial t} + \frac{1}{2}|U|^2 + g\zeta\right)\right]_0 \quad (4-40)$$

$$+ \frac{1}{2}\zeta^2\left[\frac{\partial^2}{\partial y^2}\left(\frac{\partial \Phi}{\partial t} + \frac{1}{2}|U|^2 + g\zeta\right)\right]_0 + \cdots = 0$$

其中,下标 0 表示在 $y = 0$ 处取值。

再将自由面高度 ζ 与速度势 Φ 关于小量 ε 摄动展开,有

$$\zeta = \varepsilon\zeta_1 + \varepsilon^2\zeta_2 + \varepsilon^3\zeta_3 + \cdots \quad (4-41)$$

$$\Phi = \varepsilon\Phi_1 + \varepsilon^2\Phi_2 + \varepsilon^3\Phi_3 + \cdots \quad (4-42)$$

因 $U = \nabla\Phi$,还有

$$U = \varepsilon U_1 + \varepsilon^2 U_2 + \varepsilon^3 U_3 + \cdots \quad (4-43)$$

合并 ε 的各阶同类项,得

$$y = 0: \varepsilon\left(\frac{\partial^2 \Phi_1}{\partial t^2} + g\frac{\partial \Phi_1}{\partial y}\right) + \varepsilon^2\left[\frac{\partial^2 \Phi_2}{\partial t^2} + g\frac{\partial \Phi_2}{\partial y}\right.$$

$$\left. + \zeta_1\frac{\partial}{\partial y}\left(\frac{\partial^2 \Phi_1}{\partial t^2} + g\frac{\partial \Phi_1}{\partial y}\right) + \frac{\partial}{\partial t}|U_1|^2\right] + O(\varepsilon^3) = 0 \quad (4-44)$$

$$y = 0: \varepsilon\left(\frac{\partial \Phi_1}{\partial t} + g\zeta_1\right) + \varepsilon^2\left(\frac{\partial \Phi_2}{\partial t} + g\zeta_2 + \zeta_1\frac{\partial^2 \Phi_1}{\partial t\partial y} + \frac{1}{2}|U_1|^2\right) + O(\varepsilon^3) = 0$$

$$(4-45)$$

于是有,一阶摄动近似:

$$y = 0: \frac{\partial^2 \Phi_1}{\partial t^2} + g\frac{\partial \Phi_1}{\partial y} = 0 \quad (4-46)$$

$$y = 0: \frac{\partial \Phi_1}{\partial t} + g\zeta_1 = 0 \tag{4-47}$$

二阶摄动近似：

$$y = 0: \frac{\partial^2 \Phi_2}{\partial t^2} + g\frac{\partial \Phi_2}{\partial y} + \zeta_1 \frac{\partial}{\partial y}\left(\frac{\partial^2 \Phi_1}{\partial t^2} + g\frac{\partial \Phi_1}{\partial y}\right) + \frac{\partial}{\partial t}|U_1|^2 = 0 \tag{4-48}$$

$$y = 0: \frac{\partial \Phi_2}{\partial t} + g\zeta_2 + \zeta_1 \frac{\partial^2 \Phi_1}{\partial t \partial y} + \frac{1}{2}|U_1|^2 = 0 \tag{4-49}$$

自由面条件的一阶摄动近似等价于线性近似，故可直接由线性波理论得到 Φ_1、ζ_1。将 Φ_1 和 ζ_1 代入自由面条件的二阶摄动近似，结合基本方程 $\Delta\Phi_2 = 0$ 与水底边界条件 $(\partial\Phi_2/\partial z)_{y=-h} = 0$，可求得

$$\begin{aligned}\Phi_2 =& \frac{\pi H}{kT}\frac{\cosh[k(y+h)]}{\sinh(kh)}\sin(kx-\omega t) \\ & + \frac{3}{8}\frac{\pi H}{kT}\frac{\pi H}{\lambda}\frac{\cosh[2k(y+h)]}{\sinh^4(kh)}\sin[2(kx-\omega t)]\end{aligned} \tag{4-50}$$

$$\zeta_2 = \frac{H}{2}\cos(kx-\omega t) + \frac{H}{8}\frac{\pi H}{\lambda}\frac{\cosh(kh)}{\sinh^3(kh)}\cosh(2kh+2)\cos[2(kx-\omega t)] \tag{4-51}$$

再将 Φ_2、ζ_2 代入自由面条件的三阶摄动近似，可解得 Φ_3、ζ_3，并类似地依次获得更高阶的摄动解。由 n 阶摄动解 Φ_n、$\zeta_n (n \geq 2)$ 描述的非线性规则波，即称为 n 阶 Stokes 波。

4.2.2 随机海浪理论

海浪功率谱，即海浪成分波能量随频率和/或方向的分布，是随机海浪理论的重要成果，也是不规则波数值模拟的关键要素[2]。

最早的海浪频谱模式由 Neumann 提出。Neumann 基于观测得到的单个波的波高 H、周期 T 及风速 U，分别以 $\ln(H/T^2)$ 和 $(T/U)^2$ 为横纵坐标绘图，如图 4-2 所示。

从图 4-2 中点的分布可以看出，在一定风速下具有同一周期的单个波可能具有不同波高，但其对应关系有如图中虚线所示的上限。Neumann 认为，一定风速下，随波浪成长，单个波的波高逐渐增大，直至达到充分成长状态，这一上限即是充分成长海浪的波高与周期的关系，并可拟合为

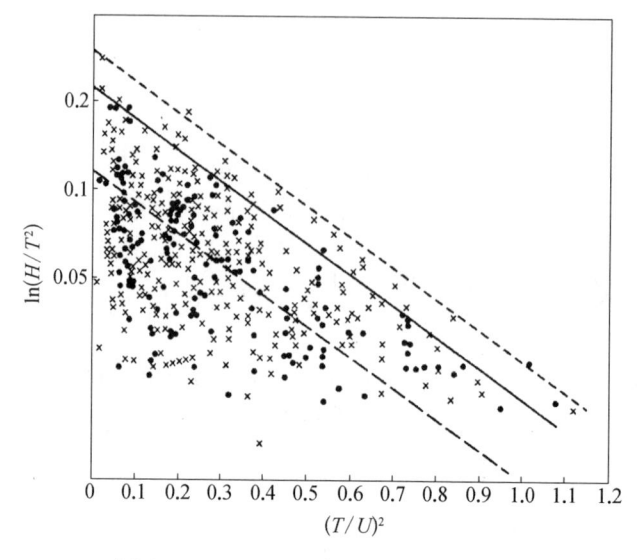

图 4-2 Neumann 收集的海上观测数据

$$\frac{H}{T^2} = C_1 e^{-\left(\frac{gT}{2\pi U}\right)^2} \tag{4-52}$$

进一步假定外观上具有周期 T 的单个波是波谱中周期属于 $[T - \mathrm{d}T/2, T + \mathrm{d}T/2]$ 的成分波的叠加,于是有

$$\int S(\omega) \mathrm{d}\omega = \frac{H^2}{2} = \frac{C_1^2}{2} T^4 e^{-2\left(\frac{gT}{2\pi U}\right)^2} = \frac{8C_1^2 \pi^4}{\omega^4} e^{-\frac{2g^2}{\omega^2 U^2}} \tag{4-53}$$

Neumann 谱曾在海洋工程与海浪预报领域发挥了重要作用,且其基本形式:

$$S(\omega) = \frac{A}{\omega^p} \exp\left(-\frac{B}{\omega^q}\right) \tag{4-54}$$

为后来提出的各种谱模式所借鉴。由式(4-57)可知,Neumann 谱的低频部分取决于指数函数 $\exp(-B/\omega^q)$,高频部分取决于幂函数 A/ω^p。

4.2.2.1 Bretschneider 谱

Bretschneider 基于实测的波高 H 与周期 T,绘图发现无量纲量 $H/\bar{H}$ 和 $T^2/\bar{T}^2$ 的统计分布十分接近。进一步假定这两无量纲量服从瑞利分布,导出 Bretschneider 谱(简称 B 氏谱):

$$S(\omega) = \frac{\alpha g^2}{\omega^5} \exp\left[-0.675\left(\frac{g}{UF_2 \omega}\right)^4\right] \tag{4-55}$$

式中，$\alpha = 3.473 F_1^2/F_2^4$；$F_1 = g\bar{H}/U^2$；$F_2 = g\bar{T}/2\pi U$。

4.2.2.2 Pierson-Moscowitz 谱

1961年，Kitaigorodskii 提出在特定的无量纲坐标下，所有充分成长海浪的能量频率谱具有相同的形状。1963年，Pierson 与 Moscowitz 基于这一猜想对 1955~1960 年记录的北大西洋海浪实测数据进行了 460 次谱分析，挑选出 54 个充分成长海浪谱，并分为 5 组（各组的代表风速分别为 10.29 m/s、12.87 m/s、15.47 m/s、18.01 m/s、20.58 m/s），再对各组海浪谱求平均并按

$$\frac{S(\omega)g^3}{U^5} = f\left(\frac{U\omega}{g}\right) \tag{4-56}$$

进行无量纲化拟合，发现 5 组无量纲海浪谱十分接近，可以统一表示为

$$\frac{S(\omega)g^3}{U^5} = \alpha\left(\frac{U\omega}{g}\right)^{-5}\exp\left[-\beta\left(\frac{U\omega}{g}\right)^{-4}\right] \tag{4-57}$$

式中，$\alpha = 8.1\times 10^{-3}$；$\beta = 0.74$；$U$ 为海面上 19.5 m 处平均风速。恢复到有量纲形式，即得到 Pierson-Moscowitz 谱（简称 P-M 谱）：

$$S(\omega) = \frac{\alpha g^2}{\omega^5}\exp\left[-\beta\left(\frac{g}{U\omega}\right)^4\right] \tag{4-58}$$

4.2.2.3 JONSWAP 谱

JONSWAP 是"北海波浪联合计划"（Joint North Sea Wave Project）的英文缩写。1968~1970年，德、英、美、荷等国有关组织在丹麦与德国边境的西海岸向西北偏西延伸 160 km 的断面上设置了 13 个观测站，每 2 h 或 4 h 记录一次波浪和风速，每次波浪记录长 30 min。由测量记录得到了约 2 500 个谱，经分析拟合得到 JONSWAP 谱：

$$S(\omega) = \frac{\alpha g^2}{\omega^5}\exp\left[-1.25\left(\frac{\omega_m}{\omega}\right)^4\right]\gamma^{\exp[f(\omega)]} \tag{4-59}$$

式中，α 为尺度系数，与无量纲风区 $\bar{X} = gX/U^2$（X 为风区长度，U 为海面上 10 m 处平均风速）满足经验关系式：

$$\alpha = 0.076\bar{X}^{-0.22} \tag{4-60}$$

ω_m 为谱峰频率；γ 为峰升因子，定义为同一风速下 JONSWAP 谱峰值与 P-M 谱峰值之比，其值一般为 1.5~6，通常取平均值 3.3；$f(\omega) = -\dfrac{(\omega-\omega_m)^2}{2\sigma^2\omega_m^2}$，其中 $\sigma =$

$$\begin{cases} 0.07, & \omega \leqslant \omega_m \\ 0.09, & \omega > \omega_m \end{cases}, 称作峰形参量。$$

4.2.2.4 TMA 谱

为将仅适用于无限深水域的 JONSWAP 谱拓展至有限深水域，Bouws 等将 JONSWAP 谱乘以 Kitaigorodaskii 深度因子：

$$\phi(\omega, h) = \frac{[\cosh(kh)]^2}{[\sinh(kh)]^2 + \frac{\omega^2 h}{g}} \quad (4-61)$$

提出了 TMA 谱。TMA 是 TEXET、MARSEN 和 ARSLOE 三个海浪观测项目的首字母，该谱因利用了这三个项目的大量数据而得名。

4.2.2.5 Wallops 谱

HUANG 等基于风浪水槽实验数据提出了一种两参数频谱，因实验水槽位于美国 Wallops 岛 NASA 飞行中心，该谱被称作 Wallops 谱。参照 P-M 谱，HUANG 等提出如下谱模式：

$$S(\omega) = \frac{\alpha g^2}{\omega_m^5} \left(\frac{\omega_m}{\omega}\right)^p \exp\left[-B\left(\frac{\omega_m}{\omega}\right)^4\right] \quad (4-62)$$

式中，ω_m 为谱峰频率；$\alpha = \frac{(2\pi)^2 p^{(p-1)/4}}{4^{(p-5)/4}} = \frac{1}{\Gamma\left(\frac{p-1}{4}\right)}$；$p = \log_2(2\xi^2)$，对深水波，有效斜率 $\xi = \sqrt{m_0}/\lambda_m$，其中 $m_0 = a_{rms}^2/2$ 为谱的 0 阶矩，λ_m 为谱峰对应的波长。由 $\left.\dfrac{dS}{d\omega}\right|_{\omega=\omega_m} = 0$，可得

$$B = \frac{p}{4} \quad (4-63)$$

于是，式(4-62)中的待定系数 α、p、B 可统一由参数 ξ 表示。因仅需确定 ω_m 和 ξ 两个参数，Wallops 谱具有较好的工程适用性，曾被 NASA 应用于海浪预报。

4.2.3 不规则波的短时描述

船舶和海洋工程领域常用有义波高等长时统计量研究波浪影响，但航行体出水过程用时较短，必须寻找和发展适用于航行体出水过程研究的短时波浪描

第4章 自由液面形态对航行体跨介质运动影响

述方法。

基于空间视角,采用波面形态定量描述不规则波条件存在一定困难:不规则波的波形难以保持,在航行体出水过程历经的短时间内也可能有较大变化。以工况6为例,不同时刻波面形态如图4-3所示,$X=0$ m附近的跨零点(波面高度$\eta=0$的点)在图中用圆点标出。图4-3(a)、(b)中,相邻跨零点的间距明显变化;图4-3(c)、(d)中,$X=-1$ m附近的波面高度极大值点降至静水面以下,上游的两跨零点消失。可见基于波面形态的不规则波描述与选取的时刻密切相关,削弱了基于波面形态提取不规则波短时特征量的客观性[3,4]。

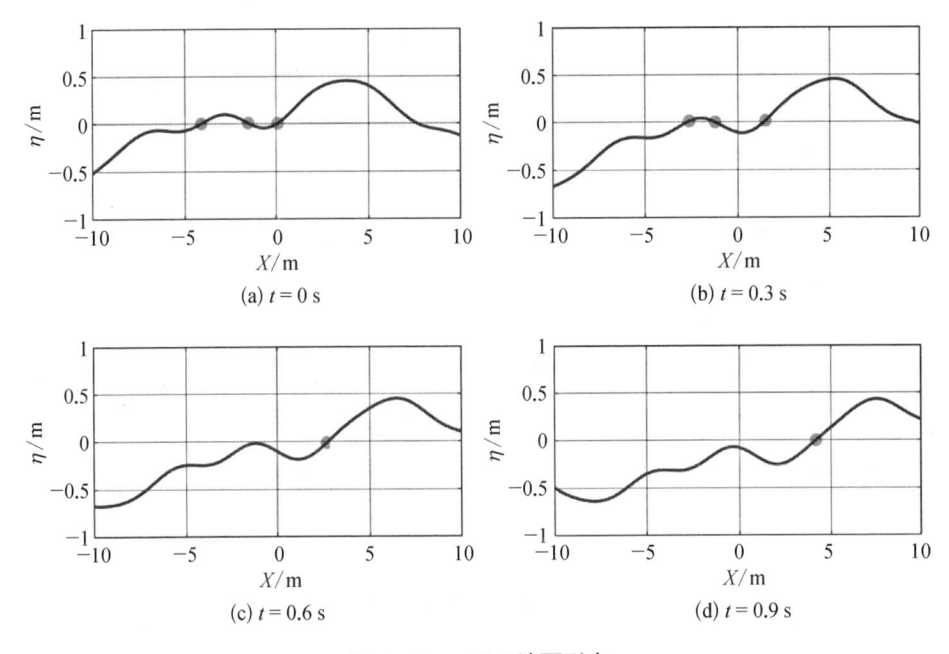

图4-3 工况6波面形态

为解决基于波面形态定量描述不规则波的问题,考虑转换至时域视角,从波面高度时历曲线入手。与基于波面形态相似,基于波面高度时历曲线描述不规则波面临选取空间位置的问题,但在回转体质心水平运动范围内,不同位置波面高度时历曲线的波形几乎一致。仍以工况6为例,不同位置波面高度时历曲线如图4-4所示。工况6下,回转体质心水平位移小于0.3 m(图4-4),而$X=0\sim 0.3$ m的波面高度时历曲线非常接近,波形间平移量也极微小,$X=1\sim 2$ m波面高度时历曲线的差异才逐渐增大。波面高度时历曲线在一定范围内的波形几乎相同,排除了主观选取时空参数对描述不规则波的干扰,有利于提取不规则波短时特征量开展进一步研究。

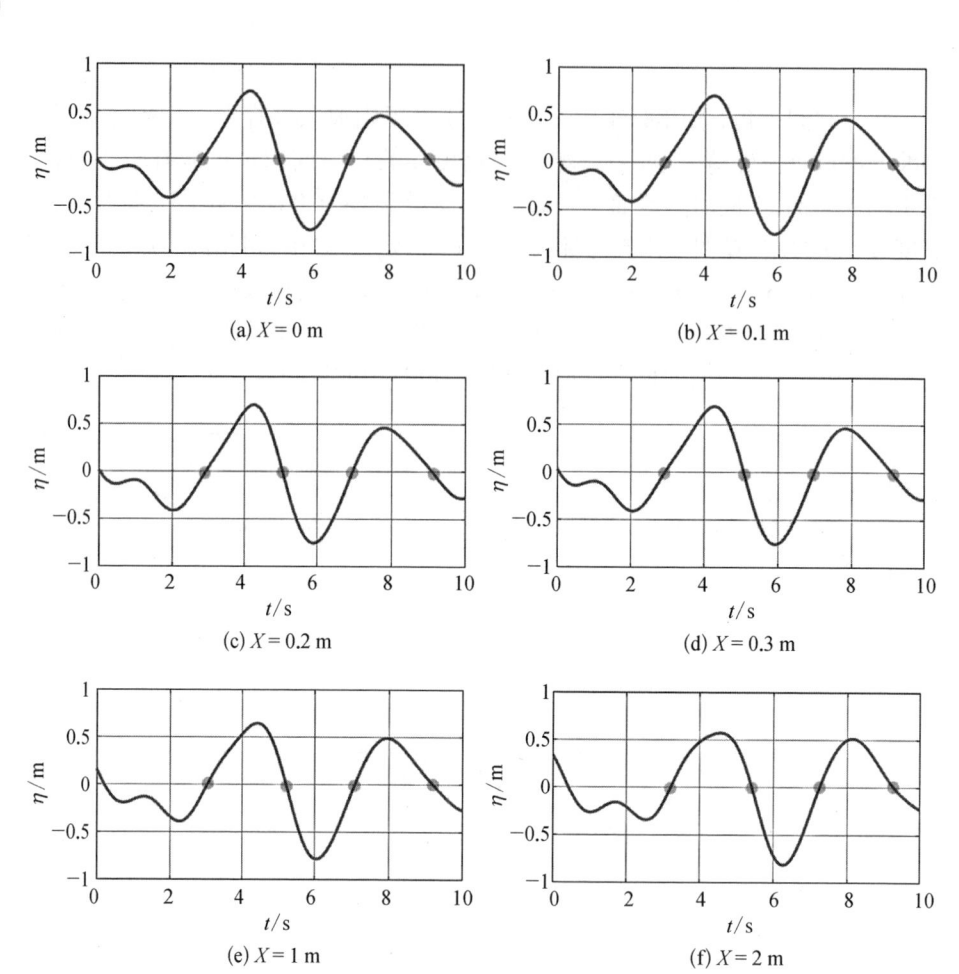

图 4-4　工况 6 波面高度时历曲线

此外，不规则波作用下，全流域中水质点速度均不同于静水状态，回转体在不同水深处均受到不规则波影响，所以不规则波对航行体出水过程的影响是累积的，而非瞬时的。从这一角度出发，波高时历曲线含有不同时刻的不规则波信息，能够更全面地反映不规则波对回转体运动状态的影响作用，更适宜描述不规则波条件。

4.3　规则波对航行体出水过程影响研究

4.3.1　势流理论方法

基于势流理论建立起来的数值水池是最早出现的一类数值水池。这类数值

第 4 章　自由液面形态对航行体跨介质运动影响

水池模型是基于无旋无黏的势流假设,一般采用边界元法离散拉普拉斯方程和非线性自由面边界条件,用混合欧拉-拉格朗日法来更新自由面的运动,对于时域内浮体运动的模拟,则是引入加速度场来确定物体表面的压力分布和物体的运动。此类数值水池计算耗时较短,理论和数值技术较成熟[5]。

航行体在水下运动的数学模型如图 4-5 所示,假设流体是理想的且无旋有势,则航行体在水中的速度势 Φ 由航行体运动的扰动势 φ 和波浪或洋流产生的入射速度势 φ_i 组成,即

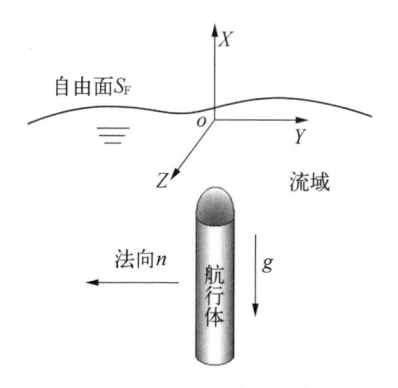

图 4-5　结构出水过程计算简图

$$\Phi = \varphi + \varphi_i \quad (4-64)$$

建立大地直角坐标系 $OXYZ$。XOY 平面为静水面,OZ 轴垂直向上,水深为无限。

而流场的总速度势满足拉普拉斯方程:

$$\nabla^2 \Phi = 0 \quad (4-65)$$

航行体表面满足物面不可穿透条件:

$$\frac{\partial \Phi}{\partial n} = V \cdot n = (V_n i + Vk) \cdot n \quad (4-66)$$

无穷远处边界条件:

$$\nabla \Phi \rightarrow \nabla \varphi_i; \Phi \rightarrow \varphi_i \quad (4-67)$$

自由液面处压力满足物质导数为 0,即

$$dP/dt = 0 \quad (4-68)$$

由伯努利方程可得

$$\left(\frac{\partial}{\partial t} + \nabla \varphi_i \cdot \nabla \right)\left(\frac{\partial \varphi_i}{\partial t} + \frac{1}{2} \nabla \varphi_i \cdot \nabla \varphi_i + gz\right) = 0 \quad (4-69)$$

即

$$\frac{\partial^2 \varphi_i}{\partial t^2} + g \frac{\partial \varphi_i}{\partial z} + 2\nabla \varphi_i \cdot \nabla \frac{\partial \varphi_i}{\partial t} + \frac{1}{2} \nabla \varphi_i \cdot \nabla (\nabla \varphi_i \cdot \nabla \varphi_i) = 0 \quad (4-70)$$

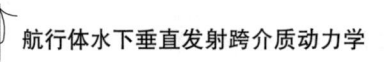

将上式进行摄动展开,并只保留一阶量,可得到波面方程的表达式为

$$\eta = -\frac{1}{g}\left(\frac{\partial \varphi_i}{\partial t} + \frac{1}{2}\nabla \varphi_i \cdot \nabla \varphi_i\right)_{z=\eta} = -\frac{1}{g}\frac{\partial \varphi_i^{(1)}}{\partial t}\bigg|_{z=0} + O(\varphi_i^2) \quad (4-71)$$

显然,上式为线性化的自由液面条件,满足该方程为通常所熟知的平面进行波:

$$\eta = A\cos(kx - \omega t + \varepsilon) \quad (4-72)$$

则入射波的速度势表达式为

$$\varphi_i = \frac{gA}{\omega}e^{kz}\sin(kx - \omega t + \varepsilon) \quad (4-73)$$

式中,ω 表示频率;A 表示为波幅;k 为波数。

所以,由于波浪的扰动使流体质点产生的速度为

$$u = \frac{\partial \varphi_i}{\partial x} = \omega A e^{kz}\cos(kx - \omega t + \varepsilon)$$

$$v = \frac{\partial \varphi_i}{\partial y} = 0 \quad (4-74)$$

$$\omega = \frac{\partial \varphi_i}{\partial z} = \omega A e^{kz}\sin(kx - \omega t + \varepsilon)$$

流场中扰动势满足:

$$\nabla^2 \varphi = 0 \quad (4-75)$$

航行体的物面条件变为

$$\frac{\partial \varphi}{\partial n} = V \cdot n - \frac{\partial \varphi_i}{\partial n} \quad (4-76)$$

无穷远及自由液面条件为

$$\nabla \varphi \to 0$$

$$\eta = -\frac{1}{g}\frac{\partial \varphi}{\partial t} \quad (4-77)$$

对于上式的求解,主要寻求一个格林函数 $\tilde{G}$,使其满足:

$$\nabla^2 \tilde{G} = 0 \quad (4-78)$$

$$\frac{\partial^2 \tilde{G}}{\partial t^2} + g\frac{\partial \tilde{G}}{\partial z} = 0 \, (\zeta = 0) \tag{4-79}$$

$$\tilde{G}, \frac{\partial \tilde{G}}{\partial \tau} = O\left(\frac{1}{r_{pq}^3}\right) \, (r_{pq} \to \infty) \tag{4-80}$$

$$\tilde{G}\big|_{\tau=t} = 0 \tag{4-81}$$

$$\frac{\partial \tilde{G}}{\partial \tau}\bigg|_{\tau=t} = -2g\frac{\partial}{\partial \zeta}\left[\frac{1}{\sqrt{r_{pq}^2 + (z+\zeta)^2}}\right] \tag{4-82}$$

联立求解可得时域格林函数为

$$G(p, t; q, \tau) = \left(\frac{1}{r} - \frac{1}{r'}\right)\delta(t-\tau) + \tilde{\tilde{G}}(p, q; t-\tau) \tag{4-83}$$

$$\tilde{\tilde{G}} = H(t-\tau)2\int_0^\infty \sqrt{gk}\,\mathrm{e}^{k(z+\zeta)}J_0(kR)\sin[\sqrt{gk}(t-\tau)]\mathrm{d}k \tag{4-84}$$

$2\int_0^\infty \sqrt{gk}\,\mathrm{e}^{k(z+\zeta)}J_0(kR)\sin[\sqrt{gk}(t-\tau)]\mathrm{d}k$ 为时域格林函数的兴波部分。线性化处理式(4-82), 可得

$$\frac{\partial \tilde{G}}{\partial \tau}\bigg|_{\tau=t,\zeta} = g\frac{\partial}{\partial \zeta}\left(\frac{1}{r} - \frac{1}{r'}\right)\bigg|_{\zeta=0} \tag{4-85}$$

在沿着自由液面 $S_F(t)$、航行体表面 $S(t)$ 及无穷远控制面 $S_C(t)$ 围成的域 $\Omega(\tau)$ 积分得

$$\iint_{\Omega(\tau)}\left(\varphi\frac{\partial \tilde{G}}{\partial n_q} - \tilde{G}\frac{\partial \varphi}{\partial n_q}\right)\mathrm{d}s_q = 0 \tag{4-86}$$

将上式中的 τ 在 $[0, t]$ 上积分, 可得

$$\int_0^t \mathrm{d}\tau \iint_{\Omega(\tau)}\left(\varphi\frac{\partial \tilde{G}}{\partial n_q} - \tilde{G}\frac{\partial \varphi}{\partial n_q}\right)\mathrm{d}s_q = 0 \tag{4-87}$$

在自由液面上, 由输运公式、变形斯托克斯公式及线性化的自由液面条件可得

$$\iint_{\Omega(\tau)}\left(\varphi\frac{\partial \tilde{G}}{\partial n_q} - \tilde{G}\frac{\partial \varphi}{\partial n_q}\right)\mathrm{d}s_q$$

$$= -\frac{1}{g}\iint_{\Omega(\tau)}\left(\varphi\frac{\partial^2 \tilde{G}}{\partial \tau^2} - \tilde{G}\frac{\partial^2 \varphi}{\partial \tau^2}\right)\mathrm{d}s_q = -\frac{1}{g}\iint_{\Omega(\tau)}\frac{\partial}{\partial \tau}\left(\varphi\frac{\partial \tilde{G}}{\partial \tau} - \tilde{G}\frac{\partial \varphi}{\partial \tau}\right)\mathrm{d}s_q$$

$$= -\frac{1}{g}\frac{\partial}{\partial \tau}\iint_{\Omega(\tau)}\left(\varphi\frac{\partial \tilde{G}}{\partial \tau} - \tilde{G}\frac{\partial \varphi}{\partial \tau}\right)\mathrm{d}s_q + \frac{1}{g}\int_{\omega l(\tau)}\left(\varphi\frac{\partial \tilde{G}}{\partial \tau} - \tilde{G}\frac{\partial \varphi}{\partial \tau}\right)V_N \mathrm{d}l_q \quad (4-88)$$

式中，$\omega l(\tau)$ 为航行体与自由液面的交线；N 为 $\omega l(\tau)$ 的单位法矢；V_N 是 $\omega l(\tau)$ 上流体质点的法向速度。

将式(4-88)对 τ 进行积分，并代入初始条件，得

$$\int_0^t \mathrm{d}\tau \iint_{\Omega(\tau)}\left(\varphi\frac{\partial \tilde{G}}{\partial n_q} - \tilde{G}\frac{\partial \varphi}{\partial n_q}\right)\mathrm{d}s_q$$

$$= -\iint_{\Omega(\tau)}\varphi(q,t)\frac{\partial}{\partial \zeta}\left(\frac{1}{r} - \frac{1}{r'}\right)\mathrm{d}s_q + \frac{1}{g}\int_0^t \mathrm{d}\tau \int_{\omega l(\tau)}\left(\varphi\frac{\partial \tilde{G}}{\partial \tau} - \tilde{G}\frac{\partial \varphi}{\partial \tau}\right)V_N \mathrm{d}l_q \quad (4-89)$$

使用格林公式对式(4-89)右端的第一个公式进行变化处理得

$$-\iint_{\Omega(\tau)}\varphi(q,t)\frac{\partial}{\partial \zeta}\left(\frac{1}{r} - \frac{1}{r'}\right)\mathrm{d}s_q$$

$$= 4\pi\varphi(p,t) + \iint_{S(t)}\left[\varphi(q,t)\frac{\partial}{\partial n_q}\left(\frac{1}{r} - \frac{1}{r'}\right) - \left(\frac{1}{r} - \frac{1}{r'}\right)\frac{\partial \varphi}{\partial n_q}\right]\mathrm{d}s_q \quad (4-90)$$

将式(4-89)和式(4-90)代入式(4-88)得

$$4\pi\varphi(p,t) + \iint_{S(t)}\left[\varphi(q,t)\frac{\partial}{\partial n_q}\left(\frac{1}{r} - \frac{1}{r'}\right) - \left(\frac{1}{r} - \frac{1}{r'}\right)\frac{\partial \varphi}{\partial n_q}\right]\mathrm{d}s_q$$

$$= \int_0^t \mathrm{d}\tau\left[\iint_{S(\tau)}\left(\varphi\frac{\partial \tilde{G}}{\partial n_q} - \tilde{G}\frac{\partial \varphi}{\partial n_q}\right)\mathrm{d}s_q + \frac{1}{g}\int_{\omega l(\tau)}\left(\varphi\frac{\partial \tilde{G}}{\partial \tau} - \tilde{G}\frac{\partial \varphi}{\partial \tau}\right)V_N \mathrm{d}l_q\right]$$

$$(4-91)$$

当点 p 位于湿表面 $S(\tau)$ 上时，方程则变为

$$2\pi\varphi(p,t) + \iint_{S(t)}\left[\varphi(q,t)\frac{\partial}{\partial n_q}\left(\frac{1}{r} - \frac{1}{r'}\right) - \left(\frac{1}{r} - \frac{1}{r'}\right)\frac{\partial \varphi}{\partial n_q}\right]\mathrm{d}s_q$$

$$= \int_0^t \mathrm{d}\tau\left[\iint_{S(\tau)}\left(\varphi\frac{\partial \tilde{G}}{\partial n_q} - \tilde{G}\frac{\partial \varphi}{\partial n_q}\right)\mathrm{d}s_q + \frac{1}{g}\int_{\omega l(\tau)}\left(\varphi\frac{\partial \tilde{G}}{\partial \tau} - \tilde{G}\frac{\partial \varphi}{\partial \tau}\right)V_N \mathrm{d}l_q\right]$$

$$(4-92)$$

当航行体在水下运动的过程中，时域格林函数的兴波部分所引起的影响较小。为了节省计算时间，当在水下运动的过程中可以不考虑兴波影响。但当航行体出水的过程中，由于其湿表面积不断变化，兴波部分应予以考虑。

4.3.2 规则波浪数学模型

采用的规则波模型为微幅波(即 Airy 波),并做了如下假设:
(1) 流体是不可压缩、无黏性、无旋的均匀流体;
(2) 流体的运动无旋,存在速度势 φ_i,且 $v = \nabla\varphi_i$;
(3) 重力是唯一的外力(回复力);
(4) 流体自由表面上的压强等于大气压;
(5) 航行体的径向尺寸远小于海浪波长;
(6) 波浪的波幅或波高相对于波长是无限小,流体质点的运动是缓慢的;
(7) 海底为水平的固体边界。

当水深 D 与波长 λ 的比值等于或大于 1/2 时,即为深水情况。

深水情况下 Airy 波的数学模型为

$$\begin{cases} \varphi_i = \dfrac{gA}{\omega} e^{kz} \sin(kx - \omega t + \varepsilon) \\ \eta(x, t) = A\cos(kx - \omega t + \varepsilon) \end{cases} \quad (4-93)$$

这里取波的传播方向为 x 轴的正向,φ_i 为入射波的速度势。从波面方程可以看出其波面是一个余弦曲线,因此又称为余弦波。波浪各参数如图 4-6 所示。

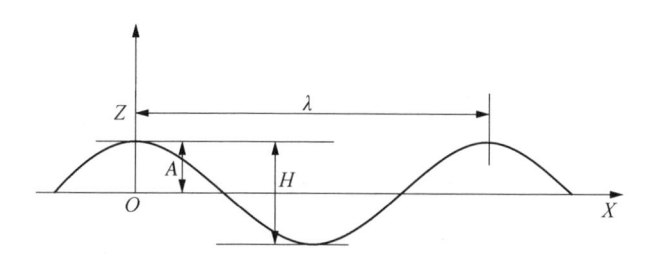

图 4-6 微幅波波面参数示意图

Airy 波的主要波形参数如下:

波长 λ: 两个相邻波峰和波谷间的水平距离;

波高 H: 从波峰到波谷的垂向距离;

波幅 A: 波峰和波谷到静水面的距离,对于余弦波而言,$A = \dfrac{H}{2}$;

波周期 T: 两个相邻波峰经过海面上同一固定点的时间间隔;

频率 $w = \dfrac{2\pi}{T}$,波速 $C = \dfrac{\lambda}{T}$,波数 $k = \dfrac{\omega^2}{g} = \dfrac{2\pi}{\lambda}$。

设波浪的传播方向与大地坐标系 x 轴所成夹角为 γ，则经过坐标转换可得各方向波浪在地面坐标系的表达形式：

$$\begin{cases} \varphi_i = \dfrac{gA}{\omega}\mathrm{e}^{kz}\sin[k(x\cos\gamma + z\sin\gamma) - \omega t + \varepsilon] \\ \eta(x,t) = A\cos[k(x\cos\gamma + z\sin\gamma) - \omega t + \varepsilon] \end{cases} \quad (4-94)$$

根据波浪的传播方向与航行体 x 轴向速度方向的夹角 γ 将波浪分为纵浪、横浪、首斜浪和尾斜浪。

纵浪：波浪方向与航行体 x 轴向速度方向相同（顺浪）或相反（逆浪），$\gamma = 0°(\gamma = 180°)$ 或 $\gamma = 180°(\gamma = 0°)$。

横浪：波浪方向与航行体 x 轴向速度方向垂直，$\gamma = 90°$，$\gamma = 270°$。

首斜浪：波浪方向在航行体 x 轴向速度方向侧前方 $90° < \gamma < 180°$，$180° < \gamma < 270°$。

尾斜浪：波浪方向在航行体 x 轴向速度方向侧前后方 $0° < \gamma < 90°$，$270° < \gamma < 360°$。

主要分析航行体在随浪（迎浪）及横浪的出水俯仰姿态变化情况，因此取 $\gamma = 0°$（或 $\gamma = 180°$）以及 $\gamma = 90°$（或 $\gamma = 270°$）。

波浪下流体质点的运动速度为

$$\begin{cases} u = \dfrac{\partial \varphi_i}{\partial x} = \omega A \mathrm{e}^{kz}\cos(kx - \omega t + \varepsilon) \\ v = \dfrac{\partial \varphi_i}{\partial y} = 0 \\ \omega = \dfrac{\partial \varphi_i}{\partial z} = \omega A \mathrm{e}^{kz}\sin(kx - \omega t + \varepsilon) \end{cases} \quad (4-95)$$

4.3.3 波浪参数对航行体出水影响规律

运用有限元软件 ABAQUS 建立结构有限元模型（图 4-7），其满足如下基本假设：结构视为刚体，其外形关于轴线回转对称；在水中时，航行体完全浸没在流体介质中，并且处于沾湿状态；结构采用三角形网格单元。

（1）相同浪向、不同出水相位。

航行体分别在不同浪高、不同出

图 4-7 航行体模型示意图

第4章 自由液面形态对航行体跨介质运动影响

水相位条件下俯仰角速度随时间的变化情况如图 4-8 所示。在逆浪条件下,无论是小浪高还是大浪高,相对于无浪条件,在波谷位置出水时俯仰角速度的变化较小,在波峰位置出水时变化则相对剧烈,因为在波谷区域,波浪力持续向 X 轴负向冲击航行体使其在背水面形成高压,波峰区域波浪力则持续向 X 轴正向冲击航行体使其在迎水面形成高压。顺浪条件下航行体出水俯仰角速度变化规律与逆浪条件正好相反,其时历变化曲线在这里不进行呈现,在波节位置出水时俯仰角速度与无浪条件下相比偏差不大。

小浪高无量纲俯仰角速度变化曲线 　　大浪高无量纲俯仰角速度变化曲线

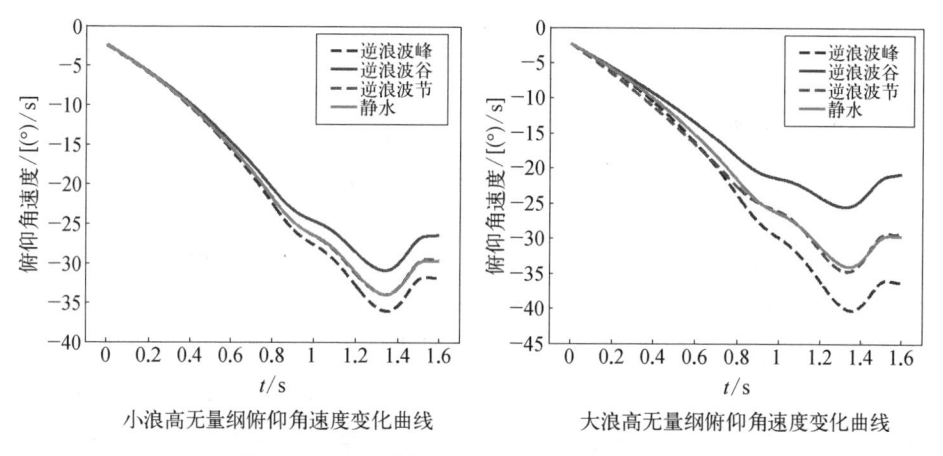

图 4-8　不同浪级、出水相位下逆浪计算结果

（2）不同浪向、相同出水相位。

以航行体在波峰时出水为例,分析航行体分别在不同浪高、顺浪和逆浪条件下俯仰角速度随时间的变化情况,并同无浪条件进行了对比。从图 4-9 曲线可以看出,俯仰角速度的整体变化规律与上文的分析基本一致,这里不再赘述;航行体在波峰位置出水,不同浪高条件下,逆浪时俯仰角速度变化较大,且整体大于无浪时的俯仰角速度,顺浪时则变化较小,且整体比无浪时要小很多。通过读取曲线数据可以得到,逆浪时头部与尾部出水时刻俯仰角速度与无浪时相比偏差比顺浪时要小,且浪级越大这种差异越明显,逆浪时流场整体流动方向与初始牵连速度方向相反,用来阻碍航行体整体水平移动的流场动能比顺浪时要大,对航行体姿态角的影响程度比顺浪时就要小一些。当航行体在波谷位置出水时,浪向影响效果与上文所述正好相反,不作具体分析。本节分析波浪传播方向对航行体俯仰角影响时所取浪向为两端极限情况,不同浪向对其影响程度将会介于此二者之间。

（3）浪级对航行体俯仰角速度的影响。

浪级是波浪各参数中最直观的、对水面附近舰船、航行体影响最为直接

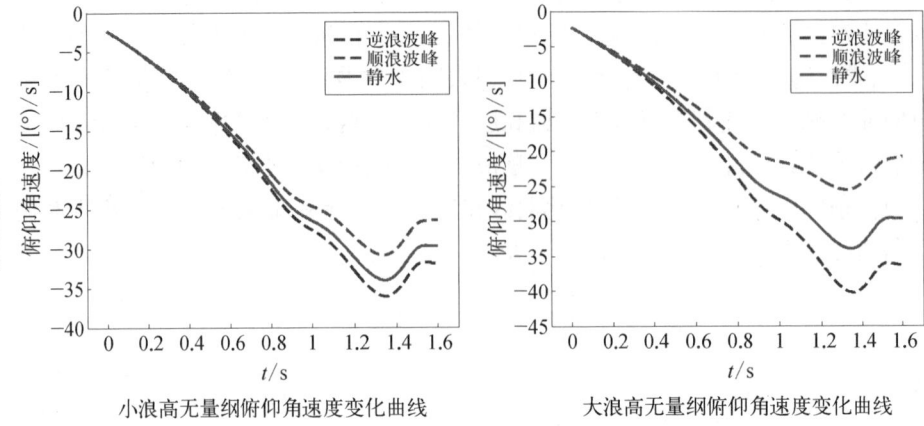

图 4-9 不同浪级、不同浪向对比

的外部因素。航行体出水过程中各浪级对其出水姿态影响程度的大小需要进一步探求，从上述分析过程中俯仰角速度的时历曲线可以明显看出相同浪向、相同出水相位情况下，航行体在大浪级条件下出水发生的偏转要比在小浪级条件下出水偏转情况大得多，本节在讨论浪级对航行体出水姿态影响时假定波浪逆向传播，即传播方向与初始牵连速度方向相反、向轴正向，计算航行体分别在不同浪级、相同出水相位条件下出水的各角度参数，进行对比。

单从波浪参数上看，大浪级条件下，航行体周围水质点产生更大的速度势，运动更剧烈，水质点作用于航行体表面的附加压力场和附加惯性力也更大，所以对航行体姿态的影响理应比小浪级条件下大很多，而实际计算结果也正是如此。在整个计算过程中，对航行体的头部和尾部位置进行监测，得知航行体头部出水时刻大约在 0.9 s，尾部在 1.5 s 附近出水，各个浪级相差不到 0.04 s，通过图 4-10 中读取数据可以得出，逆浪、波峰出水条件下，在大浪级条件下头部、尾部出水时刻俯仰角速度与静水相比偏差分别为 12.21% 和 21.16%，而小浪级条件下该两项数据则依次减小，具体可参考表 4-1。

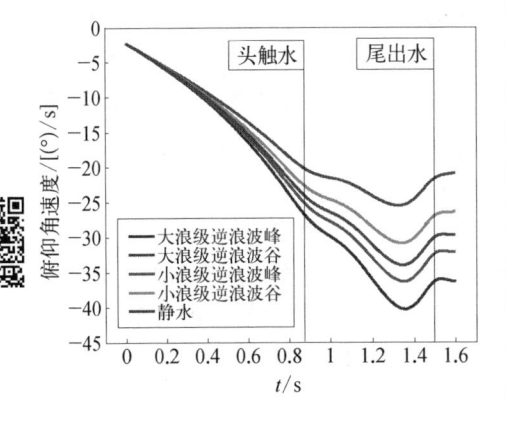

图 4-10 不同浪级下俯仰角速度变化曲线

第4章 自由液面形态对航行体跨介质运动影响

表4-1 不同浪级、逆浪、波峰出水俯仰角速度相对静水偏差

浪 级	头部出水时刻俯仰角 速度相对静水偏差	尾部出水时刻俯仰角 速度相对静水偏差
小浪级	4.37%	8.15%
大浪级	12.21%	21.16%

4.4 不规则波下航行体出水过程影响研究

4.4.1 计算模型与数值方法

采用N-S方程或雷诺平均方程建立起来的黏性数值水槽,在波浪模拟中也获得了较为广泛的应用[6-10]。本节针对不规则波下航行体出水过程,采用数值CFD仿真手段,模拟不规则波波浪特性,并研究不规则波对航行体出水过程的影响[11,12]。

4.4.1.1 计算域、边界条件及初始条件

本节以直径1 m、总长5.5 m的半球头回转体为研究对象,计算域取长30 m、宽10 m、高45 m的长方体,其中静水水深30 m。定义X轴正方向与波浪传播方向一致,Y轴正方向竖直向上,Z轴指向使坐标系OXYZ满足右手定则。如图4-11所示,忽略回转体沿Z轴的平动以及偏航、滚转运动,采用半模模拟回转体三自由度出水运动过程。+Z面设置为对称面,上游及侧面设置为速度入口,下游及顶面设置为压力出口,底面与回转体表面设置为无滑移壁面。初始时刻,回转体顶点距静水面19.5 m,速度30 m/s。

4.4.1.2 控制方程组

假定空气与水均为常黏性系数的牛顿流体,忽略空气的可压缩性,于是有连续性方程:

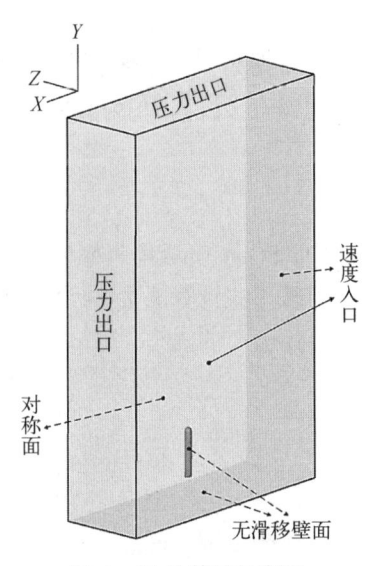

图4-11 计算域示意图

$$\frac{\partial u}{\partial x}+\frac{\partial v}{\partial y}+\frac{\partial w}{\partial z}=0 \quad (4-96)$$

动量方程：

$$\rho\frac{\partial u}{\partial t}+\rho u\frac{\partial u}{\partial x}+\rho v\frac{\partial u}{\partial y}+\rho w\frac{\partial u}{\partial z}=-\frac{\partial p}{\partial x}+\mu\left[\frac{\partial}{\partial x}\left(\frac{\partial u}{\partial x}\right)+\frac{\partial}{\partial y}\left(\frac{\partial u}{\partial y}\right)+\frac{\partial}{\partial z}\left(\frac{\partial u}{\partial z}\right)\right]$$

$$\rho\frac{\partial v}{\partial t}+\rho u\frac{\partial v}{\partial x}+\rho v\frac{\partial v}{\partial y}+\rho w\frac{\partial v}{\partial z}=-\frac{\partial p}{\partial y}+\mu\left[\frac{\partial}{\partial x}\left(\frac{\partial v}{\partial x}\right)+\frac{\partial}{\partial y}\left(\frac{\partial v}{\partial y}\right)+\frac{\partial}{\partial z}\left(\frac{\partial v}{\partial z}\right)\right]-\rho g$$

$$\rho\frac{\partial w}{\partial t}+\rho u\frac{\partial w}{\partial x}+\rho v\frac{\partial w}{\partial y}+\rho w\frac{\partial w}{\partial z}=-\frac{\partial p}{\partial z}+\mu\left[\frac{\partial}{\partial x}\left(\frac{\partial w}{\partial x}\right)+\frac{\partial}{\partial y}\left(\frac{\partial w}{\partial y}\right)+\frac{\partial}{\partial z}\left(\frac{\partial w}{\partial z}\right)\right]$$

$$(4-97)$$

式中，ρ 为密度；u、v、w 为速度；x、y、z 为位矢；p 为压强；μ 为动力黏性系数；g 为重力加速度。

在 RANS 框架下，采用 $k-\omega$ SST 模型封闭湍流项，耦合求解连续性方程与动量方程。气水自由面采用 VOF 模型模拟。

4.4.1.3 不规则波模拟方法

基于 Longuet-Higgins 模型，将不规则波处理为大量小幅线性波的叠加，即

$$\eta(x,t)=\sum_{n=1}^{N}a_n\cos(k_nx-\omega_nt+\varphi_n) \quad (4-98)$$

式中，$\eta(x,t)$ 表示 t 时刻不规则波在 x 处的波面高度；N 为成分波的个数；a_n、k_n、ω_n、φ_n 分别为第 n 个成分波的波幅、波数、角频率与相位。

根据 P-M 谱确定各成分波的波幅及其他波浪要素。改写 P-M 谱表达式，得到以有义波高 H_s 为参数的形式：

$$S(\omega)=\frac{\alpha g^2}{\omega^5}\exp\left(-\frac{4\alpha g^2}{H_s^2\omega^4}\right) \quad (4-99)$$

式中，$S(\omega)$ 表示角频率为 ω 的波浪成分对应的能量密度；$\alpha=8.1\times10^{-3}$。

按下式计算略去 2ε 倍波谱总能量的上下限频率：

$$\omega_{\text{lower}}=\left(-\frac{4\alpha g^2}{H_s^2\ln\varepsilon}\right)^{1/4}$$

$$\omega_{\text{upper}}=\left[-\frac{4\alpha g^2}{H_s^2\ln(1-\varepsilon)}\right]^{1/4}$$

$$(4-100)$$

再将频率范围 $[\omega_{\text{lower}},\omega_{\text{upper}}]$ 划分为能量相等的 N 个子区间，使子区间与成分波一一对应。因各子区间能量相等，各成分波的波幅 a_n 亦相等。将上下限频率之间的波谱总能量 $\int_{\omega_{\text{lower}}}^{\omega_{\text{upper}}}S(\omega)\text{d}\omega$ 记作 E，则 $a_n\equiv\sqrt{2E/N}$。各成分波的角频率 ω_n 取相应子区间的中点，波数 k_n 由色散关系

$$\omega_n^2 = k_n g \tanh(k_n d) \tag{4-101}$$

解出,式中 d 为水深。各成分波的相位 φ_n 为 $[0, 2\pi]$ 上均匀分布的随机变量。

采用边界条件法造波。造波边界的速度条件由各成分波在边界处的速度线性叠加得到,即

$$u(x, y, t) = \sum_{n=1}^{N} \left\{ \frac{\pi a_n}{T_n} \frac{\cosh[k_n(y+d)]}{\sinh(k_n d)} \cos(k_n x - \omega_n t + \varphi_n) \right\}$$

$$v(x, y, t) = \sum_{n=1}^{N} \left\{ \frac{\pi a_n}{T_n} \frac{\sinh[k_n(y+d)]}{\sinh(k_n d)} \sin(k_n x - \omega_n t + \varphi_n) \right\}$$

$$\tag{4-102}$$

式中,$T_n = 2\pi/\omega_n$ 为各成分波的周期。

4.4.1.4 验证与确认

基于试验工况,对某外形回转体开展出水过程数值模拟,获得俯仰角时历曲线如图 4-12 所示。数值结果与试验数据吻合良好,表明所述模型和方法能够可靠模拟回转体出水过程。

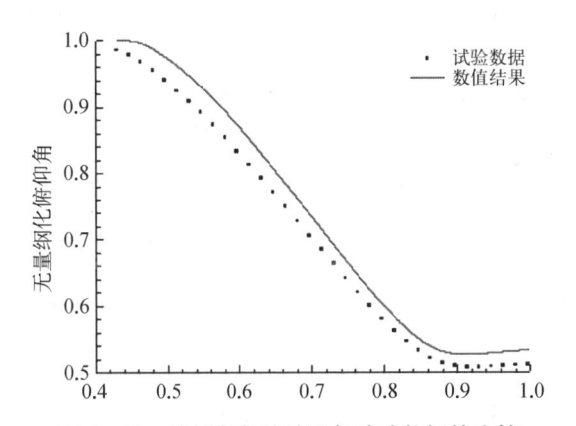

图 4-12 俯仰角数值结果与试验数据的比较

另一方面,取成分波个数 $N = 200$,模拟有义波高 $H_s = 1$ m 的不规则波,数值结果如图 4-13 所示。提取自由面高度时间序列反演波谱,如图 4-14 所示,反演谱与目标谱吻合良好,表明所述方法能够有效模拟不规则波。

图 4-13 不规则波数值模拟结果

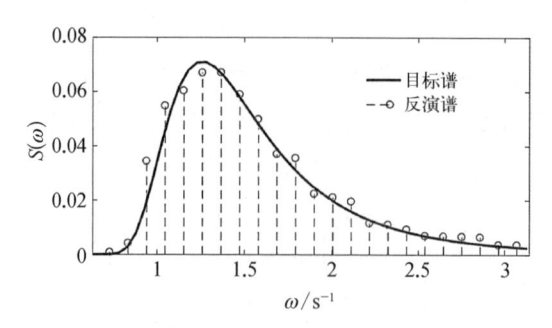

图 4-14 反演谱与目标谱的比较

4.4.2 数值模拟结果

取有义波高 $H_s = 1\,\text{m}$，在随机生成的 6 种不规则波条件下开展了出水过程数值模拟。

4.4.2.1 回转体运动特性

6 种工况下的回转体质心运动轨迹如图 4-15 所示。以大约 9 m 水深为分界，质心低于该水平时，回转体水平位移很小；质心上升至该水平后，回转体水平位移大幅变化。线性波理论指出水质点速度随深度增加而衰减，所以回转体位置较深时，波浪影响较小，质心运动轨迹近似为直线；运动至分界水平以上，波浪影响较大，产生显著的法向位移。

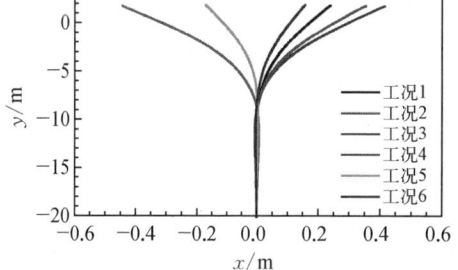

图 4-15 回转体质心运动轨迹 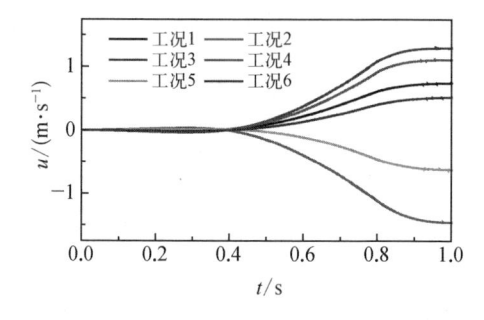　　图 4-16 回转体水平速度时历曲线

回转体水平速度时历曲线如图 4-16 所示，工况 2、5 中水平速度方向与其他工况相反，工况 2、3 中水平速度量值较大，而工况 5、6 中量值较小。

回转体竖直速度时历曲线如图 4-17 所示，各曲线非常接近，表明不规则波对回转体竖直方向运动特性影响较小。从放大图中可以看出，工况 2、3 中竖直速度衰减量较大，工况 5、6 中衰减量较小，与水平速度量值特征存在一定联系。

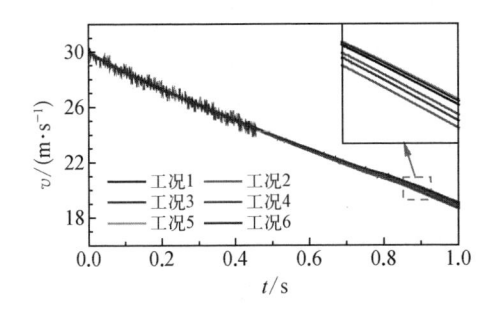

图 4-17　回转体竖直速度时历曲线 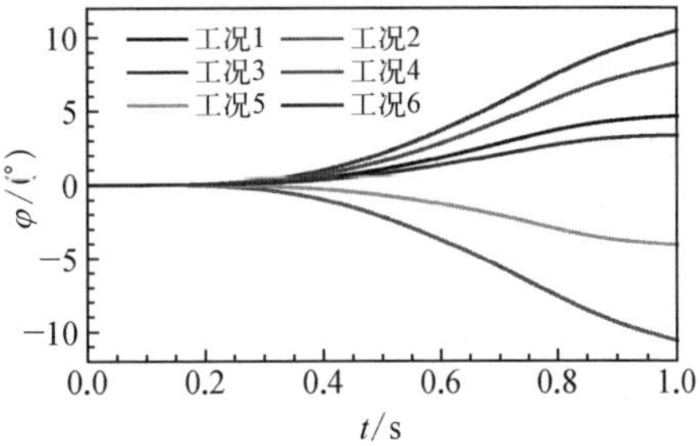　　图 4-18　回转体俯仰角时历曲线

回转体俯仰角时历曲线如图 4-18 所示，发生显著变化的分界时刻大约为 0.15 s。

回转体俯仰角速度时历曲线如图 4-19 所示。各工况下，俯仰角速度量值自 0.1 s 左右开始不断增大，至大约 0.75 s 达到峰值，随后逐渐减小。

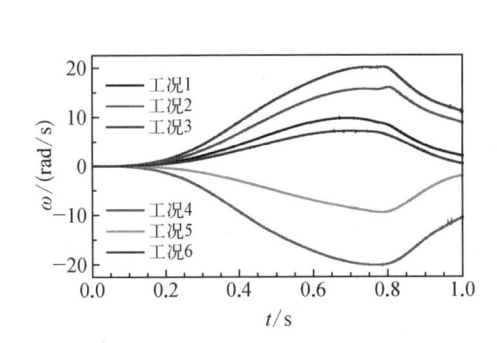

图 4-19　回转体俯仰角速度时历曲线 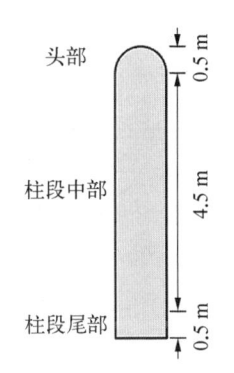　　图 4-20　回转体部段分界

4.4.2.2　回转体动力特性

定义半球头回转体的头部、柱段中部及柱段尾部如图 4-20 所示，分别计算各部段所受法向力与俯仰力矩。

各工况下回转体所受法向力如图 4-21 所示。头部与柱段中部所受法向力方向始终一致，而柱段尾部所受法向力先反向增大，约 0.4 s 达到峰值，随后逐渐减小并反号。出水阶段，头部、柱段中部、柱段尾部所受法向力依次减小至零。

各工况下回转体所受俯仰力矩如图 4-22 所示。柱段中部虽然受到量值较大的法向力，但因等效作用点接近质心，所受俯仰力矩量值反而较小。柱段尾部所受俯仰力矩存在反号现象，并在头部所受俯仰力矩量值增大前对回转体俯仰姿态起主要影响作用。

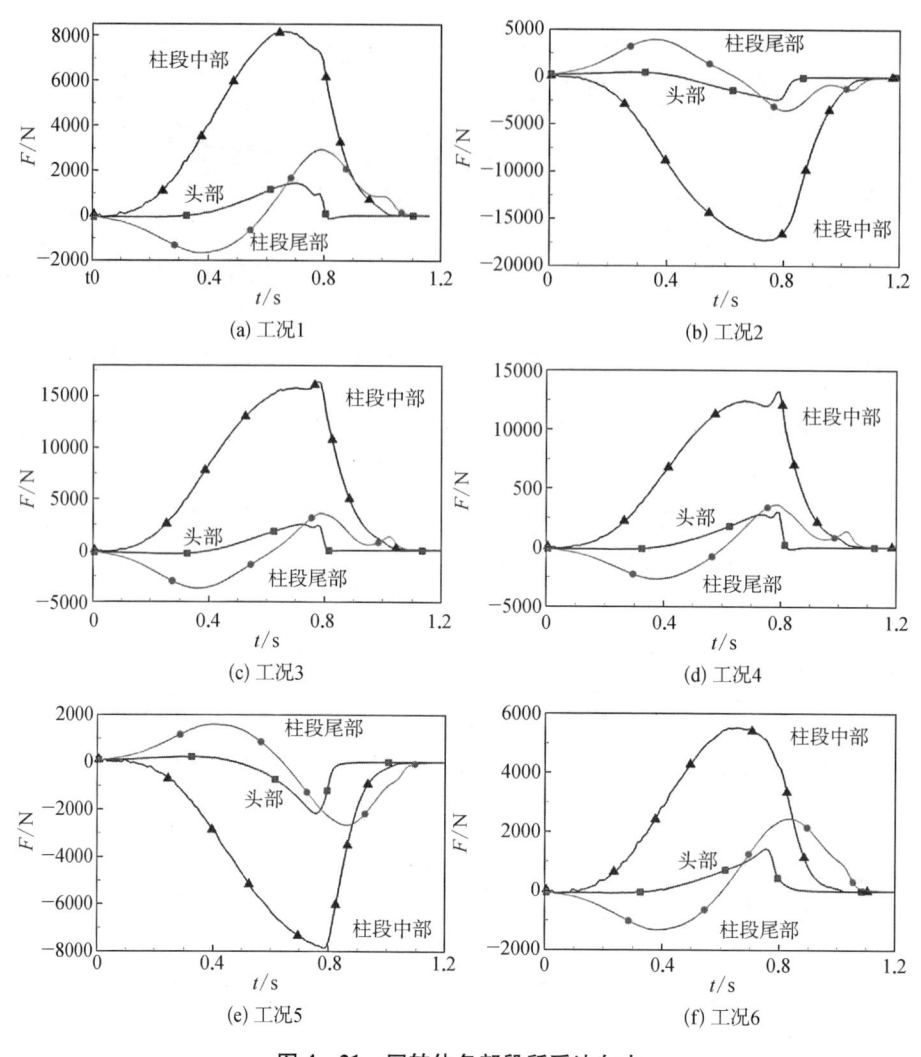

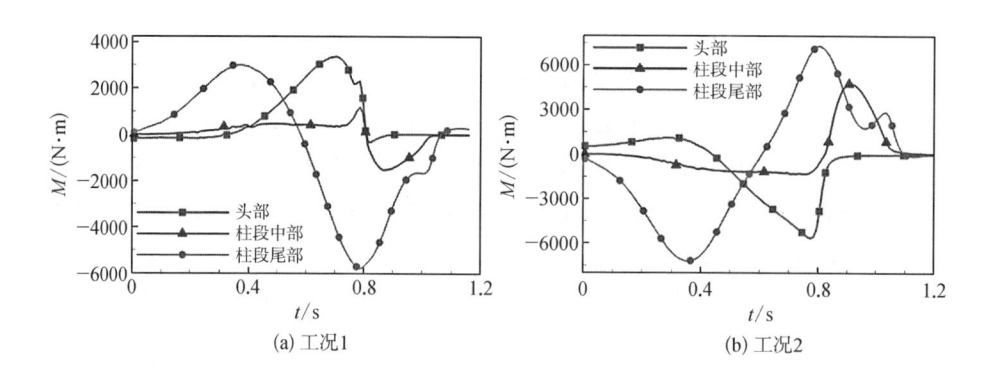

图 4-21 　回转体各部段所受法向力

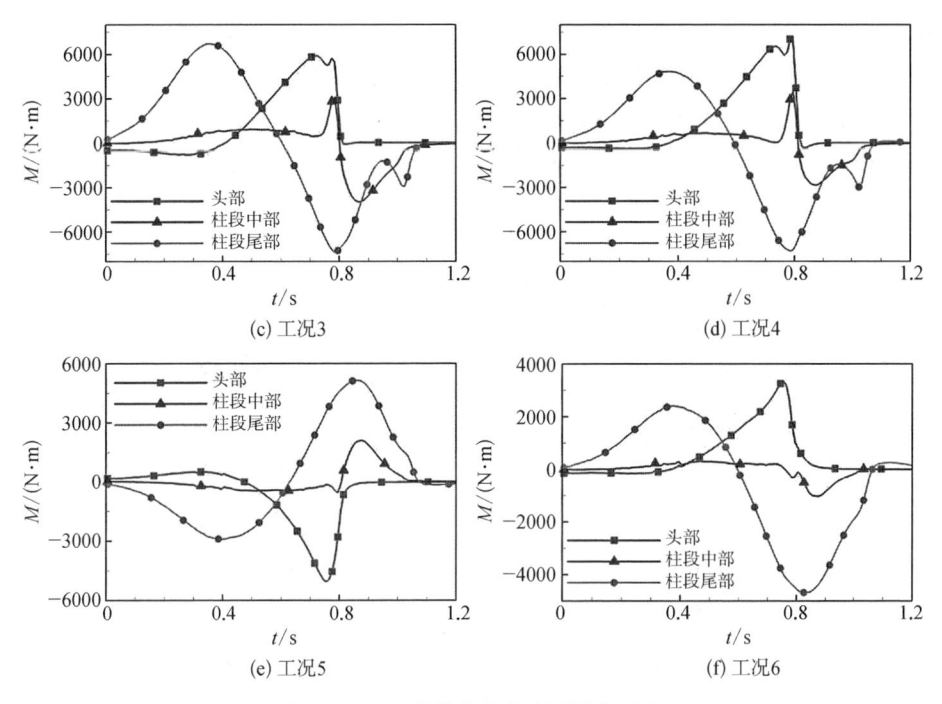

第4章 自由液面形态对航行体跨介质运动影响

(c) 工况3

(d) 工况4

(e) 工况5

(f) 工况6

图4-22 回转体各部段所受俯仰力矩

4.4.2.3 尾部流场演化现象

在来流的作用下,回转形航行体底部存在环状低压区,如图4-23所示,导致柱段尾部压力分布不均,进而产生量值较大的俯仰力矩,显著影响回转体俯仰

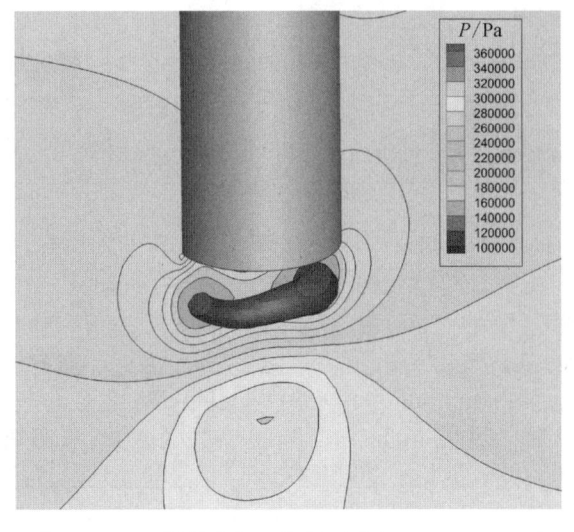

图4-23 回转体底部环状低压区(工况1,$t=0.4$ s)

137

姿态。另一方面,环状低压区与柱段尾部压力分布同步振荡。以工况1为例,$t=0.4\text{ s}$时$+X$侧低压区较小,柱段尾部压力较高,如图4-24(1a)所示,产生指向$-X$侧的法向力,形成使回转体顺时针旋转的正俯仰力矩;而$t=0.7\text{ s}$时转为$-X$侧低压区较小,压力较高,如图4-24(1b)所示,柱段尾部所受法向力和俯仰力矩发生反号。

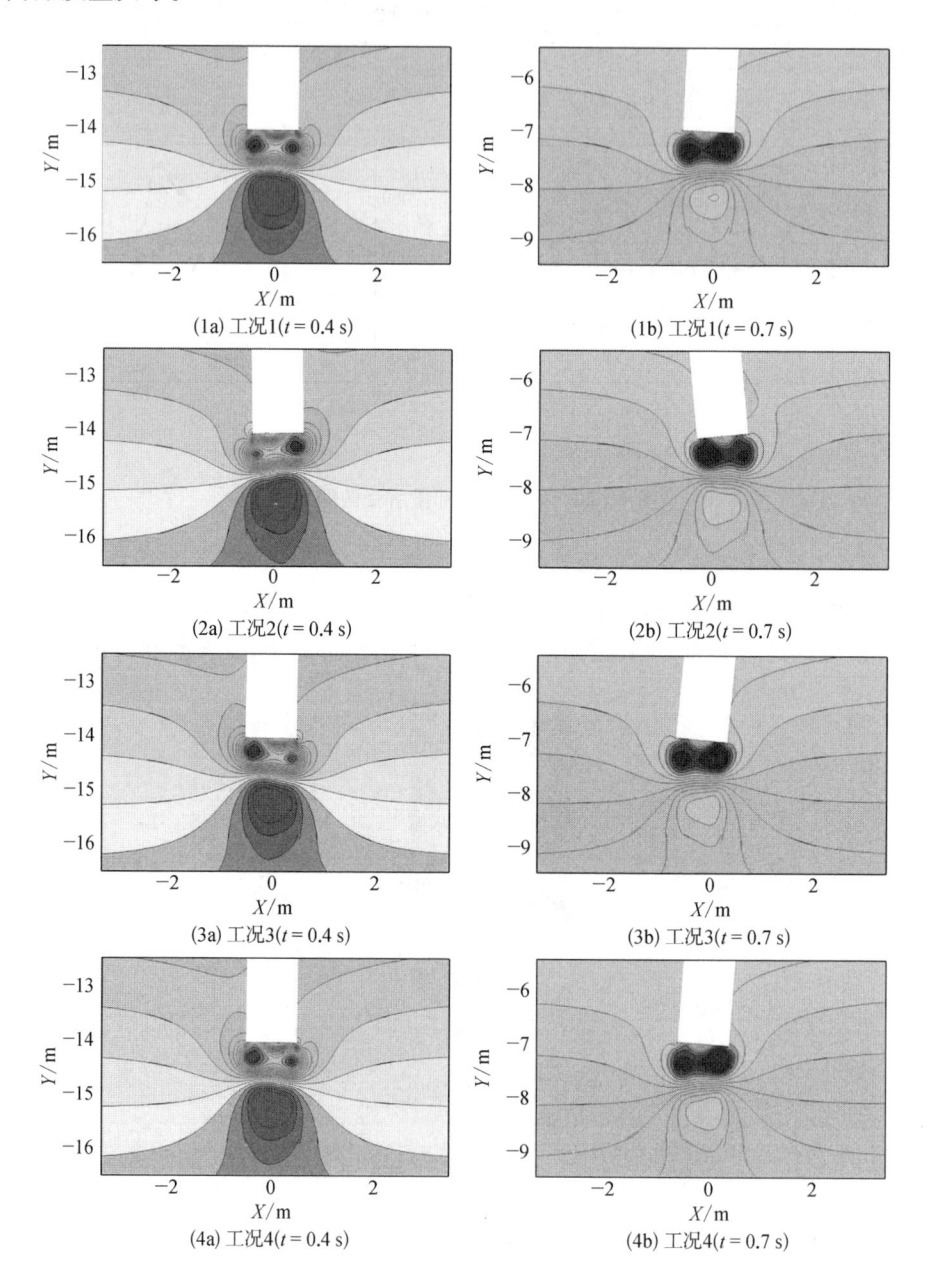

(1a) 工况1($t=0.4\text{ s}$)

(1b) 工况1($t=0.7\text{ s}$)

(2a) 工况2($t=0.4\text{ s}$)

(2b) 工况2($t=0.7\text{ s}$)

(3a) 工况3($t=0.4\text{ s}$)

(3b) 工况3($t=0.7\text{ s}$)

(4a) 工况4($t=0.4\text{ s}$)

(4b) 工况4($t=0.7\text{ s}$)

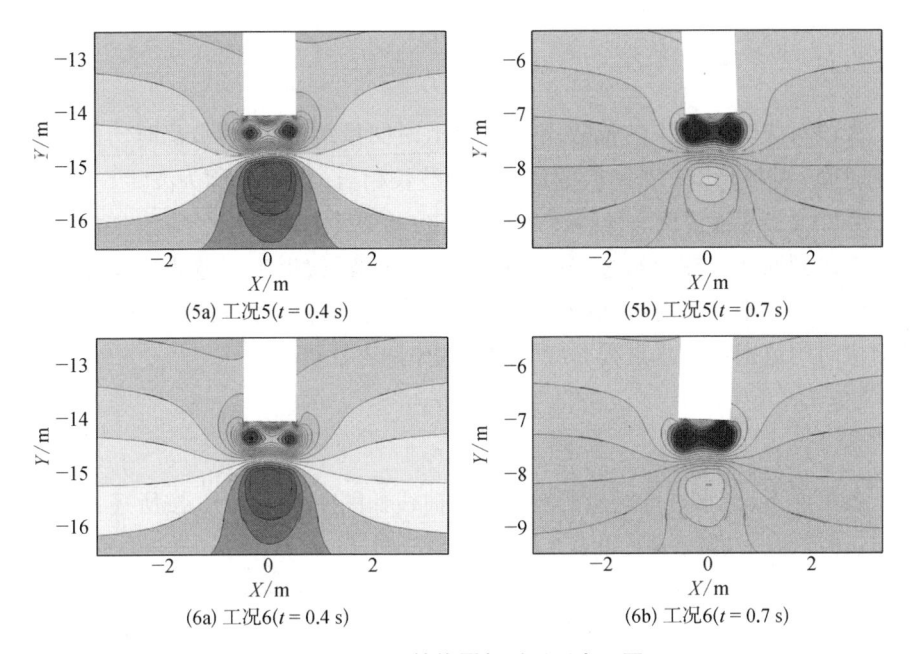

第 4 章　自由液面形态对航行体跨介质运动影响

(5a) 工况5(t = 0.4 s)

(5b) 工况5(t = 0.7 s)

(6a) 工况6(t = 0.4 s)

(6b) 工况6(t = 0.7 s)

图 4‑24　回转体尾部附近压力云图

4.4.3　不规则波短时特征的定量描述

4.4.3.1　遭遇波段的定义

随机海浪理论中,将两相邻上跨零点之间的波高时历曲线定义为一个波,进而提取波高、周期等要素进行统计分析。参照这一处理方法,将波高时历曲线按跨零点划分为若干波段。根据静水面相对位置,波高又可分为上波段与下波段,图 4‑25 中浅色波段即为一个下波段。

进一步定义遭遇波段。遭遇波段是指回转体在出水过程中"遭遇"的波段,严格地,是指波段对应时间范围 τ_s 与出水过程对应时间范围 τ_e 满足:

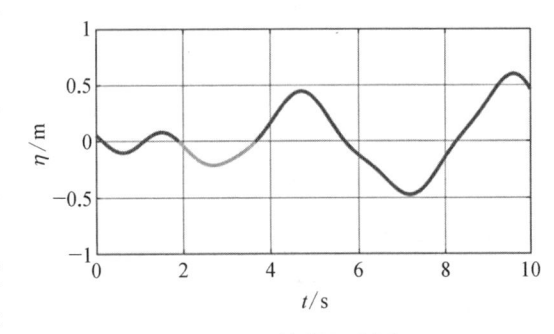

图 4‑25　波段示意图

$$\tau_s \cap \tau_e \neq \varnothing \tag{4-103}$$

的波段。

对遭遇波段,可将波幅最大值的 2 倍定义为波高 H_s,进而有波陡

139

$$\delta_{s} = \frac{H_{s}}{2\|\tau_{s}\|} \qquad (4-104)$$

波段对应时间范围的范数 $\|\tau_{s}\|$ 具有时间量纲,但若将波高时历曲线看作关于时间 t 的波形,则 $\|\tau_{s}\|$ 的地位与半波长相当,故将 δ_{s} 称为波陡。

4.4.3.2 遭遇波陡与回转体运动特征的相关关系

考虑到回转体在出水过程中可能遭遇多个波段,提出将遭遇波段的波陡加权和作为不规则波短时特征的定量描述,称作遭遇波陡。各波段的权重取为波段对应时间范围在出水过程对应时间范围中的占比,即

$$w_{i} = \frac{\|\tau_{si} \cap \tau_{e}\|}{\|\tau_{e}\|} \qquad (4-105)$$

各工况下,出水过程对应的波高时历曲线如图 4-26 所示,按所述方法划分波段、计算遭遇波陡,结果如表 4-2 所示。

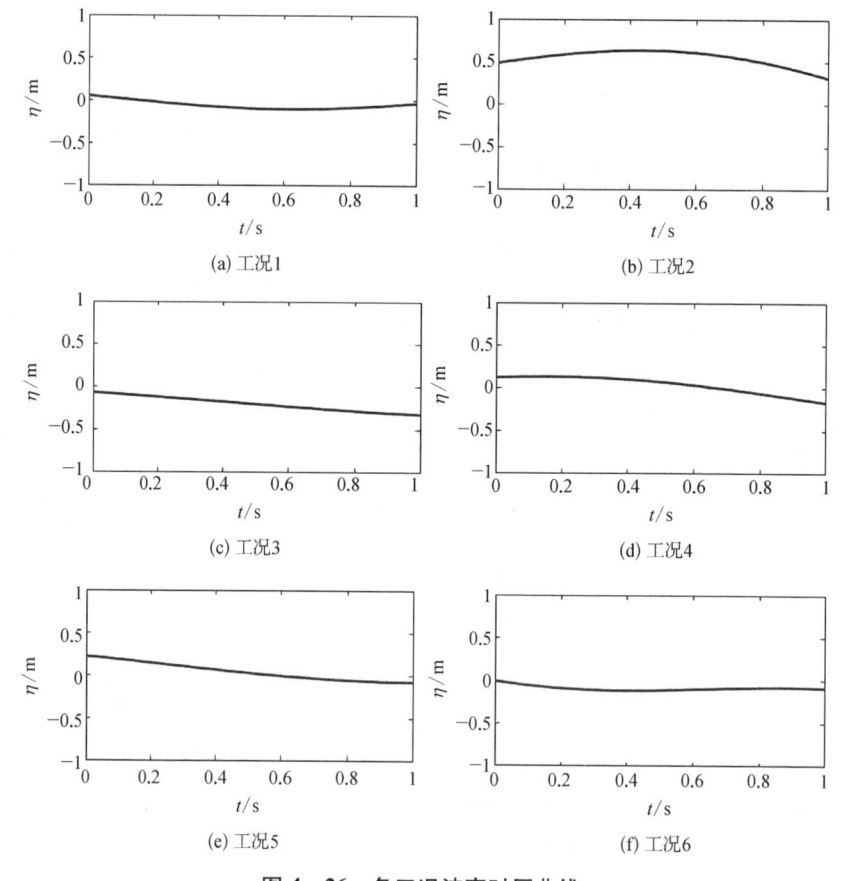

图 4-26 各工况波高时历曲线

第4章 自由液面形态对航行体跨介质运动影响

表4-2 各工况遭遇波陡

工况	$\delta_e/(\text{m}\cdot\text{s}^{-1})$
1	−0.029
2	0.294
3	−0.127
4	0.010
5	0.106
6	−0.041

取 $t=1\text{ s}$ 时的回转体水平速度 u_1 与俯仰角速度的最大或最小值 ω_m 作为回转体运动特征量,如表4-3所示。

表4-3 各工况回转体运动特征量

工况	$u_1/(\text{m}\cdot\text{s}^{-1})$	$\omega_m/(\text{rad/s})$
1	0.743	9.73
2	−1.457	−20.14
3	1.294	20.14
4	1.107	15.98
5	−0.631	−9.46
6	0.519	7.08

各工况下 u_1 与 ω_m 随遭遇波陡的分布分别如图4-27、图4-28所示。工况1、2、3、6下 u_1 及 ω_m 与遭遇波陡的线性关系较强,而工况4、5中散点分布偏离拟合直线较远。由波高时历曲线可知,工况2、3、6下回转体仅遭遇单个波段,工况1中回转体虽遭遇两个波段,但波段分界靠近零时刻,接近于单波段情形。单波段情形下,出水过程中不规则波影响回转体运动的作用方向不变,所以运动特征量与遭遇波陡的线性关系较强。而多波段情形下,相邻波段对回转体运动的作用方向不同,影响相互叠加,非线性较强,导致 u_1、ω_m 随遭遇波陡的分布偏离拟合直线。

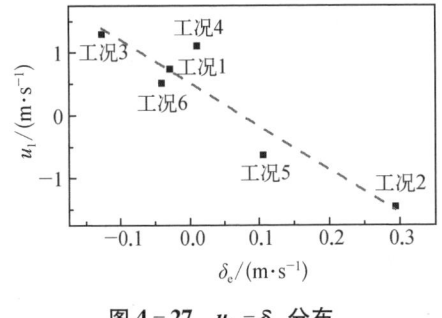

图4-27 u_1-δ_e 分布

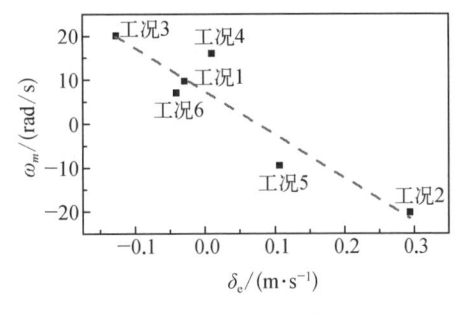

图4-28 ω_m-δ_e 分布

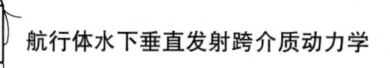

参考文献

[1] 唐一华,权晓波,谷立祥,等.水下垂直发射航行体空泡流[M].北京:中国宇航出版社,2017.

[2] 戴仰山,沈进威,宋竞正.船舶波浪载荷[M].北京:国防工业出版社,2007:7-100.

[3] 周敬国,权晓波,程少华.海浪环境对航行体出水特性影响研究[J].导弹与航天运载技术,2016(3),44-49.

[4] 匡晓峰,汪玉,缪泉明,等.水下航行体波浪力理论预报[J].船舶力学,2006,10(1):28-35.

[5] 职明洋,马贵辉,任泽宇,等.规则波浪对水下航行体出水姿态参数的影响[J].宇航总体技术,2022,6(4):15-26.

[6] 朱坤,陈焕龙,刘乐华,等.波浪相位对航行体出水过程水动力特性的影响[J].兵工学报,2014,35(3):355-361.

[7] 权晓波,孔德才,李岩.波浪模拟及其对水下航行体出水过程影响[J].哈尔滨工业大学学报,2011,43(3):140-144.

[8] 李润泽,张庆辉,汪超,等.波浪环境下水下航行体高速倾斜出水流体动力与运动特性研究[J].西北工业大学学报,2024,42(4):616-624.

[9] 张哲,张珂,何振民,等.水下航行体带空泡穿越波浪过程的流场特性数值研究[C].深圳:第十一届全国流体力学学术会议,2020.

[10] FINNEGAN W,GOGGINS J. Numerical simulation of linear water waves and wave-structure interaction[J]. Ocean Engineering,2012(43):23-31.

[11] 王凡瑜,权晓波,魏海鹏,等.基于单方向阻尼源项的数值消波方法[J].海洋技术学报,2021,40(3):105-110.

[12] 王凡瑜,权晓波,魏海鹏,等.不规则波作用下回转体出水过程数值研究[J].导弹与航天运载技术(中英文),2024(1):18-23.

第 5 章
航行体跨介质入水过程研究

5.1 入水过程概述及特点

一般出入水试验主要通过试验装置将航行体发射出筒,模拟航行体水下运动、出水过程,测量并记录运动过程中模型的运动参数和流体动力参数,一般模型出水后自由落体落入水中,通过回收模型对数据进行分析。弹射试验可以实现对航行体水下发射过程的非定常模拟,是针对水下发射涉及的穿越自由液面、非定常多相流动等复杂物理现象开展分析研究中不可或缺的重要技术途径[1]。

航行体出入水试验研究中,需要高度关注模型入水问题:一方面试验模型入水是涉及自由液面和动边界多场耦合的复杂过程,其作用时间短暂,参数变化剧烈,在入水的瞬间物体与水面接触会产生巨大的冲击力,危害模型结构可靠性,造成宝贵试验数据丢失;另一方面,如果模型入水后速度较大,深度较深,可能撞击水下试验设施,危及设施安全。因此对入水过程开展深入分析,具有重要的工程意义。

鱼雷空投入水、水上飞机水上着陆、火箭助推器及航天器海面回收等,也需要针对穿越自由液面入水过程开展分析[1]。近年来,空中飞行后入水再接续水中航行的跨介质航行体由于使用环境大幅拓展等优势也成为研究的热点问题,针对航行体跨介质入水过程的流体动力特性开展研究,分析入水过程中的载荷特性和流场变化,具有重要的理论价值。图 5-1 为典型的物体入水过程。

本章综合利用理论建模、数值仿真和试验等多种手段开展了航行体跨介质入水过程研究。在垂直入水方面,首先以球形体为对象,建立了球形体垂直入水空泡形态理论计算模型,并基于试验结果对低速入水工况下空泡形态进行了修正;而后建立了球体垂直入水数值仿真计算模型,研究了球体表面亲疏水特性对

(a) 水滴落水　　(b) 翠鸟入水捕鱼　　(c) 运动员跳水

(d) 火箭助推器海上回收　　(e) 航天器海上回收　　(f) 鱼雷入水

图 5-1　典型的物体入水过程

入水过程的影响,表明球体表面亲疏水特性对球体低速入水过程具有一定的影响,但对于球体高速入水过程的影响则可以忽略;最后针对平头圆柱体垂直入水开展了试验和数值仿真研究,分析了其入水过程流体动力特征。

5.2　垂直入水计算及特征分析

在航行体垂直入水过程中,接近水面的前端首先被沾湿,入水点附近的水体在撞击作用下获得一定的初始速度(以径向速度为主),而后水体从前端头部分离。在水面下方,航行体周围被空气包裹,形成一个入水空泡;在水面上方,形成水体的喷溅。

入水空泡形成之后会经历发展、收缩直至消失等过程,可将入水空泡的演化过程分为入水冲击、流动形成、空泡敞开、空泡闭合、空泡溃灭和物体全部沾湿六个阶段。

在入水冲击阶段,航行体撞击水面,受到一个短时冲击力,量值较大。例如,根据 von Karman 的入水冲击压力计算公式估算,平头物体以 4 m/s 的速度入水时,最大冲击压力可达 58 倍的大气压力。但冲击力作用时间极短,对运动速度影响较小[2]。

在流动形成阶段,静止的水体开始形成流动,航行体运动速度在这个阶段将经历快速衰减。

在空泡敞开阶段,航行体进入水面下方形成一个敞开的入水空泡,水面的空气不断灌入空泡内部,空泡不断扩张、伸长。同时,水体向上涌起形成喷溅。

在空泡闭合阶段,空泡壁面开始向内加速,周边空泡逐渐收缩直至空泡末端型面完全收拢,空泡形成闭合。若接触点在水面处,则称空泡的闭合方式为表面闭合;若闭合点位于水面和物体中间的某处,则称空泡的闭合方式为深度闭合。此外,空泡的闭合方式还包括浅闭合和准静态闭合。空泡发生闭合时,水体在闭合位置处发生撞击,会形成向上和向下的两股射流。空泡在表面闭合之后,由于其仍处于拉伸的状态,因此泡内的压力趋于降低,空泡会脱离水面继续向下运动,称为空泡"拉脱"。同时,表面闭合的空泡一般还会发生多次的深度闭合。

在空泡溃灭阶段,空泡逐渐减小,泡内的含气量逐渐降低,直至空泡溃灭至物体的尾部。最终至全部沾湿阶段,航行体表面全部和水接触。图 5-2 为典型物体入水形成的空泡发展图[3,4]。

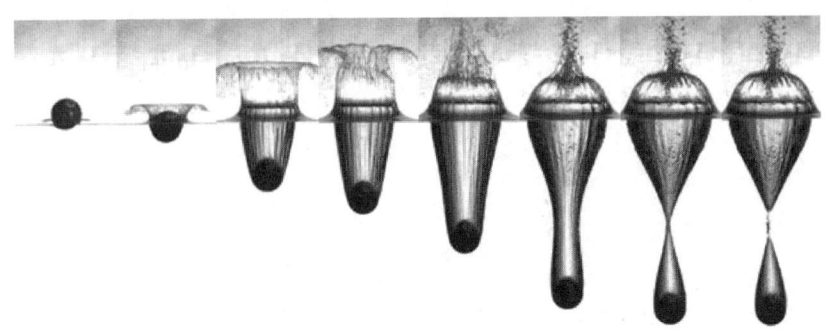

(a) 球体入水形成的空泡

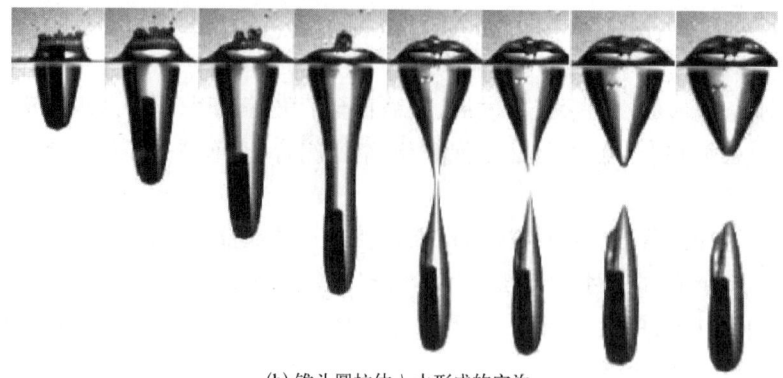

(b) 锥头圆柱体入水形成的空泡

图 5‑2 物体入水典型空泡

5.3 球体垂直入水理论计算及特征分析

5.3.1 球体垂直入水理论模型

入水过程中空泡动力学理论模型的建立，主要基于能量守恒定理，假设入水物体动能的损失量等于空泡周围水体动能和势能的增加量推导得到。

假设入水过程中物体的运动方向保持垂直，高速入水条件下可忽略重力的作用。记物体的质量为 m，阻力系数为 C_d，头部直径为 D，入水速度为 V。图 5‑3 所示为理论模型中物体入水过程的示意图。

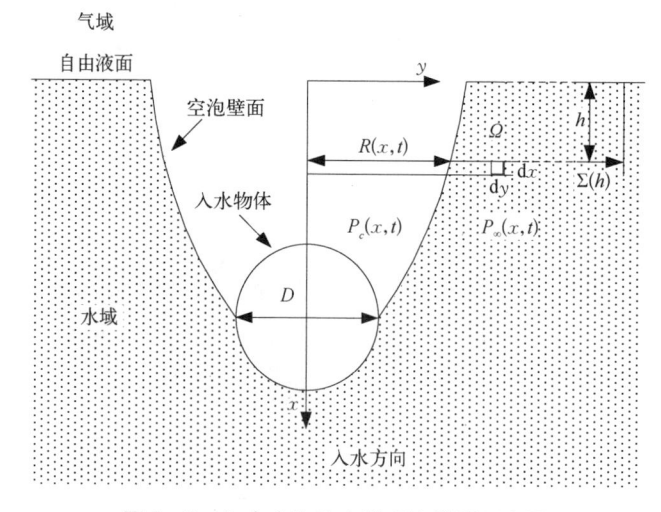

图 5‑3 入水空泡动力学理论模型示意图

在如图5-3所示的坐标系中,物体运动的动力学方程为

$$m\frac{\mathrm{d}^2 x}{\mathrm{d}t^2} = -\frac{1}{8}\rho\pi D^2 C_d V_t^2 \tag{5-1}$$

物体的动能为 $E_k = \frac{1}{2}mV_t^2$,将其对 x 求导得

$$\frac{\mathrm{d}E_k}{\mathrm{d}x} = m\frac{\mathrm{d}V_t}{\mathrm{d}t} \tag{5-2}$$

记 $\beta = \dfrac{\rho\pi D^2 C_d}{8m}$ 为速度衰减率,则有

$$\frac{\mathrm{d}E_k}{\mathrm{d}x} = -m\beta V_t^2 \tag{5-3}$$

仅考虑横截面 $\Sigma(h)$ 内流体质点沿 y 方向的横向运动,则在 $\Sigma(h)$ 平面内取半径为 Ω 的圆面,将圆面沿纵向延伸微小距离 $\mathrm{d}x$ 形成一个柱形的流域,则该流域中流体的总动能 $\mathrm{d}E_w = \int_R^\Omega \frac{1}{2}\rho \cdot 2\pi y \mathrm{d}x u^2 \mathrm{d}y$,即

$$\mathrm{d}E_w = \pi\rho\mathrm{d}x\int_R^\Omega y u^2 \mathrm{d}y \tag{5-4}$$

其中,R 为横截面 $\Sigma(h)$ 内空泡的截面半径;u 为流域内流体质点的横向速度。根据势流理论可以得到 u 的近似表达式为

$$u = \frac{2}{y}\zeta(h, t) \tag{5-5}$$

其中,ζ 称为源强。记空泡壁面的横向速度为 $\dot{R}$,根据边界条件 $u_{y=R} = \dot{R}$,式(5-5)可进一步写为

$$u = \frac{R}{y}\dot{R} \tag{5-6}$$

将式(5-6)代入式(5-4)中得

$$\mathrm{d}E_w = \pi\rho\mathrm{d}x R^2 \dot{R}^2 \ln\frac{\Omega}{R} \tag{5-7}$$

记 $\Sigma(h)$ 平面处空泡内的压力为 $P_c(h)$(这里假设 P_c 不随时间变化),无穷远处的环境压力为 $P_\infty(h)$。在 $\Sigma(h)$ 平面内取半径为 R 的圆面,将圆面沿纵向

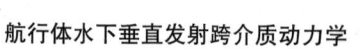

延伸微小距离 dx 形成一个柱形的流域,则该柱体内空泡的势能为

$$dE_x = \int_{\frac{D}{2}}^{R} (P_\infty - P_c) 2\pi y dx dy = \pi(P_\infty - P_c)\left(R^2 - \frac{D^2}{4}\right)dx \quad (5-8)$$

根据能量守恒定律,$\Sigma(h)$ 平面处空泡动能及势能的增加量等于物体经过该截面时动能的损失量,因此,

$$-\left.\frac{dE_k}{dx}\right|_{x=h} dx = dE_w + dE_x \quad (5-9)$$

记 $N = \ln\left(\frac{\Omega}{R}\right)$, $\frac{\Omega}{R}$ 取值一般为 15~30,$P_g = P_\infty - P_c$,式(5-9)的具体表达形式为

$$m\beta V_t^2 = \pi\rho N R^2 \dot{R}^2 + \pi P_g\left(R^2 - \frac{D^2}{4}\right) \quad (5-10)$$

因此,$\Sigma(h)$ 平面处空泡动力学方程为

$$\dot{R} = \pm\sqrt{\frac{m\beta V_t^2 - \pi P_g\left(R^2 - \frac{D^2}{4}\right)}{\pi\rho N R^2}} \quad (5-11)$$

记物体经过 $\Sigma(h)$ 平面时为零时刻,方程(5-11)的初始条件为 $R(0) = \frac{D}{2}$。对式(5-11)进行积分求解,得

$$R(h) = \sqrt{[A(h)]^2 + \left(\frac{D}{2}\right)^2 - [A(h) - B(h)t]^2}, t \in [0, t_e] \quad (5-12)$$

其中,$A^2 = \frac{m\beta V_t^2}{\pi P_g}$;$B^2 = \frac{P_g}{\rho N}$;$t_e$ 为空泡闭合的时间。

5.3.2 基于理论模型的入水空泡形态特性分析

利用推导得到的数学方程做进一步的讨论,讨论入水空泡的相关特性。

(1) $\Sigma(h)$ 平面处空泡开始扩张时,有 $t = 0$,$R = \frac{D}{2}$。由式(5-11)可知,空泡壁面的初始扩张速度为

$$\dot{R}_0 = \sqrt{\frac{C_d}{2N}}V \qquad (5-13)$$

其中,N 为常值。可见,空泡壁面的初始扩张速度和物体经过此平面时的速度、物体阻力系数的平方根成正比。

(2) 空泡半径最大时,有 $\dot{R}=0$,由式(5-11)和式(5-12)得

$$R_m = \sqrt{A^2 + \left(\frac{D}{2}\right)^2} \qquad (5-14)$$

$$t_m = \frac{A}{B} \qquad (5-15)$$

其中,R_m 为空泡最大半径;t_m 为空泡达到最大半径的时间。

将 A 的表达式代入式(5-14),得

$$R_m = \frac{D}{2}\sqrt{\frac{\rho C_d V^2}{2P_g} + 1} \qquad (5-16)$$

可见,航行体头部直径越大、入水阻力系数越大、入水速度越高、泡内外压差越小,各个空泡截面的最大直径越大。若假设泡内压力恒定,则水面处空泡的截面半径最大。

将 A 和 B 的表达式代入式(5-15),得

$$t_m = \frac{\rho D V}{2P_g}\sqrt{\frac{C_d N}{2}} \qquad (5-17)$$

可见,空泡截面达到最大半径的时间和物体的头部直径、入水速度、入水阻力系数的平方根成正比,和泡内外压差成反比。空泡截面半径达到最大后开始减小,因此 t_m 也是空泡开始收缩的时间。

(3) 空泡闭合时,有 $R=0$,由式(5-12)得

$$t_e = \frac{A + \sqrt{A^2 + \left(\frac{D}{2}\right)^2}}{B} \qquad (5-18)$$

将 A 和 B 的表达式代入式(5-18),得

$$t_e = \frac{D}{2}\sqrt{N}\left(\sqrt{\frac{C_d \rho^2 V^2}{2P_g^2}} + \sqrt{\frac{C_d \rho^2 V^2}{2P_g^2} + \frac{\rho}{P_g}}\right) \qquad (5-19)$$

可见,物体头部直径、入水速度、入水阻力系数越大,泡内外压差越小,空泡闭合所需的时间就越长。

(4) 实验表明,空泡的闭合方式包括深度闭合、表面闭合、浅闭合等。区分这些闭合方式的依据主要是空泡的闭合点相对液面的位置。下面基于理论模型对空泡的闭合方式进行分析。

对多种参数组合下理论模型进行数值求解计算,根据计算结果进一步分析空泡的闭合方式。图5-4所示为空泡的闭合位置随速度及液面空气压力的变化曲线。

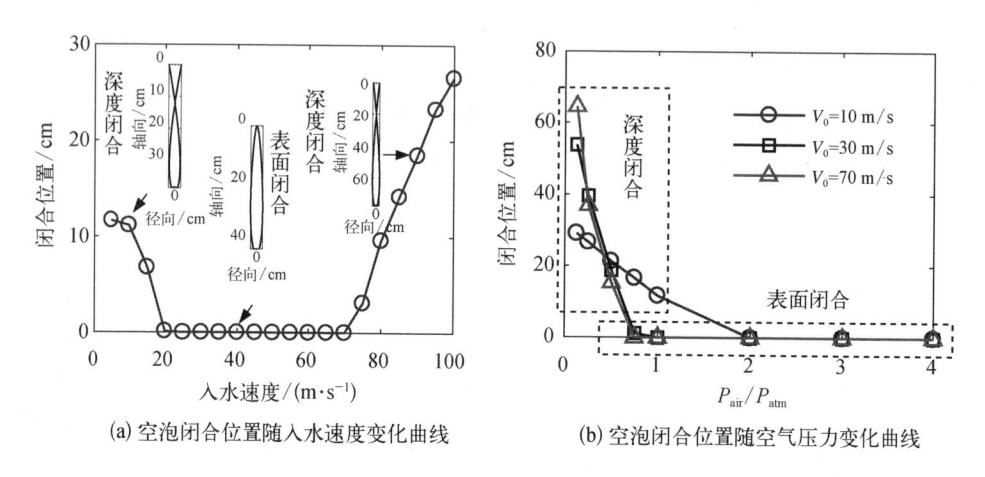

(a) 空泡闭合位置随入水速度变化曲线

(b) 空泡闭合位置随空气压力变化曲线

图5-4 不同因素对空泡闭合位置的影响

由图5-4(a)可知,物体入水速度较低时,空泡的闭合位置位于液面下方,闭合方式为深度闭合;随着入水速度的提高,空泡的闭合位置逐渐向液面方向移动,闭合方式由深度闭合转变为表面闭合;随着入水速度进一步提高,空泡的闭合方式又转变为深度闭合。

由图5-4(b)可知,减小液面的空气压力可以使得空泡的闭合方式由表面闭合转变为深度闭合;增大液面的空气压力则可以使得空泡的闭合方式由深度闭合转变为表面闭合。空泡的闭合方式产生上述变化的原因在于压力的改变使得泡内外的压力改变,进而改变了空泡壁面的运动特性。

(5) 空泡闭合点的位置是入水速度、泡内压力等变量的函数,但难以直接得到其解析表达式。空泡最先开始收缩点的位置则在一定的简化下可以求出其解析表达式。求解过程如下。

若在计算不同深度处空泡的截面半径时忽略速度的衰减,记物体头部全部沾湿的时刻为零时刻,则空泡各个截面开始收缩的时间为

$$t_m^* = \frac{\rho DV}{2(\rho gh + \Delta P_c)}\sqrt{\frac{C_d N}{2}} + \frac{h}{V} \qquad (5-20)$$

其中，$\Delta P_c = P_{atm} - P_c$ 为泡内压降。

将 t_m^* 对 h 求导得

$$\frac{dt_m^*}{dh} = -\sqrt{\frac{C_d N}{2}}\frac{\rho^2 g DV}{2(\Delta P_c + \rho gh)^2} + \frac{1}{V} \qquad (5-21)$$

令上式为零，得到最先开始收缩空泡截面所在的深度为

$$h_{c0} = c_1 V - c_2 \Delta P_c, \quad h_{c0} \geqslant 0 \qquad (5-22)$$

其中，$c_1 = \sqrt{\sqrt{\frac{C_d N}{8}}\frac{D}{g}}$；$c_2 = \frac{1}{\rho g}$。

若泡内压力取为

$$P_c = \frac{1}{27}P_{atm} - n\frac{1}{2}\rho_a V^2 \qquad (5-23)$$

采用式(5-23)计算，n 取 50，式(5-22)可写为

$$h_{c0} = \begin{cases} c_1 V - c_3 V^2, & \frac{1}{2}\rho_a V^2 \cdot 50 < P_{atm} \\ c_1 V - c_2 P_{atm}, & \frac{1}{2}\rho_a V^2 \cdot 50 \geqslant P_{atm} \end{cases}, h_{c0} \geqslant 0 \qquad \begin{matrix}(5-24a)\\(5-24b)\end{matrix}$$

其中，$c_3 = c_2 \cdot 25\rho_a$。系数 c_1 一般比 c_3 高 1 个数量级。以图 5-4(a)中入水速度为 40 m/s 的工况为例，$c_1 = 0.0290$，$c_3 = 0.0031$。

入水速度较低时，由式(5-24a)可知，h_{c0} 随着速度的增大先增大后减小，并最终减小至零，此时液面处的空泡截面最先开始收缩；当入水速度提高，使得泡内压力降至水的饱和蒸汽压时，入水空泡开始由空气泡转变为蒸汽泡，同时泡内压力不再随速度的提高而降低，泡内压降可以取为一个大气压力。由式(5-24b)可知，随着速度的提高，h_{c0} 逐渐增大，最先开始收缩的空泡截面位置由液面逐渐向下移动。

5.3.3　低速入水空泡动力学理论模型修正

物体以较低速度入水时，重力、浮力等对物体入水速度的衰减过程有较大的影响。考虑重力、浮力以及球体入水的附加质量时，式(5-1)变为

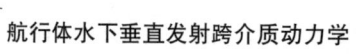

$$(m + m_a)\frac{\mathrm{d}^2 x}{\mathrm{d}t^2} = mg - \frac{1}{8}\rho_w \pi D^2 C_d v_t^2 - F_b \quad (5-25)$$

式中，m_a 为附加质量；F_b 为浮力，且，

$$m_a = C_m \rho_w V_s \quad (5-26)$$

$$F_b = \rho_w g x S_s + \frac{1}{2} V_s \rho_w g \quad (5-27)$$

式中，C_m 为附加质量系数；S_s 为球体最大横截面积；V_s 为球体体积。

考虑重力等因素的影响之后，应用能量守恒定律，即球体动能和势能的损失量等于空泡动能和势能的增加量，式(5-9)变为

$$-\frac{\mathrm{d}E_k}{\mathrm{d}x}\bigg|_{x=h} \mathrm{d}x - \frac{\mathrm{d}E_s}{\mathrm{d}x}\mathrm{d}x = \mathrm{d}E_w + \mathrm{d}E_x \quad (5-28)$$

式中，E_s 为球体的重力势能，记入水零时刻球体的重力势能为 0，则

$$E_s = -mgx \quad (5-29)$$

球体动能的损失量为

$$-\frac{\mathrm{d}E_k}{\mathrm{d}x}\bigg|_{x=h} \mathrm{d}x = -m\frac{\mathrm{d}v_t}{\mathrm{d}t}\mathrm{d}x = -\left(mg - \frac{1}{8}\rho_w \pi D^2 C_d v_t^2 - F_b - m_a \frac{\mathrm{d}v_t}{\mathrm{d}t}\right)\mathrm{d}x \quad (5-30)$$

球体势能的损失量为

$$-\frac{\mathrm{d}E_s}{\mathrm{d}x}\mathrm{d}x = mg\mathrm{d}x \quad (5-31)$$

将式(5-7)、式(5-8)、式(5-30)和式(5-31)代入式(5-28)，得

$$\frac{1}{8}\rho_w \pi D^2 C_d v_t^2 + F_b + m_a \frac{\mathrm{d}v_t}{\mathrm{d}t} = \pi \rho_w N R^2 \dot{R}^2 + \pi P_g \left(R^2 - \frac{D^2}{4}\right) \quad (5-32)$$

记 $\mathrm{d}E = \frac{1}{8}\rho_w \pi D^2 C_d v_t^2 + F_b + m_a \frac{\mathrm{d}v_t}{\mathrm{d}t}$，可得

$$\dot{R} = \pm \sqrt{\frac{\mathrm{d}E - \pi P_g \left(R^2 - \frac{D^2}{4}\right)}{\pi \rho N R^2}} \quad (5-33)$$

对上式积分可得

$$R(h) = \sqrt{[C(h)]^2 + \left(\frac{D}{2}\right)^2 - [C(h) - B(h)t]^2}, \ t \in [0, t_e]$$

(5-34)

其中，$C^2 = \dfrac{\mathrm{d}E}{\pi P_g}$。

A. May 针对直径为 25.4 mm 的钢球开展了 22.25 m/s 速度入水的实验，实验中液面大气的压力为 $\dfrac{1}{27}P_{\mathrm{atm}}$。其根据拍摄得到的球体入水空泡图像，提取了不同深度处空泡截面直径随时间的变化曲线。进一步，将该曲线对时间微分得到空泡壁面的径向运动速度曲线。采用上述实验结果对高速入水空泡动力学模型进行验证。

首先将式(5-1)及式(5-25)进行数值积分得到球体的入水弹道，而后基于弹道计算结果，针对不同深度处的空泡截面，采用式(5-12)及式(5-34)计算其不同时刻的截面半径，通过对截面半径的时间微分得到空泡壁面的速度。模型中，球体入水阻力系数根据实验结果取为 0.3，球体的附加质量系数根据文献[5]取为 0.25，泡内压力根据文献[6]取为

$$P_c = \frac{1}{27}P_{\mathrm{atm}} - n\frac{1}{2}\rho_a V^2 \tag{5-35}$$

其中，n 取 50；$\rho_a = \dfrac{1}{27} \times 1.225 \ \mathrm{kg/m^3}$；$V$ 取为 22.25 m/s。

图 5-5 所示为计算与实验结果对比。

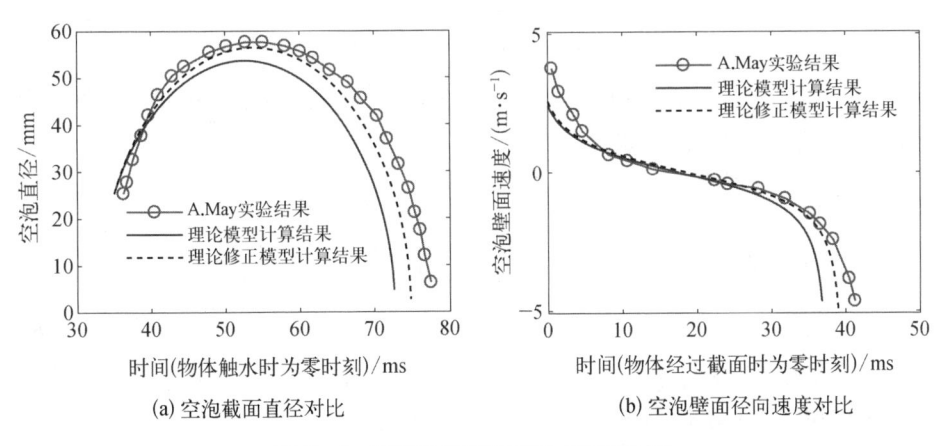

(a) 空泡截面直径对比

(b) 空泡壁面径向速度对比

图 5-5 空泡计算结果理论与实验对比

可以看到,修正后的高速入水空泡动力学模型计算得到入水空泡的截面半径及空泡壁面速度与实验结果吻合程度更高,模型更加准确。

5.4 球体垂直入水数值仿真计算及特征分析

5.3 节建立的理论模型可以得到入水过程运动速度、空泡宏观形貌的变化,进而分析得到不同边界条件(如入水速度、泡内压力等参数)对入水过程的影响,为了深入研究入水过程中非定常流场变化特性,同时进一步研究球体材料表面疏水特性等因素对球体入水过程的影响,利用 CFD 分析手段,采用有限体积法和流体体积法(volume of fluid,VOF)多相流模型,对球体垂直自由入水问题开展数值计算研究,分析了入水空泡的生成、发展过程及影响规律[7]。

5.4.1 数值仿真模型

基本控制方程采用均质多相流 N-S 方程作为流动的基本控制方程。多相流模型中将多相流体视为单一的流体介质混合物,各相具有相同的压力场和速度场。采用 α_l、α_g 和 α_v 分别表示液相、气相和蒸汽相的体积分数,三者满足关系式:

$$\alpha_l + \alpha_g + \alpha_v = 1 \tag{5-36}$$

其中,ρ_m 为混合介质的密度,且 $\rho_m = \alpha_l \rho_l + \alpha_g \rho_g + \alpha_v \rho_v$,$\rho_l$、$\rho_g$ 和 ρ_v 分别为液相、气相和蒸汽相的密度。

连续性方程为

$$\frac{\partial \rho_m}{\partial t} + \frac{\partial}{\partial t}(\rho_m u_i) = 0 \tag{5-37}$$

其中,u_i 为速度分量;μ_m 为混合介质的黏性系数,且 $\mu_m = \alpha_l \mu_l + \alpha_g \mu_g$,$\mu_l$ 和 μ_g 分别为液相和气相的黏性系数。

动量守恒方程为

$$\frac{\partial}{\partial t}(\rho_m u_i) + \frac{\partial}{\partial x_j}(\rho_m u_i u_j) = -\frac{\partial p}{\partial x_i} + \frac{\partial}{\partial x_i}\left[(\mu_m + \mu_t) \cdot \left(\frac{\partial u_i}{\partial x_j} + \frac{\partial u_j}{\partial x_i}\right)\right] \tag{5-38}$$

其中,u_i 为速度分量;μ_m 为混合介质的黏性系数,且 $\mu_m = \alpha_l \mu_l + \alpha_g \mu_g$,$\mu_l$ 和 μ_g 分别为液相和气相的黏性系数;μ_t 为湍流黏性系数。

体积分数方程为

第5章 航行体跨介质入水过程研究

$$\frac{\partial}{\partial t}(\rho_g \alpha_g) + \frac{\partial}{\partial x_i}(\rho_g \alpha_g u_i) = 0 \quad (5-39)$$

$$\frac{\partial}{\partial t}(\rho_v \alpha_v) + \frac{\partial}{\partial x_i}(\rho_v \alpha_v u_i) = R_e - R_c \quad (5-40)$$

其中，R_e 和 R_c 为空泡增长与溃灭质量转换源相。通过求解该方程得到控制单元内水、气和蒸汽相的体积分数，来表征该流体单元内的流体相分布。

能量守恒方程为

$$\frac{\partial}{\partial t}(\rho_m T) + \frac{\partial}{\partial x_i}(\rho_m u_i T) = \frac{\partial}{\partial x_j}\left(\frac{k_i}{c_p}\frac{\partial T}{\partial x_i}\right) + S_T \quad (5-41)$$

其中，S_T 为流体的内热源及由于黏性作用流体机械能转换为热能的部分。

湍流模型采用 SST $k-\omega$ 湍流模型，SST $k-\omega$ 湍流模型为

$$\frac{\partial}{\partial t}(\rho k) + \frac{\partial}{\partial x_i}(\rho k u_i) = \frac{\partial}{\partial x_j}\left(\Gamma_k \frac{\partial k}{\partial x_j}\right) + G_k - Y_k + S_k \quad (5-42)$$

$$\frac{\partial}{\partial t}(\rho \omega) + \frac{\partial}{\partial x_i}(\rho \omega u_i) = \frac{\partial}{\partial x_j}\left(\Gamma_\omega \frac{\partial \omega}{\partial x_j}\right) + G_\omega - Y_\omega + D_\omega + S_\omega \quad (5-43)$$

其中，k 为湍流动能；ω 湍流频率；Γ_k、Γ_ω 为湍流扩散系数；G_k、G_ω 为湍流生成项；Y_k、Y_ω 为湍流动能耗散项；S_k、S_ω 为自定义项。

模型中，湍流动力黏度的限制方程为

$$\mu_t = \frac{\rho a_1 k}{\max(a_1 \omega, \Omega F_2)} \quad (5-44)$$

其中，$a_1 = 0.31$ 为常数；$\Omega = \sqrt{2W_{ij}W_{ij}}$ 为剪切应变率的不变测度；$F_2 = \tan arg_2^2$ 为混合函数。其中，

$$W_{ij} = \frac{1}{2}\left(\frac{\partial u_i}{\partial x_j} - \frac{\partial u_j}{\partial x_i}\right) \quad (5-45)$$

$$arg_2 = \max\left(\frac{2\sqrt{k}}{\rho^* \omega d}, \frac{500v}{d^2 \omega}\right) \quad (5-46)$$

其中，$\rho^* = 0.09$。

空化模型采用 Zwart-Gerber-Belamri 模型，其数学方程为

$$R_e = F_{vap}\frac{3\alpha_{nuc}(1-\alpha_v)\rho_v}{R_B}\sqrt{\frac{2}{3}\frac{(p_v-p)}{\rho_1}} \quad (5-47)$$

$$R_c = F_{cond}\frac{3\alpha_v \rho_v}{R_B}\sqrt{\frac{2}{3}\frac{(p-p_v)}{\rho_1}} \quad (5-48)$$

155

其中，$R_B = 10^{-6}$ m 为气泡半径；水中气核含量 $\alpha_{nuc} = 5 \times 10^{-4}$；$F_{vap} = 50$；$F_{cond} = 0.01$ 均为经验常数。

采用动态层法来实现物体在流域内的运动。图 5-6 所示为动态层法的网格重构示意图，当流域的边界发生运动时，若紧邻边界的网格层高度大于某个临界值时，则该网格层分裂为两个网格层；若紧邻边界的网格层高度小于某个临界值时，则紧邻边界的两个网格层合并为一个。

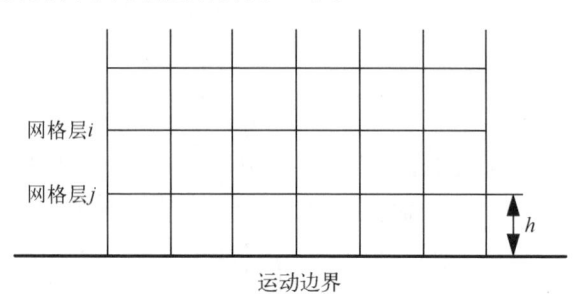

图 5-6 动态层法网格重构示意图

采用有限体积法对控制方程进行求解。压力-速度耦合算法采用 SIMPLE 算法，压力项采用 Body Force Weighted 离散格式，体积分数项采用 Compressive 离散格式，密度、动量、湍流动能、湍流耗散率及能量项采用一阶迎风格式进行离散。编写用户自定义函数(UDF)计算航行体的运动并对压力入口和压力出口处的压力值进行定义，采用动态层方法实现网格的运动。

5.4.2　数值仿真模型验证

J. M. Aristoff 针对不同密度比的疏水性小球开展了低速垂直入水实验，得到了球体入水过程中的入水空泡图像和入水深度随时间变化的曲线[8]，其中密度比为 2.3 的球体入水空泡演化图像如图 5-7 所示。

图 5-7 球体入水空泡演化图像

实验中球体的直径为 25.4 mm，球体从一定高度释放后垂直自由下落，入水速度约为 2.17 m/s。球体表面涂有疏水性涂层，其疏水特性可用接触角来定量表征。如图 5-8 所示,接触角 θ_c 的定义如下:在气、液、固三相交点处作的气-液界面的切线,该切线在液体一侧与固-液交界线之间的夹角即为接触角。当接触角小于 90°时,固体表面呈现为亲水特性;当接触角大于 90°时,固体表面呈现为疏水特性;当接触角为 90°时,固体表面既不亲水也不疏水,处于临界状态。

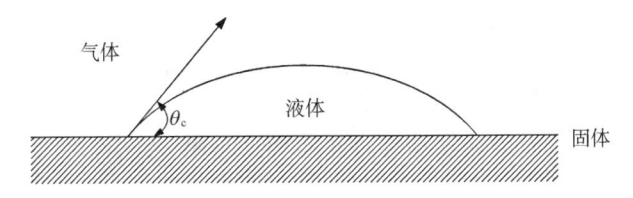

图 5-8　接触角定义示意图

图 5-9 所示为仿真得到的球体质心位置-时间曲线与实验结果的对比图,以及空泡演化过程中特征时刻的空泡形态对比图。可以看到,仿真得到的球体入水深度随时间变化的曲线和空泡形态与实验结果较为吻合。

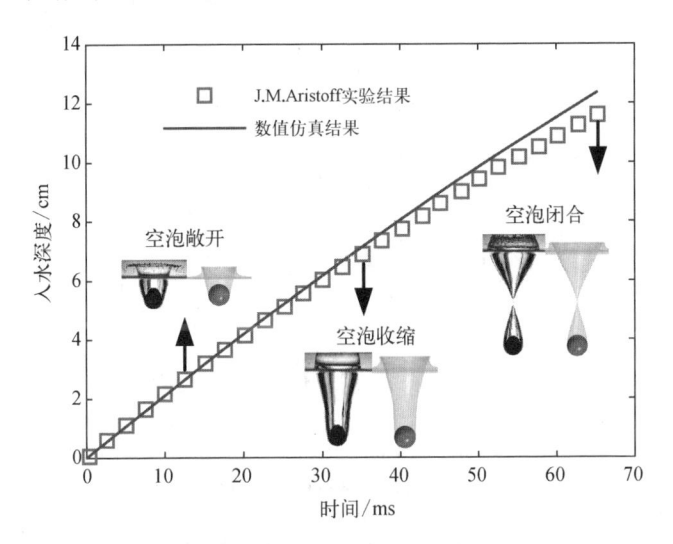

图 5-9　球体低速垂直入水仿真与实验结果对比图

5.4.3　球体表面亲疏水特性对物体入水过程的影响

针对不同表面亲疏水特性的球体开展低速(v_0 = 2.17 m/s)和高速(v_0 = 100 m/s)两种工况的入水过程计算,其中低速工况下的模型选取与 5.2.2.1 小节中相同,仅改变球体壁面的接触角;高速工况下需考虑水的空化,这里在低速入水仿真模型的基础上增加 Zwart-Geber-Belamri 空化模型,VOF 气水两相流模型改为气水汽三相流模型。入水空泡形态对比如图 5-10 所示。

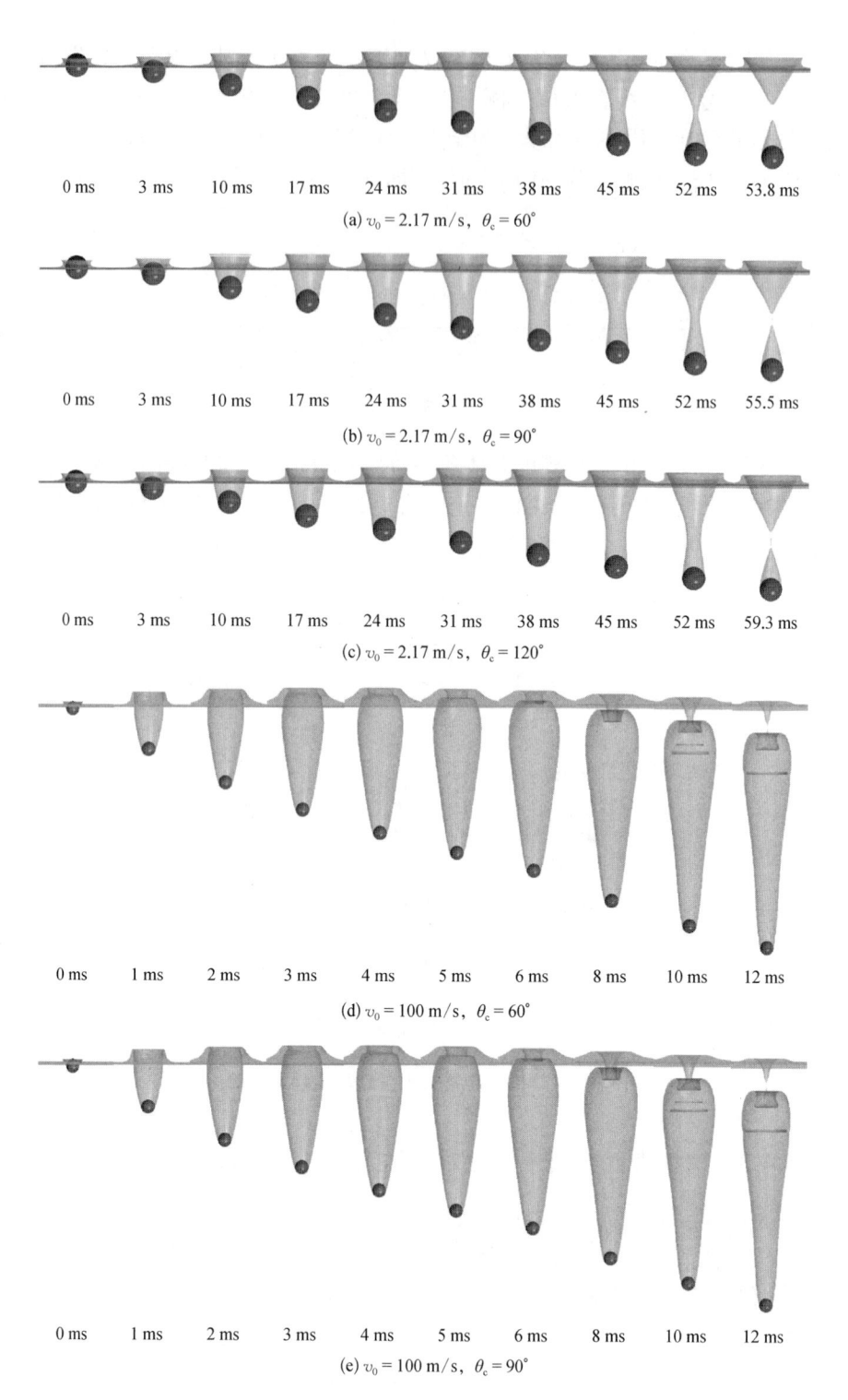

(a) $v_0 = 2.17 \text{ m/s}$, $\theta_c = 60°$

(b) $v_0 = 2.17 \text{ m/s}$, $\theta_c = 90°$

(c) $v_0 = 2.17 \text{ m/s}$, $\theta_c = 120°$

(d) $v_0 = 100 \text{ m/s}$, $\theta_c = 60°$

(e) $v_0 = 100 \text{ m/s}$, $\theta_c = 90°$

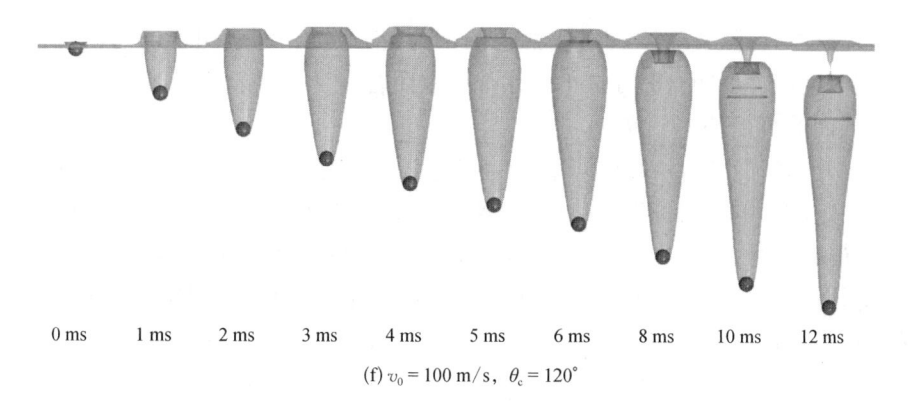

第5章 航行体跨介质入水过程研究

(f) $v_0 = 100$ m/s，$\theta_c = 120°$

图 5-10　不同亲疏水性球体入水空泡形态对比图

可以看到，球体低速入水形成的入水空泡经历了形成、敞开、扩张拉伸、收缩及深度闭合等演化阶段，而球体高速入水形成的空泡则经历了形成、敞开、扩张拉伸、表面闭合及收缩拉伸等演化阶段。

如图 5-11 所示，记球体深度闭合的时间为 t_{dc}，球体在深度闭合时闭合位置距水面的长度为闭合深度 h_{dc}，深度闭合时水面处空泡截面的直径为 D_m，固液接触线处的 θ 角度值为球体沾湿角度 θ_w。

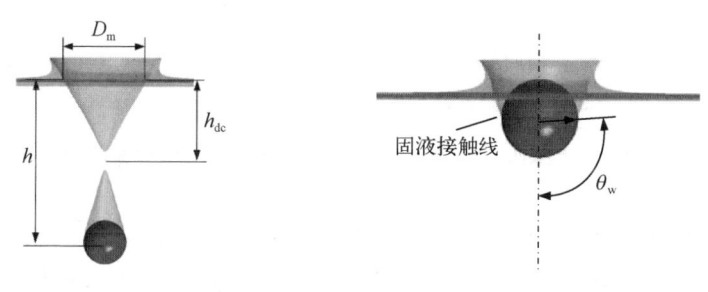

(a) 深度闭合位置及闭合时水面处空泡直径　　(b) 球体沾湿角度

图 5-11　参数定义示意图

表 5-1 列出了不同亲疏水性球体发生深度闭合时有关参数的值。

表 5-1　不同亲疏水性球体发生深度闭合时有关参数

$\theta_c/(°)$	t_{dc}/ms	h/cm	h_{dc}/cm	D_m/cm
60	53.8	9.59	4.56	5.36
90	55.5	10.69	5.01	5.37
120	59.3	11.38	5.81	5.35

159

可以看到,随着球体表面接触角的增大,空泡发生深度闭合的时间逐渐增大,同时空泡深度闭合时球体的入水深度及闭合深度也逐渐增大,但此时水面处空泡截面的直径基本一致。

此外,亲疏水特性对球体低速入水过程中入水深度和沾湿角度的变化过程也有一定的影响。如图5-12所示,球体入水后,球体的沾湿角度迅速增大,三种不同接触角的球体在零时刻的沾湿角度均在80°左右。而后,随着球体的下落,球体的沾湿角度缓慢增大,但亲水性球体的沾湿角度开始明显大于疏水性球体和中性球体。同时,亲水性球体的速度衰减要略快于其余两种球体,同一时刻的入水深度偏小。

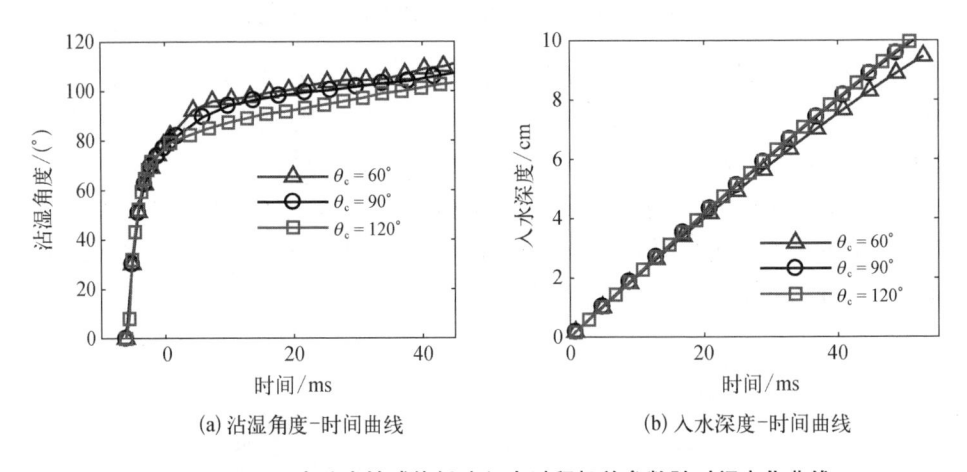

(a) 沾湿角度-时间曲线　　(b) 入水深度-时间曲线

图 5-12　不同亲疏水性球体低速入水过程相关参数随时间变化曲线

由图5-10中(d)~(f)可知,球体表面亲疏水特性对球体高速入水过程中空泡形态的演化过程几乎没有影响,三种接触角的球体入水形成的空泡均在12 ms时发生了表面闭合。图5-13所示为三种不同球体在高速入水过程中沾湿角度和入水深度随时间的变化曲线。可以看到,球体高速入水后,沾湿角度迅速增加至60°左右,而后缓慢增加。除在入水初期和空泡接近闭合时三种球体的沾湿角度稍有差异外,其余时间沾湿角度一致。此外,三种球体的入水深度随时间变化的曲线也一致。

综上所述,球体表面亲疏水特性对球体低速入水过程具有一定的影响,但对于球体高速入水过程的影响则可以忽略。这是由于球体表面亲疏水特性主要影响了球体入水过程中的表面张力,对于小尺度球体低速落水,流动的韦伯数较小,表面张力对流动的影响较大[9,10];而高速入水,流动的韦伯数则较大,表面张力对流动的影响可以忽略,流动主要受到惯性力、压差力等的影响。

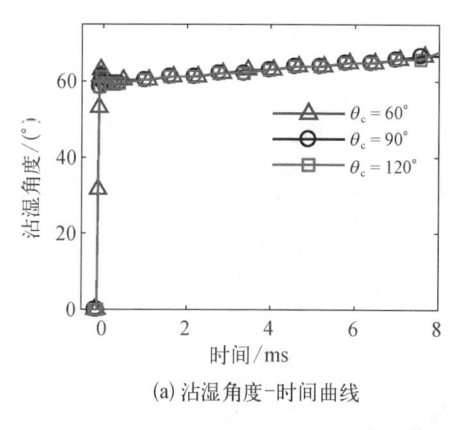

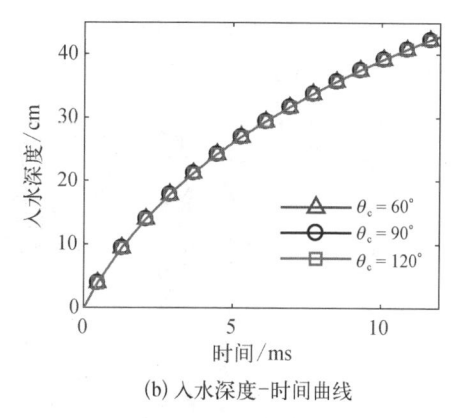

(a) 沾湿角度-时间曲线　　(b) 入水深度-时间曲线

图 5-13　不同亲疏水性球体高速入水过程相关参数随时间变化曲线

5.5　平头圆柱体垂直入水数值仿真计算及特征分析

5.5.1　平头圆柱体垂直入水试验研究

利用如图 5-14 所示的实验系统对圆柱体入水动态过程开展研究。实验水舱采用高强度钢制圆柱形外壳+钢化玻璃观察窗组合的设计方案，以满足开展高速入水实验时强度要求、使用要求和观察要求。观察窗口及光源窗口的玻璃材料一方面需要满足试验压力条件下的强度要求，另一方面要保证良好的透光度以便观测。利用高速摄像机拍摄记录模型入水过程，分析入水过程的物理景象[11]。

发射系统采用轻质量的高压气体作为原驱动力推动圆柱体高速运动，需要满足两方面要求：① 能够实现推动圆柱体高速并稳定的运动，且速度可调节；② 距离水面的高度保证足够的加速过程和入水减速回收过程。

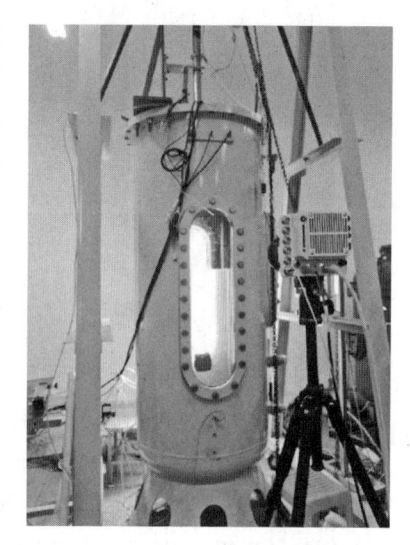

图 5-14　光测设备布置图

高速入水实验入水撞击形成的冲击压力呈现瞬态冲击特征，且峰值较大，采用高频响动态压力传感器以满足测量需求。同时为了适应安装、使用环境要求，传感器还要满足小尺寸、高强度、防水性等要求。冲击加速度传感器用来记录模型所受冲击情况。

图 5-15 为试验入水速度为 14.37 m/s 工况的平头圆柱体模型入水空泡发展形态图像。图中零时刻对应入水抨击起始时刻。

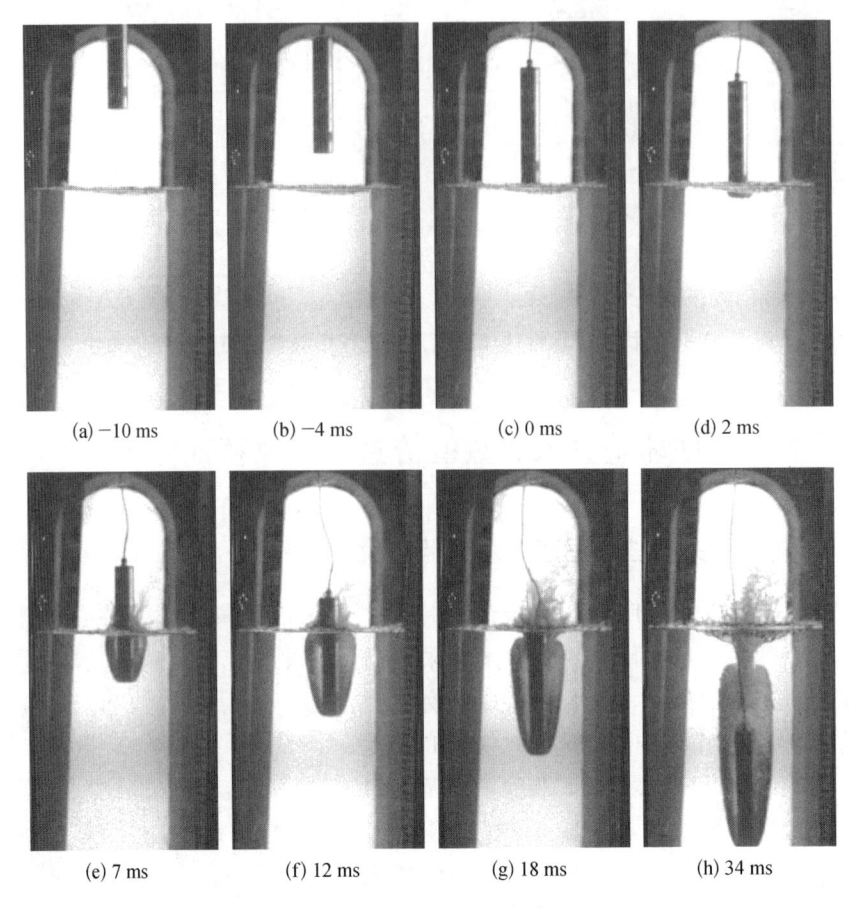

(a) −10 ms (b) −4 ms (c) 0 ms (d) 2 ms

(e) 7 ms (f) 12 ms (g) 18 ms (h) 34 ms

图 5-15　速度为 14.37 m/s 模型入水形态

驱动装置发射模型出筒入水,可以观察到航行体以垂直的姿态行进,而此时由于模型运动压缩气体导致水面上方气压升高,自由面产生波纹(−10 ms);当头部抨击到水面时(0 ms),由于阻力作用,模型动能部分转化为附近水流体的动能,水质点开始运动,自由液面以上产生喷溅现象,顶部开始即形成骤涨趋势的开空泡,在空泡敞开阶段,入水空泡在被拉长的同时还伴随着径向扩张。

空泡在 7 ms 即在模型侧壁面闭合时,随着模型入水深度的加大,空泡闭合点沿模型表面向后移动,当进入深度仅约模型长度的一半(12 ms)时,闭合的空泡形状为桶形,空泡壁面界面发展均匀且光滑,空泡内部形成了可见的回射流轴向模型头部运动;模型尾部完全没入水中后,在尾部后附有和模型圆柱部分类似的圆柱形空泡,空泡透明度高,发展均匀。

随着圆柱体进一步向下运动,自由表面上喷溅水膜逐渐增大,在表面张力、水静压梯度、空气在空泡中流动等多种因素的共同作用下迅速向中间收缩,形成一个类似凸起的钟罩形状的封闭面,阻止了外部空气向模型尾部空泡的气体输入,同时,空泡壁面变狭、颈缩,最后近似收缩成一点,形成表面闭合。

表面闭合发生后,整个空泡在闭合点附近被分成两个封闭区域并分离,空泡周边区域的水体向内运动,相互碰撞,会在闭合点形成两股分别朝向自由液面和模型底部的射流,此时模型后部的空泡由于受到射流的影响,内部出现流动不稳定区域,导致空泡壁面出现模糊。

在入水过程中,模型受大量值力作用主要集中在模型头部入水抨击瞬间,如图5-16所示,在模型头部产生一个脉宽较窄的脉冲压力,压力测量峰值达到了2.847 MPa,衰减时间达到了0.16 ms。脉冲压力作用过后的模型入水过程,压力值变化趋于平缓。

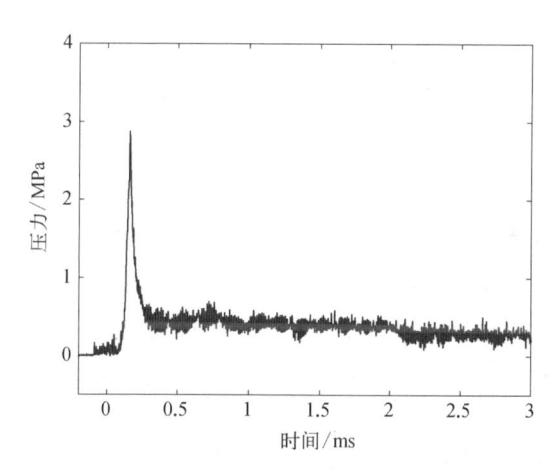

图5-16 圆柱模型垂直入水载荷特性

如表5-2所示,通过对比圆柱体不同入水速度的试验压力测量结果,可以看出随入水速度的升高,压力峰值随之增加。

表5-2 不同入水速度的试验压力测量结果

模型初速度/(m/s)	入水后模型速度/(m/s)	压力峰值/MPa
14.37	13.47	2.847
13.51	12.67	1.55
14.91	14.29	2.98

5.5.2　跨介质入水计算方法分析对比

研究跨介质入水计算问题主要有以下几种技术途径。

(1) CFD 方法。

入水问题是一个典型的包含气、汽、液的多相流动问题,整个入水过程涉及穿越自由液面、相变(高速入水过程的空化效应),具有强瞬时及强非线性特性。CFD 通过求解雷诺时均的 Navier - Stokes 方程可以对高速入水空泡流场进行有效的数值模拟,其中涉及湍流的封闭模式、速度-压力场的耦合求解、多相流体的界面形状、高速条件下的空化效应等问题,对自由液面的数值模拟一般采用 VOF 均质多相流模型描述气、汽、液形成的多相流动,同时通常假设流体为不可压缩,忽略入水过程中由于流体黏性产生的热效应,建立了描述该问题的流体控制方程。VOF 多相流模型将多相流体看作单一的流体介质混合物,各相共享同一压力场、速度场,并忽略了各相之间的滑移速度。通过计算得到计算单元内各相流体介质的体积分数,由此确定该单元内各相的组分。

(2) CFD 与 FEM 流固耦合方法。

在入水相关问题中,物体在高速入水瞬间会受到巨大的冲击载荷,载荷的存在会对入水物体的外部和内部结构造成负面的影响,因此在对高速入水问题进行研究时,通常要考虑高速撞水载荷对结构的影响作用。传统的 CFD 方法集中在流场变化和水动力特性进行模拟,没有考虑固体结构的应力应变,所以对这类问题一般引入基于 CFD 方法与 FEM 方法的流固耦合(fluid-solid interaction, FSI)算法。流固耦合用于描述移动或变形的固体与流体内流场或外流场之间的相互作用、相互影响的问题。流固耦合可分为弱流固耦合和强流固耦合两类。弱耦合形式通常涉及稳态问题,可以被视为单向耦合。强流固耦合中流体动力作为动态载荷,随着时间的推移会发生较剧烈的变化,耦合过程考虑流体压力和剪切力对固体作用引起变形的同时也考虑变形导致流体流动的变化,当固体求解器和流体求解器都采用隐式格式时,流体求解器和固体求解可以在一个耦合时间步内多次交换数据。

(3) 欧拉-拉格朗日方法(Euler-Lagrangian method)。

欧拉-拉格朗日方法包含耦合欧拉-拉格朗日(coupled Euler-Lagrangian, CEL)方法和任意拉格朗日欧拉(arbitrary Lagrange-Euler, ALE)方法。其中 CEL 方法中使用欧拉单元来模拟流体或拟流体,而使用拉格朗日单元来模拟固体等非流体。用欧拉单元模拟的结构可以克服有限元网络大变形时产生的严重变形。在欧拉网格中网格不动,而材料在网格内变化,在每个增量步中,计算每个单元内的材料分布情况,通过材料分布来描述流体的变形。所以,欧拉材料边界比拉格朗日材料边界更适合大变形。ALE 方法的主要特点为有限元网络的任意性。传统方法中,有限元网络如果不是随物体本身变形(拉格朗日方法),那么就是在空间内保持不动(欧拉方法)。而在 ALE 方法中,网格可以随特定物理问题,采用自己独有的特殊移动方式。首先,在结构边界运动的处理上引进了拉格朗日方法的特点,能够有效跟踪物质结构边界的运动;其次,在内部网格的划分上结合了欧拉方法的优点,使内部网格单元独立于物质实体存在,又不完全和欧拉网格相同。CEL 方法与 ALE 方法的共同点是都兼具了拉格朗日方法和欧拉方法二者的特长,均可以用于分析大变形的问题。而不同点是 CEL 方法在计算前需要预测变形较大的物体或流体大概运动的范围,使流体或固体材料在网格间流动,因此 CEL 方法如果要获得较高的精度,需要划分足够精细的欧拉域。ALE 方法在建模时就将欧拉单元当作实体的拉格朗日单元,赋予了流体材料,欧拉单元在每个时间步都被当成拉格朗日单元处理,在每个时间步单元发生变形,然后重新划分网格将变形的单元规则化。对高速跨介质入水问题来说,物体在入水过程可能会发生较大的变形甚至破坏,如果采用 CEL 方法进行流固耦合计算,需要对物体经过的路线、空泡和喷溅产生的范围划分精细的欧拉网格,会降低计算效率。而使用 ALE 方法,可通过对物体上的结构单元网格较为精细的划分,可有效提高计算效率。

从上述 FSI 方法的介绍中,可知基于 CFD 与 FEA 的流固耦合主要可以求解的是高速入水问题中固体结构发生变形的情况,如果发生变形过大或者冲击载荷过高超过固体结构强度,造成结构破坏的工况,上述 FSI 方法无法对结构的破坏形式进行模拟,对于这类问题目前主要采用 ALE 流固耦合方法进行模拟。ALE 的主要特点为有限元网格的任意性。传统方法中,有限元网格如果不是随物体本身变形(拉格朗日方法),那么就是在空间内保持不动(欧拉方法)。而在 ALE 方法中,网格可以随特定物理问题,采用自己独有的特殊移动方式,首先在结构边界运动的处理上引进了拉格朗日方法的特点,能够有效跟踪物质结构边界的运动;其次在内部网格的划分上结合了欧拉方法的优点,使内部网格单元独立于物质实体存在,又不完全和欧拉网格相同[12]。

上述三种方法中,CFD 方法可以有效捕捉入水过程中流场的流动细节,是分析流场特性,入水模型受力和运动等相关问题的有效工具。对于高速入水问题,物体在高速入水瞬间会受到巨大的冲击载荷,载荷的存在会使对入水物体的外部和内部结构造成负面的影响,因此在对高速入水问题进行研究时,通常要将高速撞水载荷对结构的影响作用考虑在内。传统的 CFD 方法只对流场变化和水动力特性进行模拟,没有考虑到固体结构的应力应变,所以对这类问题就要引入 FSI 算法,即 CFD 方法与 FEM 方法耦合。FSI 算法用于描述移动或变形的固体

与流体内流场或外流场之间的相互作用、相互影响的问题。在流体力达到使结构发生破坏损伤时,需要对结构的破坏形式进行模拟和分析。对于带头罩等涉及结构破坏的高速入水的降载问题中,往往通过头罩的破坏吸收冲击能量,其中的关键动力学过程即头罩的破坏吸能过程,因 FSI 算法无法对结构的破坏形式进行模拟,已不再适用。此时,采用基于 CEL 或 ALE 的 FSI 算法可以有效模拟高速入水过程中的结构破坏问题。

5.5.3　平头圆柱体垂直入水冲击仿真计算

CEL 方法作为一种常见的流固耦合算法,目的是将固体问题、流体问题一起解决带来其流固耦合面不固定、迭代增量计算周期大等问题,其天然的计算资源耗费巨大,因此对于长周期的模拟时完全不占优势的,但是其计算精度高、收敛性较好,处理瞬态问题具有一定的优势。CEL 方法还有网格划分简单快速的优势。因此,CEL 方法有着其独到的优势用于入水冲击计算。

图 5-17 给出了该模型的轴线与自由面垂直的三维航行体模型入水示意图。模型以 14.37 m/s 的速度入水。

柱体落水时,柱体下表面拍击流场,使流场部分气化,此时流固交界面的流场应为水气混合物。声速应取气水混合介质的声速。如果取水的声速作为声速的话,就会高估入水冲击压力,甚至可能高一个数量级。图 5-18 给出了声速随含水量的变化曲线。

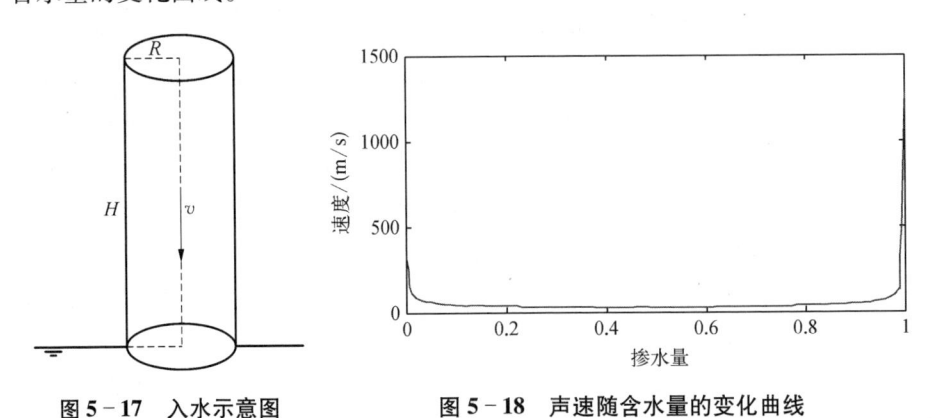

图 5-17　入水示意图　　图 5-18　声速随含水量的变化曲线

仿真中含气量的选取很关键,不同的问题含气量也不尽相同,一般通过实验的方式确定含气量,对于本书的入水问题,取含气量为 1.009%,水的密度为 989.91 kg/m^3,声速为 190 m/s。计算该模型的入水冲击力。

数值模拟捕捉到了圆柱体入水空泡演化的基本特征,通过与垂直入水实验的比对,实验现象与数值模拟现象基本一致,验证了数值模型的有效性(图 5-19)。

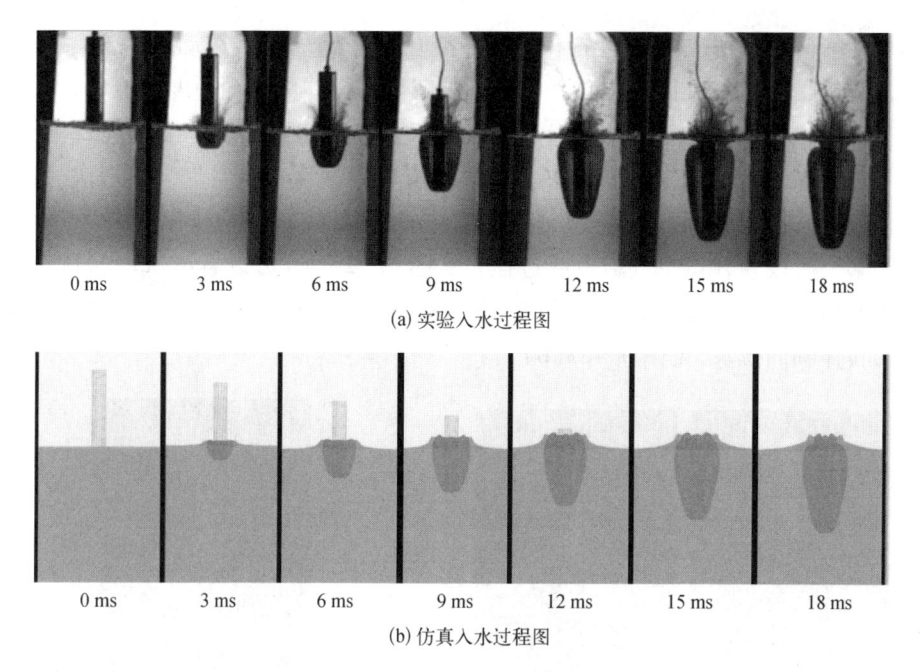

| 0 ms | 3 ms | 6 ms | 9 ms | 12 ms | 15 ms | 18 ms |

(a) 实验入水过程图

| 0 ms | 3 ms | 6 ms | 9 ms | 12 ms | 15 ms | 18 ms |

(b) 仿真入水过程图

图 5‑19　实验模拟结果对比图

图 5‑20 为垂直入水压力仿真计算与试验的对比结果，当计算网格数量达到 200 万时，数值误差为 6%。计算结果也表明入水冲击压力主要体现在航行体撞到水面瞬间产生的瞬时砰击力。

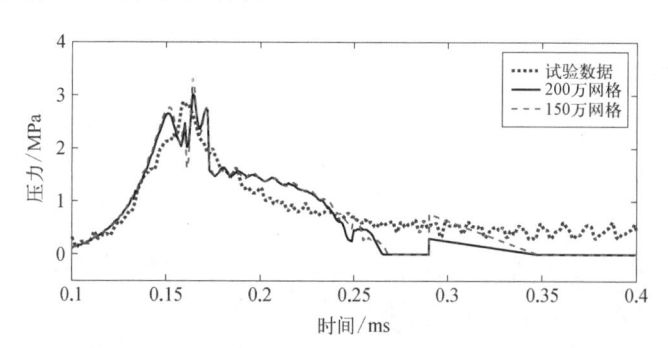

图 5‑20　仿真结果与试验结果对比图

5.5.4　圆柱体垂直入水流体动力特性分析

利用 CFD 方法对轴对称圆柱体垂直入水过程进行计算分析，研究垂直入水过程中气泡的形成、演化发展历程。采用有限体积方法和一阶迎风离散格式，依次求解连续性方程和动量方程，并采用 PISO 压力速度耦合方程进行压力修正。

利用动网格技术解决运动边界和计算域变化的问题。基于运动方程编写 C 程序,并将其嵌入用户自定义函数(UDF),求解出航行体的运动速度和位移。

1. 空泡演化及流体动力特性

以 25 m/s 入水速度为例分析回转体从空气中垂直入水空气泡的形成、发展历程,可以得到和前面试验基本一致的空泡演化图像。

第一阶段为开口空气泡发展过程。从图 5-21(a)可以看出从回转体头部入水开始,便在头部周围产生了开口空气泡。随着入水深度的变化,空气泡逐渐沿回转体轴向拉长,见图 5-21(b)。

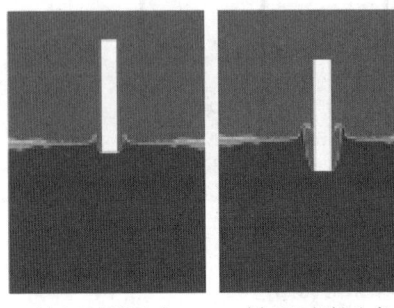

(a) 0.1L相场分布　　(b) 0.3L相场分布

图 5-21　25 m/s 入水水气含量变化历程第一阶段

0.4L相场分布

图 5-22　25 m/s 入水水气含量第二阶段

第二阶段为空气泡闭合过程。开口空气泡沿着回转体轴向发展到一定程度后,在回转体入水 0.4 倍回转体特征长度时,空气泡在回转体包裹范围内开始趋于闭合,见图 5-22。

闭合空气泡形成后,随着入水深度的增加,空气泡沿回转体轴向推进拉长,向回转体尾部发展,见图 5-23。闭合的空气泡尾端会在回转体壁面上形成驻点,产生高压区,并依次在回转体轴向上推进,见图 5-23(b)和(c)。

(a) 0.7L相场分布　　(b) 0.9L压力场分布　　(c) 1.15L相场分布

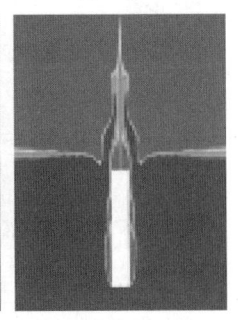

图 5-23　25 m/s 入水水气含量变化历程第三阶段

入水空气泡的产生,对回转体表面流体动力的分布产生影响,图 5-24 为回转体沿轴向不同截面处的表面压力时间历程变化曲线。由图 5-24 可以看出,回转体从空气中落入水中过程中,头部产生开口空气泡,随着入水深度增加,开口空气泡沿着回转体轴向向尾部发展,在其包裹的回转体头部范围内,回转体表面压力是随着入水深度增加而逐渐降低的,而且是沿轴向依次进入开口低压空气泡,直至回转体在入水 0.4 倍回转体特征长度时空气泡开始趋于闭合。在截面进入开口泡压力降低过程中,开口泡内的压力大小并不完全一致,这表明泡内压力呈不均匀分布特征。

空气泡完全闭合后,由于水的绕流作用在泡的尾端形成驻点,泡的尾端对应回转体表面位置处压力开始出现抬升,见图 5-24 中 6.6 m 截面位置处,为第 1 个高压出现位置,随后高压区依次在回转体轴向上推进,泡的尾端截面出现高压峰值后,很快进入空气泡内,压力也随着泡内压力变化。

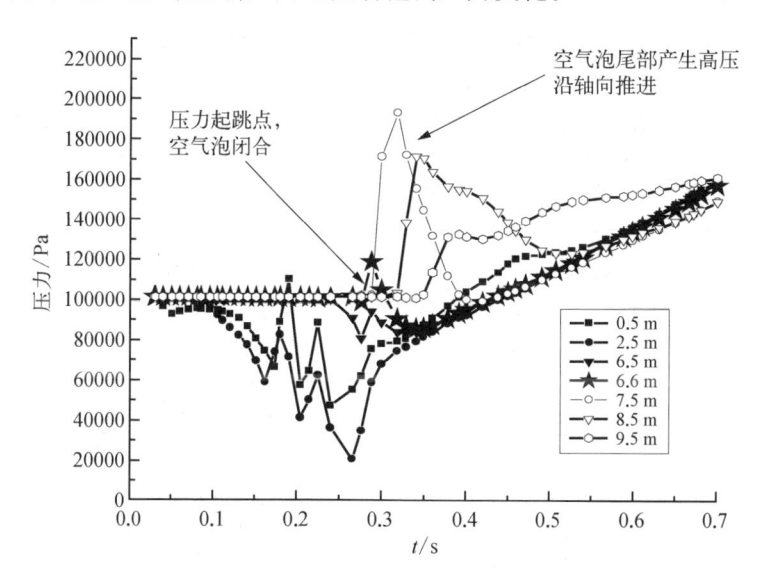

图 5-24　25 m/s 入水回转体沿轴向不同截面处压力计算结果

2. 不同入水速度影响分析

为了分析不同入水速度下回转体垂直入水流体动力分布特征,分别进行了 25 m/s、30 m/s 和 35 m/s 不同入水速度下回转体入水仿真数值计算分析,图 5-25 为不同入水速度下回转体轴向不同截面处空气泡尾端高压峰值。由图 5-25 可见,空气泡闭合后,在泡的尾端产生的高压随入水速度增加而增大。

不同入水速度下,空气泡闭合后沿轴向在回转体表面推进速度随着回转体入水运动速度变化。利用特征截面出现高压峰值对应的特征时刻,可以计算出

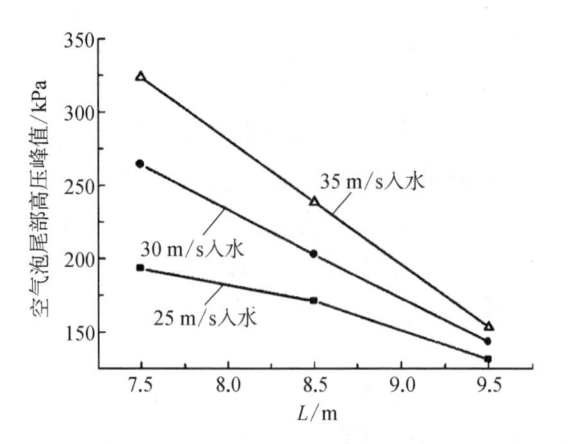

图 5-25　回转体轴向不同截面处空气泡尾端高压峰值对比

不同入水速度下空气泡闭合后沿回转体轴向的推进速度，计算结果见表 5-3 和图 5-26，其中空气泡在回转体表面沿轴向推进速度是通过沿回转体轴向分布截面位置和对应空气泡尾部压力峰值出现时间数据，利用最小二乘法进行线性拟合得到的。从分析结果可以看出，入水速度越高，空气泡沿轴向的推进速度越大。

表 5-3　不同入水速度下空气泡闭合后沿回转体轴向推进速度

入水速度 m/s	推进速度 m/s
25	28.87
30	32.74
35	38.39

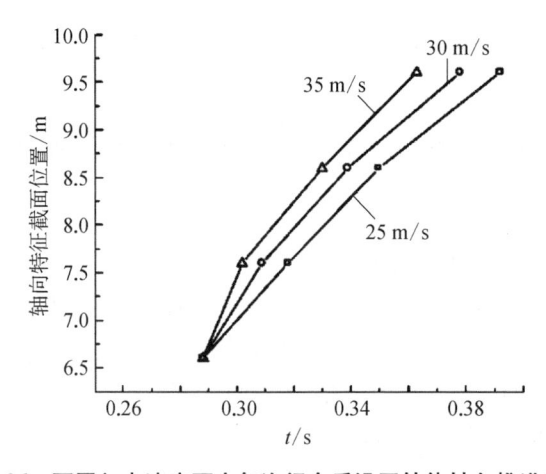

图 5-26　不同入水速度下空气泡闭合后沿回转体轴向推进时域图

参考文献

[1] 王浩宇,李木易,程少华,等.航行体高速入水问题研究综述[J].宇航总体技术,2021,5(3):65-70.

[2] LOGVINOVICH G V. Hydrodynamics of flows with free boundaries[M]. Kiev:Naukova Dumka Publishing House,1969.

[3] 马庆鹏,何春涛,王聪,等.球体垂直入水空泡实验研究[J].爆炸与冲击,2014,34(2):174-180.

[4] 何春涛,王聪,何乾坤,等.圆柱体低速入水空泡试验研究[J].物理学报,2012,61(13):4701.

[5] MAY A, WOODHULL J C. The virtual mass of a sphere entering water vertically[J]. Journal of Applied Physics,1950,21(12):1285-1289.

[6] ABELSON H I. Pressure measurements in the water-entry cavity[J]. Journal of Fluid Mechanics,1970,44(1):129-144.

[7] 张晨星,谷立祥,权晓波,等.基于数值仿真的球体垂直入水空泡演化过程研究[J].导弹与航天运载技术(中英文),2024(1):10-17.

[8] ARISTOFF J M, TRUSCOTT T T, TECHET A H, et al. The water entry of decelerating spheres[J]. Physics of Fluids, 2010, 22, 032102:1-8.

[9] 黄超,翁翕,刘谋斌.超疏水小球低速入水空泡研究[J].力学学报,2019,51(1):36-45.

[10] 孙钊,曹伟,王聪,等.半疏水半亲水球体垂直入水空泡数值仿真研究[J].兵工学报,2017,38(5):968-977.

[11] 王岳扬,陈绍露,龙镜冰,等.带泡沫头帽圆柱体入水机理试验研究[J].振动与冲击,2024,43(20):263-274.

[12] 魏海鹏,史崇镔,孙铁志,等.基于ALE方法的航行体高速入水缓冲降载性能数值研究[J].爆炸与冲击,2021,41(10):115-126.

第 6 章
航行体水下发射跨介质动力学研究展望

水下发射航行体首先要能够水下稳定航行并穿越水空界面,之后又要适应空中高速飞行,充分结合了水下隐蔽性好、空中飞行速度高的优点,具有重大应用价值。

航行体水下发射过程均要经历由气入水、水中航行、出水、特定条件下还要再次入水等几个阶段,由于水的密度是空气密度的 800 倍,航行体往往要在极短时间内经历介质的突变,航行过程具有跨介质、跨界面的特点,流体动力和载荷也呈现非定常、非线性特征[1]。

由气入水段,航行体高速由气进入水中的过程中流场变化激烈而又复杂,在界面突变、空泡多相流动的作用下流体动力非线性特征明显,对结构降载及载荷控制提出了挑战。

在水中航行段,航行体运动往往伴随空泡的发展、脱落等演化过程,流体动力的作用形式复杂,且水下高速运动下的流体力远大于空中飞行,弹道航行姿态极易发散,因此水下航行设计主要以稳定性为主要原则。

在出入水阶段,跨介质飞行界面突变导致流场结构变化剧烈,附着水层在复杂自由面、航行速度、运动姿态等因素的耦合作用下,形成作用于航行体表面的非均匀、非对称压力脉冲,改变载荷和弹道变化规律[2]。

从航行体水下发射过程可以看出,在复杂自由面、出入水速度、出入水姿态等多因素的作用下,伴随着空泡的形成-闭合-脱落及尾空泡等复杂流动现象,其研究重点方向主要包括如下几个方面:

(1) 跨介质航行体空泡多相流动问题;
(2) 水下有控弹道稳定性问题;
(3) 跨介质运动与自由面相互作用机制问题;
(4) 高速出入水流固耦合瞬态载荷问题。

第6章 航行体水下发射跨介质动力学研究展望

6.1 航行体空泡多相流动研究

航行体在水下快速航行时,航行体头部由于分离绕流形成低压区诱发附着肩空泡,航行体底部在脱离发射筒口时由于发射筒内气团跟随并颈缩断裂形成尾空泡。肩空泡与尾空泡形成的空泡多相流动是水下航行体最主要的流体动力特征,伴随着航行体非定常、高动压、跨水空介质运动过程,涉及非定常空化流动及其与固壁、自由面的相互作用,对其流动机理及规律的研究也是国内外水动力学领域研究的前沿和热点。

空泡多相流的研究始于19世纪下半叶,早期重要的理论研究成果主要是基于复变函数保角映射的自由流线理论,及后期发展的各种修正模型,如映射模型、开放尾流模型、回射流模型等。20世纪40年代,Knapp等开展空泡多相流的实验研究,水洞、水池成为重要的观测空泡多项流动的实验装置。至今已形成了针对空化流动较为丰富的研究手段,能够实现对空泡形态、密度、速度、压力等物理量的精细观测。随着数值仿真技术的发展,针对空泡多相流动的空化模型、修正湍流模型等获得越来越多的应用,大涡模拟、直接数值模拟等精细分析手段也逐步开展探索。通过实验与数值仿真手段相结合,针对空泡稳定性、空泡溃灭、空泡流动主动控制等方面开展了大量工作,已发现了空泡脱落、溃灭等典型现象的物理机制。

6.1.1 肩空泡特性研究

当航行体水下高速运动时,水介质绕流航行体,在其表面局部产生低压区,当航行体运动速度增加或环境压力减小到一定程度时,在航行体肩部附近发生空化现象,产生空泡。空化现象发生后,由于空泡汽水界面效应,对航行体沾湿区的压力产生一定影响,同时空泡末端的回射压力作用于航行体表面,特别是在攻角不为零时,形成较大的迎背水面压差,对航行体受力产生较大影响。

水下航行体肩部空化现象发生后,除空泡末端存在较明显的压力脉动外,空泡内为近似等压区,同时末端的高压回射流作用于航行体表面,形成压力脉冲,空泡的存在改变了航行体表面的压力分布。不同空化数、攻角和头部外形状态下,空泡尺度不同,航行体表面压力分布特征存在差异,影响航行体受力[3,4]。

基于水洞机理实验和数值仿真计算获得不同空化数下航行体表面压力如图6-1所示。不同空化数下,航行体表面压力分布特征基本一致,在航行体前端沾湿区表面压力逐渐下降,在空泡起始位置压力达到空化压力,空泡区内压力近似相等,在空泡末端回射流的作用下,航行体表面压力迅速升高,形成压力脉冲,

自空泡末端到航行体尾部,航行体表面压力逐渐下降并最终与环境压力一致。小空化数下空泡长度较长,末端回射压力作用位置更靠近航行体尾部,且空泡末端回射压力量值大于大空化数状态。

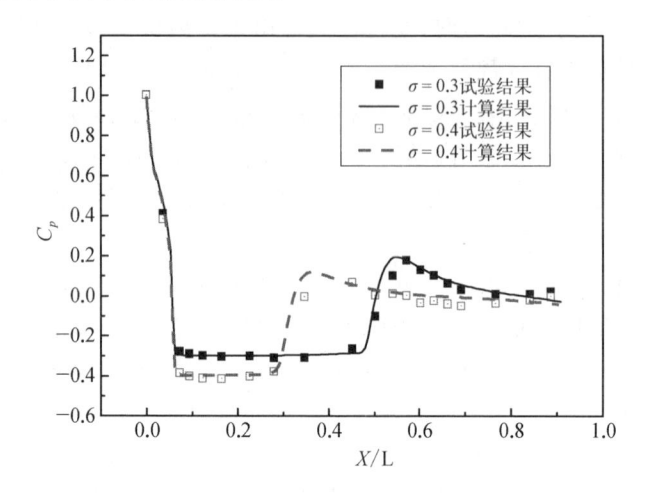

图 6-1 0°攻角不同空化数航行体表面压力分布

空化流动的非定常过程及空泡溃灭特性是空泡流研究中的重点内容。航行体水中航行体时,随着环境压力的不断下降,空泡数不断降低,导致空泡长度不断变大,并在空泡末端呈现出明显的回射推进特征。Owis 和 Nayfeh 对轴对称航行体非定常空泡的演变过程进行了研究,发现回射流的形成及其演化规律与空泡的脱落特征密切相关[5]。王一伟和黄晨光基于对回射流条件下云状空化演化规律的认识,建立了回射流的动力学模型,得到了空泡稳定性的判据表达式及其相似律规律[6]。程少华等基于空泡独立膨胀原理,考虑横流对独立空泡发展的影响,建立了小攻角下水下航行体空泡形态的理论计算模型,并与试验数据进行比对,验证模型的合理性[7]。王复峰等利用高速摄像和测力系统研究了绕回转体的非稳态空泡,捕捉了空泡的断裂脱落现象[8]。图 6-2 给出了空泡区域内水汽混合相的回射流特征。水汽混合相经历了逐渐向前缩小,然后又反复扩充长大的周期性振荡过程,汽相和水汽混合相之间形成了清晰的分界面,图中所标出的直线段即为汽相区和水汽混合区分界面所在位置。从图中可以看出,空泡尾缘两相区呈较为明显的断面反向推进(汽化区后部的浅白色界面),表现为白色区域的增加,直至航行体头部,然后汽相区开始向后扩张,如此反复,数值计算的结果亦反映了由于空泡尾部的反向流动所造成的空泡界面的不稳定性。两相界面往复周期性运动过程表明,空化区域内部存在着强烈的水汽质量交换。

(a) 实验结果

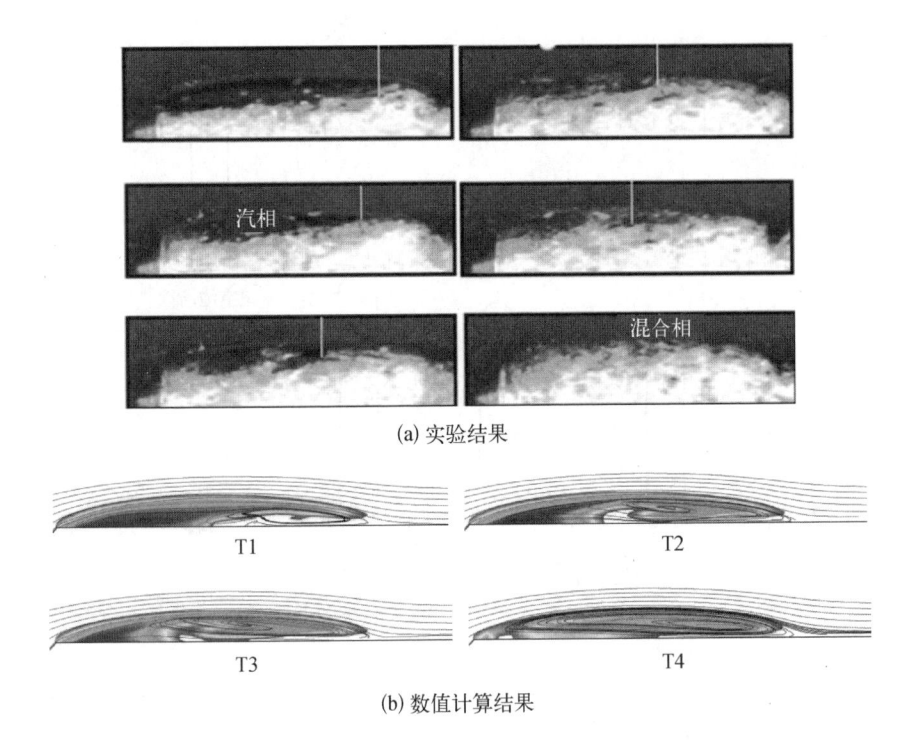

T1　　　　　　　　　　T2

T3　　　　　　　　　　T4

(b) 数值计算结果

图 6-2　空泡内回射流的反向推进过程（$\sigma=0.30$）

在航行体出水阶段，空泡与自由液面相互作用会诱发空泡溃灭现象，在航行体壁面形成大范围的冲击压力，是航行体载荷的主要来源之一。Saito 和 Sato 通过实验观测了圆柱状航行体上空泡的非稳态过程及溃灭对结构的冲击[9]。Gavaises 等采用高速摄像技术研究了轴对称体上的空泡演化和溃灭过程。权晓波等将航行体出水过程的肩空泡切面简化为二维圆形泡，分析了空泡溃灭压力的产生原因和影响因素[10]。褚学森等采用数值模拟手段获取了航行体出水空泡与自由面的相互作用规律，并捕捉到了溃灭压力的作用机制[11]。王一伟等开展了航行体出水空泡溃灭过程研究，揭示了出水溃灭过程空泡形态及压力演变特征，建立了空泡溃灭压力的物理模型，给出了相关参数的影响规律[12]。

6.1.2　尾空泡特性研究

尾空泡是决定航行体受力与运动特性的关键因素，其压力直接影响航行体水下运动速度，同时其发展演化会对航行体表面的流场造成不同程度的干扰。尾空泡流动机理及规律的研究是开展航行体流体动力特性设计的基础。其发展历程可分为形成、发展、溃灭三个阶段，如图 6-3 所示。

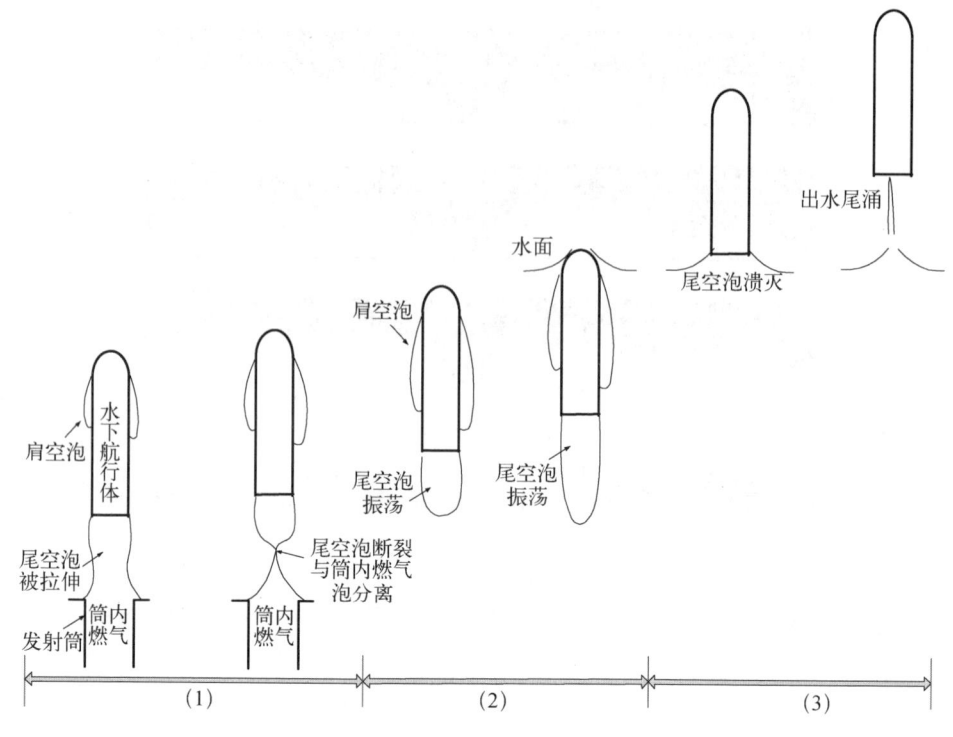

图 6-3 水下垂直运动航行体尾空泡发展历程

（1）尾空泡形成：出筒段筒内高压燃气推动航行体加速运动，出筒后受航行体运动牵引作用筒内燃气持续拉长、膨胀降压，在周向水流挤压下颈缩断裂，形成航行体附体尾空泡。气泡断裂形成回射射流冲击航行体尾部。

（2）尾空泡发展：水中段尾空泡初始压力高于环境压力，受航行体非定常运动的影响及气泡动力学作用，尾空泡压力在环境压力附近非线性振荡，干扰航行体周围流场进而对肩空泡演化及航行体受力造成显著影响。

（3）尾空泡溃灭：航行体穿越水面出水后，尾空泡与大气相通破碎溃灭，界面突变导致尾空泡底部急剧上升，携带的水流向上快速冲击航行体尾部，形成尾涌高压载荷。

尾空泡的形成、发展及溃灭过程涉及尾空泡与运动壁面、自由液面之间的相互作用，并伴随着空泡末端回射水流冲击效应。尾空泡的形成、发展过程是尾部气泡在运动固壁表面动力学发展演化过程，涉及气泡断裂、振荡变形等非定常气泡动力学理论；尾空泡溃灭是固壁表面气泡与自由液面作用问题，涉及尾空泡穿越自由液面破碎溃灭涌流冲击动力学特征。

在尾空泡形成及发展方面，程少华等结合 Rayleigh-Plesset 方程和独立膨胀原理,对尾空泡形成的动力学理论模型进行了初步的探讨[13];姚熊亮等采用势流边界元理论对外流场(弗劳德数和空泡数)等因素对尾空泡形态的影响进行了初步的分析,同时,结合细长体出水弹射试验也捕捉了尾空泡由生成到外泄-闭合-外泄-闭合的非线性脉动过程,但未能深入研究尾空泡形成及发展阶段流场结构演化动态过程[14,15];许昊等通过水洞通气试验的方式研究了气体射流诱导的尾泡形成机理,将射流诱导的尾空泡划分为泡沫状、完整、部分破碎和脉动泡沫状四类[16]。

不同于低压肩空泡出水,尾空泡出水时刻泡压与大气压接近,其空泡破碎及溃灭现象存在一定的差别,航行体尾部出水同样是近水面绕流低压效应消失,气泡破碎水流冲击带来溃灭载荷,同时重力作用于水体液面将高压尾泡气体排出,界面重新闭合将形成出水尾涌现象,即尾空泡出水带来的载荷包含气泡溃灭冲击部分和尾涌冲击部分。

综合对航行体空泡多相流动特性研究进展来看,针对空泡多相流形成、发展、溃灭等过程的研究具有较好的基础,对空泡"回射流"推进、非定常空泡的脱落分离、出水溃灭等宏观现象在国内公开发表文献中均有很好的描述。但针对空泡流动结构精细化捕捉、实现对空泡多相流动的调节控制仍有大量的工作要持续开展:

(1)空泡流动结构的精细化捕捉,采用水洞试验、数值仿真对空泡宏观流动特性积累了一定的认识,但受外部环境条件的影响,空泡多相流动气水界面不清晰,空泡内部流动难以准确认识,试验技术对于气水多相介质下流动精细化捕捉仍需要进一步提升;

(2)空泡多相流动调节控制,采用主/被动方式对空泡气量进行改变,从而调节其压力、长度是目前常用的技术手段,但空泡气量与压力、长度的定量关系较难准确掌握,特别是在外界环境瞬态变化、空泡自身不稳定性影响下,给空泡多相流动的精准控制带来挑战。

6.2 水下有控弹道稳定性技术研究

跨水空介质航行体面临着水下承受压力载荷量值高、速度衰减量大、出水姿态偏差大等问题,特别是在大水深下发射时,传统水下无动力发射方式航行体将不能正常出水,需采用适用于大变化范围背压环境的水下推力矢量控制技术方案,以解决大水深跨水空介质航行体发射面临的水下弹道稳定性控制问题[17-19]。

一方面航行体在大水深发射时环境背压变化范围达6~11倍,传统钟形喷管固体发动机面临流动分离、推力损失大等问题,为了提高固体发动机水下推力性能,近年来提出了背压补偿等新型固体发动机方案,通过外边界能自动适应背压变化的设计思路,使发动机在不同背压环境工作时均处于完全或接近完全膨胀的状态,发动机能够在不同环境下维持较高性能的工作状态。另一方面跨介质运动时面临出入水空泡多相流环境,流体动力及弹道特性急剧变化,需要采用水下推力矢量控制策略,实现对姿态的稳定控制,从而确保航行体能正常出水。

针对大水深水下发射弹道参数偏差大的问题,在水下背压补偿等新型固体发动机研究基础上,采用矢量控制技术,实现水下弹道的稳定控制。目前基于背压补偿等新型固体发动机的矢量控制研究主要是针对空中环境,针对水下背压补偿推力矢量控制研究还处于空缺,并存在诸多难点,一方面发动机水下工作时喷流流动与水介质相互耦合作用机理复杂,大范围背压变化条件下的非定常燃气泡多相流动精确预示难度大,发动机推力矢量特性的形成与演化机制不够清楚,另一方面在大水深发射条件下航行体水下载荷量值高,且受到尾空泡、肩空泡等多相流体动力干扰,对水下推力矢量控制方案设计提出了较高的要求。

针对跨介质航行体强干扰作用下航行体难以稳定出水问题,开展有动力姿态控制技术研究,掌握新型动力系统大水深推力矢量特性,形成水下有动力姿态控制策略和方案是未来需要研究的重要内容,具体可包括以下几个研究方面:

(1) 新型动力系统大水深推力矢量特性研究;
(2) 水下推力矢量作用下流体动力与弹道耦合特性研究;
(3) 水下有动力姿态控制方案研究。

6.3 跨介质运动与自由面相互作用机制研究

跨介质航行体穿越自由液面问题是近年来国内外研究热点,国内主要开展了大量低速垂直出水问题研究,掌握了波浪环境下低速出水流体动力、弹道、载荷预示方法和特征;而针对高速(100 m/s 以上)出入水问题,国内外主要是针对静水状态开展研究[20-25]。

波浪影响下跨介质航行体高速穿越自由液面面临的主要问题如下。

(1) 高速出入水多相流动与复杂波浪自由液面耦合问题(图 6-4)。

跨介质航行体高速出入水诱发多相流动,同时与波浪多方向非稳态液面相互耦合,流体动力呈现多相、非定常、非线性特性。一方面高速穿梭水气界面时介质突变导致非对称性空泡演化机制相对低速更加复杂,另一方面在波浪复杂

第6章 航行体水下发射跨介质动力学研究展望

界面干扰下,空泡气水界面、波浪气水液面和航行体固壁边界相互耦合,多向非稳态界面衍生出流场新的不确定性因素,流动及界面捕捉难以精确预示,亟须发展高精度复杂波浪多相界面捕捉和流动预示数值方法,揭示波浪环境下多介质界面耦合流动演化机制。

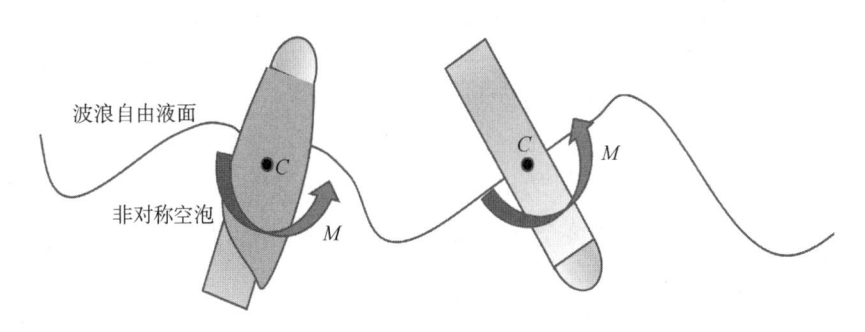

图 6-4 波浪环境下出入水流体动力特性

(2) 复杂波浪非线性瞬态外力作用下弹道和载荷特性(图 6-5)。

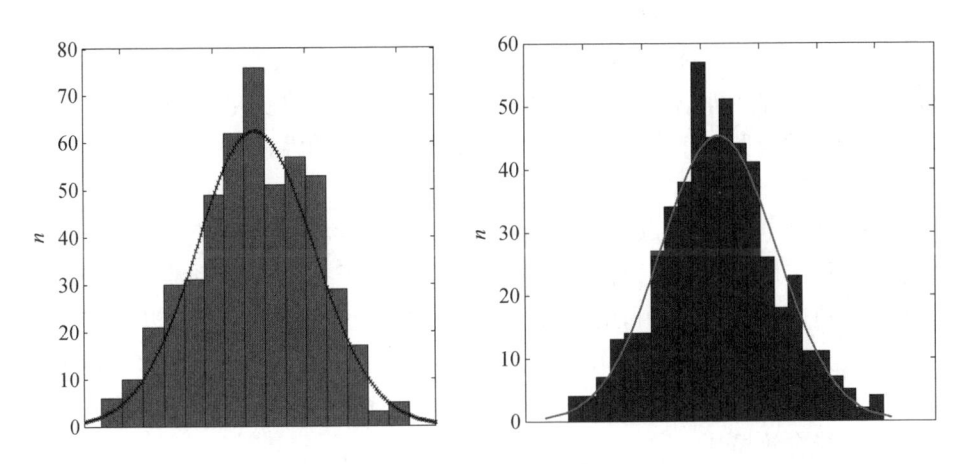

图 6-5 波浪环境下航行体姿态和载荷

波浪环境下强非对称流体动力的复杂变化给跨介质航行体姿态和载荷特性研究带来困难。高速出水时空泡溃灭、波浪等外力环境的急剧变化,姿态和载荷量值具有较大不确定性;高速入水时流体动压头迅速递增,同时波浪自由液面会增加空泡非对称性和随机性,将直接影响航行体姿态和载荷特性,因此建立复杂流体动力作用下出入水弹道分析模型和流固耦合模型,研究波浪环境下运动和结构响应特性是跨介质航行体穿越波浪液面研究的重要问题[26-29]。

(3) 复杂波浪环境下航行体高速出入水降载增稳问题。

波浪环境下航行体高速出入水过程弹道和载荷急剧变化,需要采取流动主动控制手段,达到航行体姿态稳定可控、结构可靠承载的设计目标。流动主动控制技术难点在于揭示流体动力构型与空泡流态控制、入水冲击降载影响机制,掌握强波浪环境流动随机性影响下弹道稳定控制机制,并形成合理的技术方案。掌握流动构型控制技术、形成波浪影响下降载增稳技术方案,是确保跨介质航行体在复杂波浪环境下可靠飞行的重点问题。

针对复杂波浪环境下跨介质弹道载荷特性及降载增稳研究不足,后续需要开展波浪环境下跨水空航行体的出入水流场与自由液面耦合机制、出入水弹道和载荷特性、出入水降载增稳等科学问题研究,揭示影响机制,突破核心技术,完成原理性试验验证,为跨水空武器装备研制奠定基础。

(1) 跨水空航行体出入水流场与复杂波浪自由液面耦合影响研究。针对复杂波浪条件下航行体跨介质多相耦合复杂流动问题,建立高速跨越空气和液体相互作用数值模拟方法,并结合机制试验开展出入水气液耦合流场机制研究;构建波浪模拟数学模型,获得不同波浪环境出入水流场特性演变规律。

(2) 复杂波浪环境影响下出入水弹道和载荷特性研究。针对高速出入水瞬态非线性流动外力干扰下航行体运动和结构动力学响应,构建穿越波浪自由液面复杂外力下弹道理论分析模型,开展运动学特性和规律研究;建立出入水气液固耦合动力学模型,实现结构响应载荷精确预示和影响因素研究,为降载方案研究提供支撑。

(3) 跨水空航行体穿越复杂波浪自由液面降载增稳方案研究。针对出入水弹道开展稳定性方案研究,对于复杂自由液面随机干扰下,空泡和溃灭同时作用下出水弹道以及入水冲击和尾拍力作用下入水弹道,通过附着空泡流动控制与主动控制方案对比研究,实现出入水姿态稳定控制;开展流动构型等多种降载方案研究,实现入水冲击降载;最后通过缩比试验验证降载增稳方案,实现飞行环境适应性能有效提升。

6.4 高速出入水流固耦合瞬态载荷研究

流固耦合是研究固体在流场作用下的各种行为以及固体行为对流场影响这二者交互作用的一门科学。航行体在水下运动过程中,固体在流体载荷作用下会产生相应的运动和变形,而固体的运动变形反过来又影响流场,进而改变作用在固体表面的载荷大小及分布状态。特别是在入水冲击初期瞬态间(毫秒级)

过程中航行体会受到巨大的冲击载荷,结构变形也会对流场造成进一步的强烈扰动,且由于在出入水过程中航行体经历了界面突变、多相流复杂现象,非线性影响十分显著,对于流场压力、冲击波、流体飞溅,以及冲击在结构中的传播、应力场变化和结构破碎等问题,给航行体高速出入水流固耦合载荷计算带来困难。

对垂直发射水下航行体而言,在水下航行阶段和穿越水面的过程中,水动力的作用使航行体产生弹性振动,影响周围流场的变化,致使航行体结构物的附加质量、阻尼特性发生变化,水动力也随之发生变化,从而形成航行体水下运动的流固耦合问题。航行体水下运动流固耦合问题的控制方程应该说是基本完备的,从理论上讲,将流体动力学方程组(N-S方程)、刚体动力学方程组(牛顿欧拉方程)和结构动力学方程组联立,给定初始条件和边界条件进行求解。但是,直接求解具有较大的技术难度。另外,水下发射中受到流体界面突变、海流、波浪等复杂过程和因素的影响,导致流体动力的行为具有很强的非线性和随机性,增加了求解的难度。

当前对流固耦合问题的研究主要有数学解析、实验分析和数值计算三种方法。要将含有流固互动的对象用统一的数学模型来描写、求解是十分困难的,因此解析解还很少见;如果利用实验分析方法进行研究,成本较大,实验条件要求很高,某些极端情况可能用实验较难实现;而应用数值计算方法,成本低,开发周期短,通过更改参数设置,就可以对多种工况进行研究,是实验分析方法强有力的补充和支撑。数值计算领域针对流固耦合问题,常采用势流理论、CFD 与 CSD 交互方法。

6.4.1 水弹性问题的势流理论求解

求解流固耦合问题的典型思路是先假定航行体是刚性体,忽略其弹性变形,求得航行体在波浪上的运动和受力后,再由材料力学得到航行体各截面的弯矩、剪力,然后把分布力加载与弹性航行体上计算其振动方程。这种思想将水动力与结构动力分开考虑,但未能计及弹性与刚性航行体水动力的差异。考虑弹性变形对结构载荷的影响,Heller 将研究水动力、弹性力之间相互作用现象的学科定义为水弹性学,其核心在于结构内力也参与了与水动力的相互作用。

本书作者团队针对航行体出入水水弹性问题进行了初步探讨,采用边界元三维势流理论计算水下航行体结构的附加质量矩阵,考虑水弹性影响下的结构动力学方程中的相互耦合现象,并对带空泡水下航行体出水动相应进行分析[30]。水弹性影响下的结构动力学方程:

$$[M + M_\mathrm{f}]\ddot{q} + [C]\dot{q} + [K]q = R_\mathrm{s} \qquad (6-1)$$

式中，R_s 为除流体惯性力以外的所有广义外力，可通过水下航行体模型表面压力测量后得到，水弹性影响的流体惯性力则由附加质量矩阵 M_f 加以考虑。

该方法主要侧重于结构动力学方面，考虑水弹性附加质量对结构模态的影响。在此基础上，考虑结构与水动力耦合影响的 DAA 方法在工程上获得广泛的应用[31]。

DAA 方法是一种改进的近似算法，在高频和低频阶段分别用平面波假设和虚质量假设进行逼近，而在中频段采用线性光滑过渡。从理论上，是对势流理论的一种工程简化，综合考虑了不可压缩流体的附加惯性和可压缩流体小扰动问题的波动效应。

在 DAA 理论中，核心部分是关于流体散射压力的近似方程，一阶及二阶 DAA 理论的表达式为

$$M_\mathrm{f}\dot{p}_\mathrm{s} + \rho c A_\mathrm{f} p_\mathrm{s} = \rho c M_\mathrm{f}\ddot{u}$$

$$M_\mathrm{f}\ddot{p}_\mathrm{s} + \rho c A_\mathrm{f}\dot{p}_\mathrm{s} + \rho c \Omega_\mathrm{f} A_\mathrm{f} p_\mathrm{s} = \rho c [M_\mathrm{f}\ddot{u} + \Omega_\mathrm{f} M_\mathrm{f}\ddot{u}] \qquad (6-2)$$

式中，p_s 为流体中的散射压力；M_f 为流体质量矩阵；Ω_f 为流体频率矩阵；A_f 为流体单元的面积矩阵；u 为流体单元中心的位移。

通常，结构方程可写成

$$M_\mathrm{s}\ddot{x} + D_\mathrm{s}\dot{x} + K_\mathrm{s}x = f_\mathrm{s} - T_\mathrm{s}A_\mathrm{f}(p_\mathrm{i} + p_\mathrm{s}) \qquad (6-3)$$

式中，M_s、D_s、K_s 分别为结构的质量矩阵、阻尼矩阵和刚度矩阵；f_s 为结构外力；p_i、p_s 分别为流体入射压力和散射压力；T_s 为联系结构单元与流体边界单元的转换矩阵。这样，对于一阶 DAA 方法，结构与流体的耦合方程可以写成

$$\begin{bmatrix} M_\mathrm{s} & 0 \\ 0 & 0 \end{bmatrix}\begin{Bmatrix} \ddot{x} \\ \ddot{q} \end{Bmatrix} + \begin{bmatrix} D_\mathrm{s} & T_\mathrm{s}A_\mathrm{f} \\ -\rho c M_\mathrm{f} T'_\mathrm{s} & M_\mathrm{f} \end{bmatrix}\begin{Bmatrix} \dot{x} \\ \dot{q} \end{Bmatrix} + \begin{bmatrix} K_\mathrm{s} & 0 \\ 0 & \rho c A_\mathrm{f} \end{bmatrix}\begin{Bmatrix} x \\ q \end{Bmatrix} = \begin{Bmatrix} f_\mathrm{s} - T_\mathrm{s}A_\mathrm{f}p_\mathrm{i} \\ -\rho c M_\mathrm{f}v_\mathrm{i} \end{Bmatrix}$$

$$(6-4)$$

6.4.2 CFD 与 CSD 交互下流固耦合影响研究

随着数字化设计工具应用的不断深入，多种学科工具的耦合应用为流固耦合的研究提供了新的手段。在流场模拟方面，采用 Fluent 手段基于多相流、湍流、空化理论建立航行体水下流场计算的数学模型，通过选择合理的计算参数，实现对航行体水下流场的有效模拟。在结构动力学方面，基于多柔体动力学理

论构建了系统的运动方程,并基于商业软件 ADAMS 建立了实现对结构动力学方程的求解。流固耦合问题的求解以 Fluent CFD 工具为主,通过 Fluent 用户自定义程序(user defined function, UDF)来进行耦合,将结构求解程序及网格变形控制都通过 UDF 进行实现,从而将流、固计算程序结合起来。

流场和结构的交互采用显式交替推进的方式,程序的运行流程(图 6-6)如下:

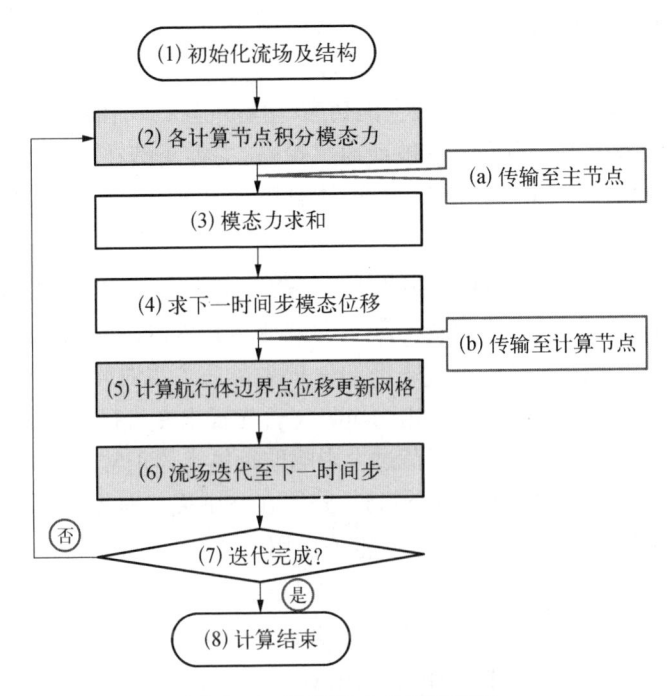

图 6-6 流固耦合求解示意图

（1）首先对流场和结构进行初始化;
（2）遍历每个计算节点中的航行体表面网格并求取网格上各点各阶模态力;
（3）将模态力传输到主节点继续进行求和,最终得到各阶模态力 P_n;
（4）利用方程对结构进行推进,得到各阶模态位移;
（5）将模态位移传输到各个计算节点,利用方程得到航行体表面各点的位移,利用动网格方法更新 CFD 计算网格;
（6）进行下一时间步 CFD 流场求解;
（7）如果计算已推进到预定时间则终止计算,否则重复前述（2）~（7）各步。

6.4.3 高速出入水降载方法

载荷问题是航行体高速出入水过程所重点关注的问题。航行体在高速出水过程中,空泡溃灭诱发大载荷,使得航行体结构破坏;航行体高速入水过程中,航行体与水介质直接撞击产生大载荷,也会使得航行体结构破坏[32-35]。

在航行体出水方面,目前所采用的降载方法有抑制空泡和调节空泡两种技术途径。抑制空泡一般采用流线头型,一方面降低水下阻力,从而使得航行体能以较低的水下运动速度运动出水,可有效降低水下和出水载荷,另一方面流线头型抗空化能力较强,表面难以出现空泡初生/附着现象,从而消除出水溃灭压力。调节空泡一般采用尖锥头型+主/被动通气策略,尖锥头型在水下运动时空泡附着,通过主/被动通气增加气量、调节空泡压力和长度,从而降低出水溃灭压力[36]。

在航行体入水方面,目前常用的方式包括入水头帽缓冲或两相流流动控制两种。传统的入水降载方式为空中降落伞减速结合入水头帽缓冲,较多应用于空投鱼雷领域。通过布置在鱼雷头部的保护头帽在入水时碎裂,缓冲件吸收冲击能量,起到保护弹(雷)体的作用。Hinkley 首先提出在航行体头部加装头帽来保护航行体结构不受入水冲击载荷过大影响航行体本体正常工作。经过发展改进,头帽分为外罩和缓冲材料两个部分,外罩在空中飞行时提供气动特性,缓冲材料在入水时起到隔冲降载、缓冲吸能等作用[37]。宣建明等通过入水试验,采用复合材料作为头罩的主体材料,研究了头罩的破坏模式[38]。孙龙泉等对空化器以不同速度垂直入水过程,采用流固耦合计算方法进行了数值模拟,分析了泡沫铝构件的降载效能[39]。魏海鹏等采用 ALE 方法对安装缓冲组件的航行体高速入水问题开展了数值仿真分析,获得了入水过程中缓冲罩壳与缓冲泡沫的动态破坏过程及缓冲性能[40]。

近年来,国内外学者也针对气液两相流高速入水降载新途径进行了大量研究工作。通过在头部喷气形成气垫可有效降低入水冲击载荷,如图 6-7 所示。潘龙等开展了直径为 16.74 mm 的平头圆柱体垂直入水数值模拟研究,采用头部直接射流的方法,延长了结构物与水面间空气垫的作用时间,得到了喷气可以减小入水冲击载荷的结论[41]。刘华坪开展了不同喷气量和入水速度对于冲击载荷影响的数值模拟研究,得到了增大喷气量可增强降载效果的结论[42]。赵海瑞等设计了带圆盘空化器的头部喷气装置,通过圆盘空化器和喷气的共同作用,使航行体在高速入水时产生包裹航行体的超空泡,延长航行体与空气的作用时间,减小航行体入水过程中受到的载荷[43]。

图 6-7 入水充气降载

6.4.4 刚柔耦合组合体入水仿真与试验

带柔性气囊的回转体落水是涉及强刚柔耦合的入水冲击问题,可有效控制回转体的入水深度,并实现回转体的安全回收和重复使用。带囊回转体落水过程较为复杂,涉及落水砰击、碰撞、气-液-固多相耦合和几何非线性等多重问题,数值仿真分析和落水试验是研究带囊回转体落水过程的有效手段。

在数值仿真分析方面,采用 Abaqus 软件中流固耦合 CEL 算法,能够解决有关大变形和材料破坏等诸多问题,从而在入水冲击仿真计算中获得广泛的应用。Hsu 等[44]基于 CEL 方法,采用三维气泡动力学模型对自由场气泡载荷脉动、射流过程等进行了仿真分析;姚小虎等[45]基于 CEL 方法建立了水陆两栖飞机机头水上降落的流固耦合模型,分析了在不同入水角度下和垂直入水速度下的结构响应;王升等[46]基于 CEL 方法对全雷入水冲击问题进行了建模与仿真分析,并结合入水试验,优化了建模过程以及仿真方法。陈开颜等[47]基于 CEL 方法对带囊回转体落水问题开展了仿真分析,辨识了带囊回转体落水过程的影响因素。

在试验方面,在实验室环境下利用 1.2 m×1.2 m×2.4 m(长×宽×高)的玻璃水箱开展直径为 50 mm,长度为 260 mm,质量约 0.5 kg 的带囊回转体落水原理性试验。并将高速摄像系统与水面保持水平,获取了典型落水过程的物理景象。如图 6-8 所示,典型带囊回转体落水过程可分为 3 个阶段。

(1) 入水砰击阶段(A→B):回转体底部触水至气囊触水。本阶段主要是回转体受到入水冲击力作用,并在回转体底部形成开口空泡。

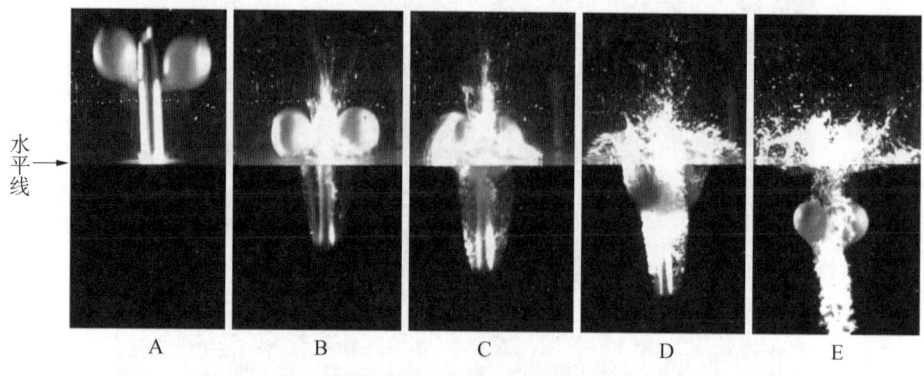

图6-8 带囊回转体落水原理性试验物理景象

（2）气囊与回转体瞬态作用阶段（B→D）：气囊接触水面至气囊相对回转体静止（完全浸入水中）。本阶段回转体继续向下运动，回转体表面形成空泡，逐渐闭合，气囊与回转体之间相互作用，并且气囊绕回转体壁面翻转碰撞，受力特征较为复杂。

（3）气囊与回转体整体运动阶段（D→E）：气囊与回转体一起运动。本阶段回转体表面空泡逐渐溃灭，气囊与回转体共同运动至最大入水深度，而后回转体在气囊浮力、自身浮力等综合作用力作用下上浮。

通过小型带囊回转体的原理性试验辨识出带囊回转体的典型落水过程及物理景象，同时也为数值仿真校核模型提供了依据。

参考文献

[1] 黄寿康.流体动力·弹道·载荷·环境[M].北京：宇航出版社,1991.

[2] MORAN J P. The vertical water-exit and entry of slender symmetric bodies[J]. Journal of the Aerospace Science, 1964, 2(8)：803-812.

[3] 孔德才,权晓波,魏海鹏,等.锥柱航行体肩空泡界面效应对头锥面受力的影响研究[J].水动力学研究与进展 A 辑,2015,30(2)：201-207.

[4] 魏海鹏,权晓波,孔德才.双锥头型回转体空化特性实验研究[J].水动力学研究与进展 A 辑,2017,32(2)：175-181.

[5] OWIS F M, NAYFEH A H. Numerical simulation of 3-D incompressible, multi-phase flows over cavitating projectiles [J]. European Journal of Mechanics-B/Fluids, 2004, 23：339-351.

[6] 王一伟,黄晨光.高速航行体水下发射水动力学研究进展[J].力学进展,2018,48：

259-298.

[7] 程少华,权晓波,于海涛,等.小攻角下航行体三维非定常空泡形态理论预示方法[J].船舶力学,2015,19(8):889-895.

[8] 王复峰,王国玉,黄彪,等.绕空化器回转体非定常通气空化流动特性的实验研究[J].兵工学报,2014,3:333-339.

[9] SAITO Y, SATO K. Cavitation bubble collapse and impact in the wake of a circular cylinder[C]. Osaka: 5th International Symposium on Cavitation(CAV2003), 2003.

[10] 权晓波,李岩,魏海鹏,等.航行体出水过程空泡溃灭特性研究[J].船舶力学,2008,12:545-549.

[11] Chu X S, Yan K, Wang Z, et al. Numerical simulation of water-exit of a cylinder with cavities[J]. Journal of Hydrodynamics Ser. B, 2010, 22(5-supp-S1): 877-881.

[12] 王一伟,黄晨光,杜特专,等.航行体垂直出水载荷与空泡溃灭机理分析[J].力学学报,2012,44:39-48.

[13] 程少华,权晓波,王占莹,等.水下航行体垂直发射尾部空泡形态与压力预示方法研究[J].水动力学研究与进展A辑,2015,30(3):299-305.

[14] SHI Z, YAO X, ZHAO J, et al. Research on trailing cavity of underwater vehicles based on potential flow theory[C]. Madrid: 37th ASME International Conference on Ocean, Offshore and Arctic Engineering, 2018.

[15] 赵蛟龙,郭百森,孙龙泉,等.细长体倾斜出水的实验研究[J].爆炸与冲击,2016(1):113-120.

[16] 许昊,王聪,陆宏志,等.水下超声速气体射流诱导尾空泡实验研究[J].物理学报,2018,67(1):198-210.

[17] 许奇,权晓波,魏海鹏,等.水下推力矢量控制技术研究现状与进展[J].兵器装备工程学报,2022,43(1):27-34.

[18] 王晓辉,张珂,褚学森,等.水下点火推进尾空泡振荡的研究[J].船舶力学,2020,24(2):136-144.

[19] 权晓波,王占莹,刘元清,等.水环境下喷管流动分离数值研究[J].固体火箭技术,2020,43(1):8-15.

[20] FINNEGAN W, GOGGINS J. Numerical simulation of linear water waves and wave-structure interaction[J]. Ocean Engineering, 2012(43): 23-31.

[21] BRORSEN M, LARSEN J. Source generation of nonlinear gravity waves with the boundary integral equation method[J]. Coastal Engineering, 1987, 11: 93-113.

[22] 齐鹏,王永学.三维数值波浪水池技术与应用[J].大连理工大学学报,2003(6):825-830.

[23] 戴遗山,段文杨.船舶在波浪中运动的势流理论[M].北京:国防工业出版社,2008.

[24] 戴仰山,沈进威,宋竞正.船舶波浪载荷[M].北京:国防工业出版社,2007.

[25] HE W, DUAN W. Fully nonlinear calculation of 2-D water wave generated by rocker flap

wavemaker[J]. Journal of Hydrodynamic, 1996(1): 52-59.

[26] 杨继锋,刘勇志,刘丙杰,等.海浪对水下垂直运动航行体出水姿态的影响分析[J].海洋技术学报,2015,34(2):59-63.

[27] 谷良贤,李军政.海浪对运载器姿态的影响研究[J].西北工业大学学报,1997,15(4):523-527.

[28] 权晓波,孔德才,李岩.波浪模拟及其对水下航行体出水过程影响[J].哈尔滨工业大学学报,2011,43(3):140-144.

[29] 朱坤,陈焕龙,刘乐华,等.波浪相位对航行体出水过程水动力特性的影响[J].兵工学报,2014,35(3):355-361.

[30] 吕海波,权晓波,尹云玉,等.考虑水弹性影响的水下航行体结构动响应研究[J].力学学报,2010,42(3):350-356.

[31] 姚熊亮.舰船结构振动冲击与噪声[M].北京:国防工业出版社,2007.

[32] 秦洪德,赵林岳,申静,等.入水冲击问题综述[J].哈尔滨工业大学学报,2011,43(1):152-157.

[33] 马庆鹏,魏英杰,王聪,等.锥头圆柱体高速入水空泡数值模拟[J].北京航空航天大学学报,2014,40(2):204-209.

[34] 孙士丽,吴国雄.有限水深中非轴对称体斜向入水抨击问题研究[J].水动力学研究与进展,2013,28(4):445-452.

[35] 李鸿,李光磊,刘志远,等.基于流固耦合的降载空化器高速入水数值研究[J].振动与冲击,2021,40(23):254-259.

[36] 唐一华,权晓波,谷立祥,等.水下垂直发射航行体空泡流[M].北京:中国宇航出版社,2007.

[37] HINCKLEY W M. Analysis of rigid polyurethane foam as a shock mitigator[R]. AD772484,1974.

[38] 宣建明,宋志平,严忠汉.鱼雷入水缓冲保护头帽解体试验研究[J].鱼雷技术,1999,7(2):41-46.

[39] 孙龙泉,王都亮,李志鹏,等.基于CEL方法的航行体高速入水泡沫铝缓冲装置降载性能分析[J].振动与冲击,2021,40(20):80-88.

[40] 魏海鹏,史崇镔,孙铁志,等.基于ALE方法的航行体高速入水缓冲降载性能数值研究[J].爆炸与冲击,2021,41(10):115-126.

[41] 潘龙,王焕然,姚尔人,等.头部喷气平头圆柱体入水缓冲机制研究[J].工程热物理学报,2015,36(8):1691-1695.

[42] 刘华坪,余飞鹏,韩冰,等.头部喷气影响航行体入水载荷的数值模拟[J].工程热物理学报,2019,40(2):300-305.

[43] 赵海瑞,施瑶,潘光.头部喷气航行器高速入水空泡特性数值分析[J].西北工业大学学报,2021,39(4):810-817.

[44] HSU C Y, LIANG C C, TENG T L, et al. A numerical study on high-speed water jet impact

[J]. Ocean Engineering, 2013, 72: 98-106.

[45] 姚小虎,黄愉太,欧智成,等.基于CEL算法的水陆两栖飞机水上降落动力特性分析[J]. 华南理工大学学报(自然科学版),2015(6): 110-115.

[46] 王升,郭君,赵琪,等.基于CEL算法全雷入水冲击建模与仿真[J].水下无人系统学报, 2020(2): 75-80.

[47] 陈开颜,陈辉,魏海鹏,等.带囊回转体落水仿真与试验研究[J].船舶力学,2022,26(3): 315-322.